aruco Hawaii

aruco

ホノルル

Honolulu

こんどの旅行も みんなと同じ、お決まりコース？

「みんな行くみたいだから」「なんだか人気ありそうだから」
とりあえずおさえておこ。そんな旅もアリだけど……
でも、ホントにそれだけで、いいのかな？

やっととれたお休みだもん。
どうせなら、みんなとはちょっと違う
とっておきの旅にしたくない？

arucoは、そんなあなたの
「プチぼうけん」ごころを応援します！

★女子スタッフがヒミツにしておきたかったマル秘スポットや穴場のお店を思いきって、もりもり紹介しちゃいます！

★見ておかなきゃやっぱり後悔するテッパン観光名所 etc. はみんなより一枚ウワテの楽しみ方を教えちゃいます！

★「ハワイでこんなコトしてきたんだよ♪」
帰国後、トモダチに自慢できる体験がいっぱいです

そう、ハワイでは
もっともっと
新たな驚きや感動が
私たちを待っている！

さあ、"私だけのハワイ"を見つけに
プチぼうけんに出かけよう！

aruco には
あなたのプチぼうけんをサポートする
ミニ情報をいっぱいちりばめてあります

取材スタッフが現地で実体験＆徹底調査。本音トークを「aruco調査隊が行く!!」で伝えています。

女子ならではの旅アイテムやトラブル回避のための情報もしっかりカバー☆

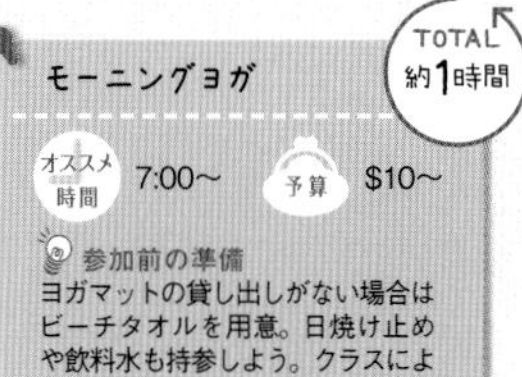

プチぼうけんプランでは、予算や所要時間の目安、アドバイスなどをわかりやすくまとめています。

どのぼうけんにしようかな？

オアフ島の西の端はどーなってるの？

ヨコハマ・ベイは西海岸のいちばん北にあり、車道はここまで。ここから先は、オアフ島最西端のカエナ岬へと続くトレッキングルート。岬までは徒歩で1時間～1時間30分。この周辺は州立公園に指定されていて、モンクシールなどにも会える風光明媚なエリア♪

知っていると理解が深まる情報、アドバイス etc. をわかりやすくカンタンにまとめてあります。

右ページのはみだしには編集部から、左ページのはみだしには旅好き女子の皆さんからのクチコミネタを掲載しています。

物件データのマーク

- ⌂……… 住所
- ☎……… 電話番号
- Free …… 無料通話
- ◷……… 営業時間、開館時間
- 休……… 定休日、閉館日

(無休でも元日、イースター、感謝祭、クリスマスなどの祝日は休みの場合があります)

- 料……… 予算、入場料、料金
- Card …… クレジットカード
  - A アメリカン・エキスプレス
  - D ダイナースクラブ　J ジェーシービー
  - M Mastercard　V Visa
- 日 …… 日本語会話 OK
- 日 …… 日本語メニューあり
- 予……… 予約必要
- 👠 …… ドレスコード
- 室……… 部屋数
- 交……… アクセス
- Wi-Fi …… Wi-Fi
- URL …… URL
- ◎……… instagram
- 他……… その他の店舗
- 問合…… 日本での問い合わせ

別冊MAPのおもなマーク

- ●……見どころ
- Ⓡ……レストラン
- Ⓒ……カフェ
- Ⓢ……ショップ
- B……ビューティスポット
- H……宿泊施設

■本書は正確な情報の掲載に努めていますが、ご旅行の際は必ず現地で最新情報をご確認ください。また掲載情報による損失などの責任を弊社は負いかねますので、あらかじめご了承ください。

■発行後の情報の更新と訂正について
発行後に変更された掲載情報は『地球の歩き方』ホームページ「更新・訂正情報」で可能なかぎり案内しています（ホテル、レストラン料金の変更などは除く）。ご旅行の前にお役立てください。
URL www.arukikata.co.jp/travel-support/

ホノルルでプチぼうけん！
ねえねえ、どこ行く？ なにする？

グルメにショッピング、マリンアクティビティ。
うーん、やりたいことだらけで困っちゃう。
ココも行きたかったな、アレも食べたかったな……。
なんて、思い残すことのないように
ビビッときたものには大きめの付箋を貼っておこう！

ハワイツウも知らない☆ひと味違う刺激 体験したいよね♪

自転車は日常なのに走る場所が
違うだけでこんなにもココロが躍る♪
P.42 →

イルカたちが近づいてくる？
泳いで遊んで夢のような時間、止まれ〜
P.34 →

とびっきりの
非日常体験に
トライしよう！

最高のロケーションでの朝ヨガ
こんな1日の始まりシアワセすぎる
P.32 →

登った人だけしか拝めない絶景☆
まるで空中に浮いているみたい
P.50 →

クールだけど実はとっても気さく♡
ミクソロジストのおすすめで乾杯
P.40 →

カカアコは街中がフォトスポット
日本人アーティストの壁画を発見！
P.38 →

ワイキキを飛び出しワクワクドライブ
ロコタウンにしかない魅力に癒やされる〜
P.56・60 →

カラダが喜ぶ話題の"楽園グルメ"を探しにいこう!!!

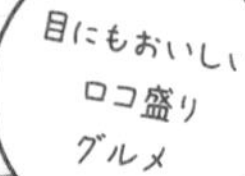

ハワイの太陽の下では頭がキーンてなっても何杯でも食べられちゃう P.86 →

進化形ドーナツがハワイでもブームなんだって。今日は体重計にはのらないよ P.15 →

アサイボウルにロコモコにマイタイ！ハワイアングルメで ALOHA PARTY P.70・72 98 →

これ絶対うまいやつ♪ でもどうやって食べたらいいの？ P.80 →

ハワイ近海のシーフードを新鮮なうちに名物料理で！ P.90 →

ビーチバーで日頃がんばっている自分にチアーズ！ P.98 →

ショッピングリストできた?

買い忘れ厳禁だよ!

ハワイから地球のことを考える……
Let's サステナブルショッピング!
P.106 →

アーティストの思いが込められた
一生大切にしたい逸品に出会う
P.102 →

ロコガールの楽園コーデを教えて!
行きつけのブティックはどこ?
P.108 →

お買い物大好き♡ 割引大好き♡
の聖地がハワイにはこんなに!
P.120 →

おしゃれで
かわいいもの
いっぱい♡

味にうるさい友人も思わず納得
進化系グルメみやげをセレクト!
P.124 →

「キレイになってる☆」って絶対に言われちゃうよ

憧れのゴージャススパで
自分にトコトンごほうび
P.132 →

美人目指して循環機能正常化
カラダの隅々までロミロミ♪
P.134 →

香りもつけ心地も理想どおり!
ナチュラルコスメに夢中
P.136 →

Contents

aruco ホノルル

巻末
"取りはずせる"
別冊MAP
便利だね！

旅立つ前にまずチェック！

ざっくり知りたいハワイ基本情報

お金のコト

通貨・レート **$1**（ドル）＝約**145円**（2023年8月現在）
通貨単位は＄（ドル。発音は“ダラー”）と¢（セント）

両替 手数料にも気をつけよう

円からドルへの両替は、空港や街なかの銀行、両替所でできる。ほとんどのショップ、レストランでクレジットカードが利用でき、Apple Pay、Google Payが利用できる店も多い。

物価 東京より高め。ホテル料金は、全米でも高いほう

（例：(500mℓ)=$1.50、＝初乗り$4くらい〜、＝$3、＝$20〜）

お金について詳細はP.184をチェック！

州税 4.712%

ハワイ州では、日本の消費税と同じように、買い物や食事、宿泊代などに州税が加算される。州税は4.712%（マウイ島は4.166%）で、ホノルルでの宿泊代にはハワイ州宿泊税10.25%とオアフ島宿泊税3%が加算され、税金は合計17.962%。

チップ 目安は15〜20%

ホテルのポーターは荷物1個につき$1、ルームキーパーはベッド1台につき$1、バレーパーキングの際、ベルボーイには車1台につき$1〜2程度。タクシーは料金の15%、レストランでは食事代の15〜20%程度。

チップ＆税金計算表は別冊P.35をチェック！

ベストシーズン 4月頃から10月頃

「常夏の島」と呼ばれるハワイ。年間の平均気温は25℃ほどで、1年中、さわやかで過ごしやすい。ただ、12月頃から3月頃にかけては雨季にあたり、「シャワー」と呼ばれるにわか雨が続くこともある。4月頃から10月頃は気温は高いが、貿易風の影響で湿度が低く、直射日光さえ避ければ、快適に過ごすことができる。

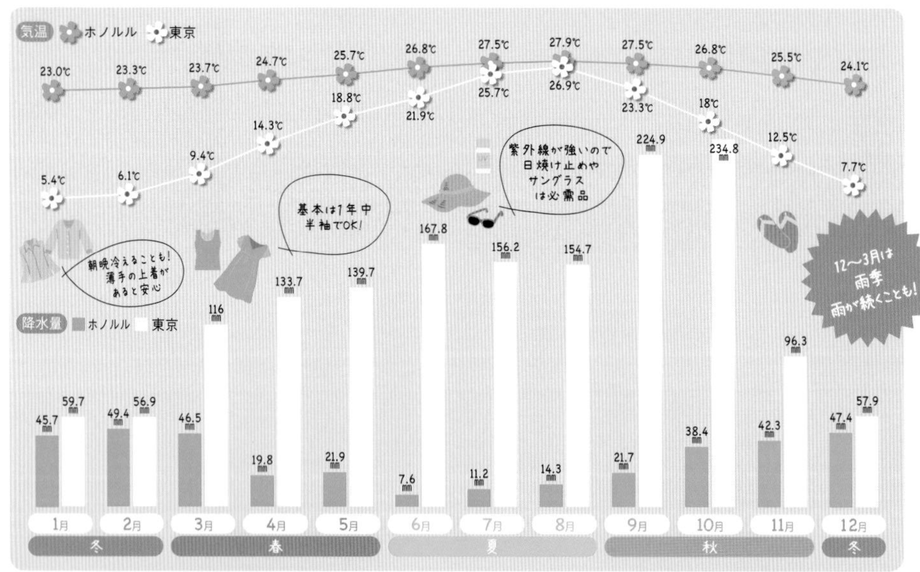

月	季節	気温 ホノルル	気温 東京	降水量 ホノルル (mm)	降水量 東京 (mm)
1月	冬	23.0℃	5.4℃	45.7	59.7
2月	冬	23.3℃	6.1℃	49.4	56.9
3月	春	23.7℃	9.4℃	46.5	116
4月	春	24.7℃	14.3℃	19.8	133.7
5月	春	25.7℃	18.8℃	21.9	139.7
6月	夏	26.8℃	21.9℃	7.6	167.8
7月	夏	27.5℃	25.7℃	11.2	156.2
8月	夏	27.9℃	26.9℃	14.3	154.7
9月	秋	27.5℃	23.3℃	21.7	224.9
10月	秋	26.8℃	18℃	38.4	234.8
11月	秋	25.5℃	12.5℃	42.3	96.3
12月	冬	24.1℃	7.7℃	47.4	57.9

データ：気象庁より　気温は月平均気温

日本からの飛行時間　**直行便で約6時間半〜7時間**
（復路は約7時間半〜8時間）

ビザ　**90日以内の観光は必要なし**
パスポート残存有効期間は、入国日から90日以上が望ましい。

時差　**−19時間**　■の時間は前日になる（サマータイムはない）

日本	0	1	2	3	4	5	6	7	8	9	10	11	12	13	14	15	16	17	18	19	20	21	22	23
ハワイ	5	6	7	8	9	10	11	12	13	14	15	16	17	18	19	20	21	22	23	0	1	2	3	4

言語　**英語とハワイ語**

旅行期間　**3泊5日以上が望ましい**

交通手段　**バス、タクシー、レンタカー、トロリー**

詳細はP.180

主として英語だけど

日常会話の基本は英語で、そこにハワイ語が織り交ぜられる。ハワイ語のなかでも、Aloha（アロハ）やMahalo（マハロ）については、同意語のHelloやThanksよりも使われている。また、ワイキキでは日本語を話せる人も多いけど、一歩繁華街を離れると通じないことがほとんど。

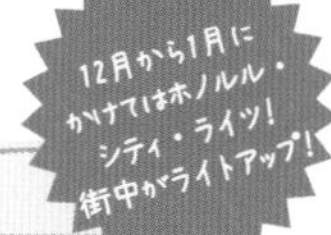

年間の祝祭日

1月1日	ニューイヤーズ・デイ（元日）New Year's Day
1月第3月曜	マーチン・ルーサー・キング・ジュニア牧師誕生日 Martin Luther King Jr's Birthday
2月第3月曜	プレジデント・デイ（大統領の日）Presidents' Day
3月26日	プリンス・クヒオ・デイ Prince Kuhio Day
イースター前の金曜	グッド・フライデイ（キリスト復活祭）Good Friday
5月最終月曜	メモリアル・デイ(戦没者追悼の日）Memorial Day
6月11日	カメハメハ大王の日 King Kamehameha Day
7月4日	独立記念日 Independence Day
8月第3金曜	ステートフッド・デイ（州制定記念日）Statehood Day
9月第1月曜	レイバー・デイ（労働者の日） Labor Day
11月11日	ベテランズ・デイ（退役軍人の日）Veterans Day
11月第4木曜	サンクスギビング・デイ　Thanksgiving' Day
12月25日	クリスマス　Christmas

祝日が土曜の場合は前日の金曜、日曜の場合は翌日の月曜に振替。偶数年11月の第1月曜の翌日となる火曜は「選挙の日」で祝日

ロコの定番ポーズ「シャカ」ってなに?

ハワイの人は、大人も子供も、み〜んなポーズを決めるときは親指と小指を立てるシャカサイン！　これはアロハスピリットの象徴で、日常のあいさつには欠かせないもの。ちょっとした感謝の気持ちを表すときもこのポーズをすればOK！ 気軽に使ってみよう。

祝祭日の営業

年に4回のビッグホリデイ（ニューイヤーズ・デイ、独立記念日、サンクスギビング、クリスマス）は、多くのショップやレストランが休業するか、営業時間を短縮するので要注意。通常の土・日曜は、銀行や官庁は休業で、ショップやレストランは営業しているが、閉店時間を早めるところも。

ハワイの詳しいトラベルインフォメーションは、P.174〜をチェック！

3分でわかる！
オアフ島&ホノルルかんたんエリアナビ

ハワイ諸島で3番目に大きい島、オアフ島にはハワイの州都ホノルルがある。世界中から観光客が訪れる太平洋の楽園。

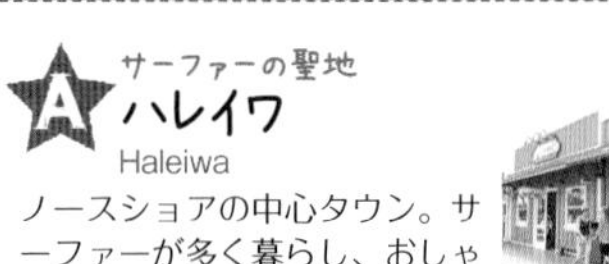

Kualoa
クアロア
Kaneohe
カネオヘ
コオラウ山脈
E カイルア

A ハレイワ

サーファーの聖地

Haleiwa

ノースショアの中心タウン。サーファーが多く暮らし、おしゃれで個性的なショップが多い。

詳しくは → P.60

B マカハ

西部きってのサーフタウン

Makaha

ロングボードの大会も開催されるサーフィンの聖地。先には夕日で有名なヨコハマ・ベイがある。

D パールシティ

真珠湾を見渡すロコタウン

Pearl City

パールハーバーに臨むエリアでホノルルのベッドタウン。アリゾナ記念館がある。

C コオリナ〜カポレイ

新興住宅地とリゾート

Ko Olina〜Kapolei

コオリナはディズニーのホテル(P.171)やフォーシーズンズがあり、カポレイは住宅街として開発が進んでいる。

詳しくは → P.153

E カイルア

全米1美しいビーチのお膝元

Kailua

ワイキキから車で約40分。街並みもキュートなおしゃれタウン。話題のショップも多い。

詳しくは → P.56

F これぞスーパーリゾート!!

ワイキキ
Waikiki

言わずと知れた世界屈指のリゾートタウン。ビーチ沿いを中心にホテルが林立する観光の拠点。

詳しくは → P.24、118、142

H おしゃれロコが集まる

モンサラット
Monsarrat

モンサラット通りにかわいいカフェやおしゃれなショップが並ぶ。ダイヤモンドヘッドが間近！

詳しくは → P.150

G のどかな渓谷の街

マノア
Manoa

ハワイ大学がある緑豊かな住宅地。森林浴が楽しめるマノア滝へのトレッキングが人気。

詳しくは → P.152

I ロコに人気のエリア

カパフル～カイムキ
Kapahulu～Kaimuki

ワイキキからも近いこのエリアにはおいしいお店が大集結！マラサダの超有名店レナーズもここに！

詳しくは → P.150、151

J オアフ島1の高級住宅街

カハラ
Kahala

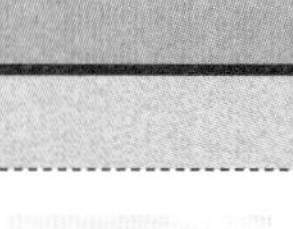

豪邸が立ち並ぶセレブな住宅地。落ち着いた雰囲気で人気のカハラモールもここにある。

詳しくは → P.152

L ますます注目のエリア

カカアコ～ワード
Kakaako ～ Ward

ストリートアートが見応えあるカカアコから開発が進むワードには、おしゃれな最新スポットが点在。

詳しくは → P.38、146

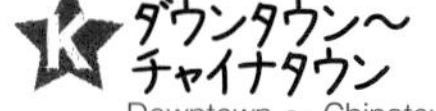

K ハワイ経済の中心地

ダウンタウン～チャイナタウン
Downtown ～ Chinatown

高層ビルが並ぶビジネス街と異国情緒たっぷりのチャイナタウンが隣り合わせのエリア。

詳しくは → P.148

M ハワイ最大の買い物天国

アラモアナ
Ala Moana

巨大ショッピングモール、アラモアナセンターと、その北側ケアモクはロコに人気のグルメスポット。

詳しくは → P.114、144

aruco TOPICS

ホノルルで今最も話題のスポットやチェックしておきたい最旬情報を現地からお届け!

1 クヒオ通りの新名所☆ ワイキキマーケットに潜入!

2023年本格スーパーがワイキキに仲間入り。新鮮食材やハワイみやげはもちろん、デリコーナーも充実。さらに、おしゃれなレストランも併設し、クヒオ通りで最もホットなグルメスポットとして注目を浴びている。

ワイキキマーケット Waikiki Market

Map 別冊P.10-B1 ワイキキ

水に強いネオプレーン製オリジナルトート$49.99

2380 Kuhio Ave. ☎808-923-2022 6:00〜22:00 休無休 Card A.J.M.V. URL jp.foodland.com/waikikimarket

1.マラサダオリジナル1個$1.89、クリーム入り1個$2.49 2.その場で調理してくれるクラフトチャーハン$10.99 3.種類豊富なポケ。ポケボウル$15.99〜 4.朝食にぴったりのカットフルーツやサラダ 5.フードランド系列なのでマイカイカード(P.28)でお得に買い物できる 6.PBブランド・マイカイとメリラップのコラボ食品用ラップ$20.69 7.オリジナルのウオーターボトル$39.99

ロコグルメをクールに楽しむ

オリリ・ワイキキ Olili Waikiki

ミックスプレートをモダンにアップデートしたローカルキュイジーヌを提供。スーパーの一角とは思えない高レベルなフードメニューに驚く。

☎808-923-2095 16:00〜22:00 休無休 Card A.J.M.V. URL oliliwaikikihawaii.com

1.ビーフタルタル$21やボーンマーロウ$19など新しいグルメ体験が待っている! 2.デザート一番人気のカラフルなレインボーケーキ$15

開放的なオープンダイニング

ピコ・キッチン+バー Piko kitchen + bar

「仕事終わりに飲みにいこう!」の意味で使われるパウハナがコンセプト。ふらっと気軽に立ち寄って、おいしい料理とドリンクを楽しんで。

☎808-923-2032 11:00〜22:00 ハッピーアワー 14:00〜17:00 休無休 Card A.J.M.V. URL pikowaikikihawaii.com

1.ワイキキマーケットの1階、クヒオ通りに面している 2.フライドコンフィチキン$17、ポークベリーバオ$13、ガーリックヌードル$23などカクテルやビールと相性抜群のププが揃う

2 セレブマダム御用達♡ カハラマーケット

オアフきってのセレブタウンにオープン。フードランドの新コンセプトスーパーで、よりハワイ産やオーガニックにこだわったワンランク上のショッピング体験ができる。

カハラマーケット Kahala Mkt.

Map 別冊P.7-D1 カハラ

4210 Waialae Ave. ☎808-732-2440 6:00〜21:00 休無休 Card A.J.M.V. URL jp.foodland.com/kahala-mkt

1.ホールフーズ・マーケットもあるカハラモールの向かいにオープン 2.新素材紙トート$6.99とノース在住アーティスト、スティーブン・キーンとのコラボトート$11.99。どちらも店舗限定

常時13種〜で実物を見て注文できるので安心

3 Vegan 進化形ドーナツが続々登場! ビーガンvs.ジャンク

ハワイではマラサダが定番のせいか注目度が低かったドーナツに、ここ数年で新星が現れ行列ができるほどに。カラダと環境に優しいビーガン系とカロリーと幸福感高めのジャンク系。まずはどっち?

4個入り$15〜。定番、または季節のフレーバーを詰め合わせた週替わりのテイスティングボックスがある

Junk

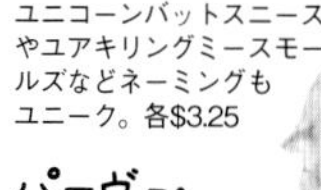

ユニコーンバットスニーズやユアキリングミースモールズなどネーミングもユニーク。各$3.25

パーヴェ・ドーナツストップ

Purvé Donut Stop

ポップな壁画とリアルサンプルが並ぶカウンターを見ただけでテンションアップ。味はビジュアルに反してシンプルで美味。

Map 別冊P.14-B2 アラモアナ

1234 Kona St. 6:00〜14:00 休無休 Card A.J.M.V. URL www.purvehawaii.com カハラ

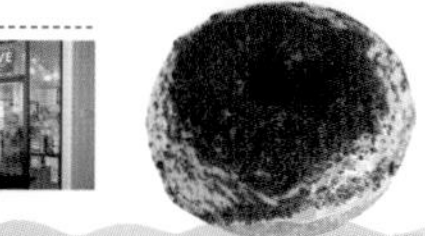

甘すぎず罪悪感もゼロ!

ドーナツとのマッチングが楽しいドリンクもビーガン

ホーリーグレイル・ドーナツ

Holey Grail Donuts

生地にタロイモを使用し、注文が入ってから上質のココナッツオイルで揚げるので、ヘルシー志向の人は迷わずこっちへ。

Map 別冊P.14-A3 ワード

1001 Queen St. ☎808-482-0311 7:00〜19:00(金・土〜21:00) 休無休 Card A.J.M.V. URL www.holeygraildonuts.com ワイキキ

本店はカウアイ島で、ワイキキにはフードトラックで毎日14時まで出店

4 あの、カリスマシェフが手がける英国風ブランチ&バーとは?

創作料理店セニアのシェフふたりが、アメリカの歴史登録財ジョセフWポドモアビルにオープン。日中はブランチカフェ、日曜以外の夜は21歳以上限定のバーになり、時間帯によって異なるメニューと雰囲気が楽しめる。

©Olivier Koning

1.ポテトロスティにサーモン、ホウレンソウ、タマゴ、オランデーズなどをのせたクリスマスブレックファストト$26 2.季節の野菜やハーブなどのカラフルなボールにピムスNo.1を注いだカクテル、チュンチョウ$30 3.アンティーク調のインテリアがモダンレトロ

ポドモア Podmore

Map 別冊P.17-C2 ダウンタウン

202 Merchant St. ☎808-521-7367 9:00〜13:30、16:30〜23:00(土17:00〜、日17:00〜22:00) 休月・火 Card A.J.M.V. URL www.barpodmore.com

5 ハワイにいながらフランス領インドシナへタイムトリップ

今最も予約が取りにくいダイニングは、フランス植民地時代のインドシナ連邦がコンセプト。メニューにはベトナムやラオスなどのストリートフードが並び、ハワイとは違った異国情緒を味わうことができる。

手前からポークバオバンズ$14、タイスナッパー$70。クラフトカクテルは$16〜

1938インドシナ 1938 Indochine

Map 別冊P.13-C3 カカアコ

602 Ala Moana Blvd. ☎808-545-7777 11:00〜14:30(日のみ)、16:00〜22:00(木〜土〜23:00) ハッピーアワー 月〜金16:00〜18:00、20:00〜閉店 休無休 料$30〜 Card A.J.M.V. 日 URL 1938indochine.com

隣は同経営のヘルシーカフェ、ブルーツリー

店内ではバーカウンターの上に注目。アンティークバイクや日本企業の看板がインテリアに

6 ハリウッドスター プロデュースのバーガー店がアラモアナに進出！

『テッド』や『トランスフォーマー』で知られるマーク・ウォルバーグとNKOTBのドニー・ウォルバーグが家族で展開する人気チェーン。メインのバーガーにはそれぞれのお気に入りやハワイ限定メニューがあり、Tシャツなどのグッズも販売。

ウォルバーガーズ Wahlburgers

Map 別冊P.15-C·D2,27 アラモアナ

1450 Ala Moana Blvd. アラモアナセンター2F エヴァウイング山側 ☎808-470-4850 11:00～21:00（月・火～20:00） 休無休 料$20～ Card A.J.M.V. Wi-Fi○ @alohawahlburgers

1.ビーフ（P.80）に次いで人気のジェンズチキンサンドイッチ$13.95 2.左がマークで右がドニー 3.Tシャツは$24.95～ 4.店内には彼らの写真と出演映画のポスターを展示 5.マーク主演の『パトリオット・デイ』 6.北米を中心に100店以上展開

7 全米ではKFCの売上の2倍以上！ ロコ待望のファストフード店

チキン専門のファストフードで、マウイ島に次ぎハワイ2号店をアラモアナのフードコート内にオープン。サックサクのチキンをベースにソースなどを選んで注文。日曜定休なので気をつけて。

チックフィレイ Chick-fil-A

Map 別冊P.15-C·D2,26 アラモアナ

1450 Ala Moana Blvd. アラモアナセンター1Fマカイマーケットフードコート内 ☎808-466-3534 10:00～20:00（金・土～21:00） 休日 料$15～ Card A.J.M.V. @chickfila_alamoana

1.さくっとできたてが食べられ高タイパ 2.マック&チーズ$4.89 3.レトロかわいいミルクシェイク$5.29 4.チックフィレイチキンサンド$6.29～、ワッフルポテトフライ$3.39～。お得なミールメニューも

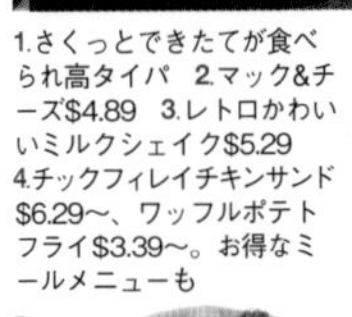

8 NYのチャイナタウンで誕生した香港デザートがハワイでも大盛況

マンゴーをメインに、香港の伝統的なデザートからミルクレープやワッフル、スムージーにフルーツティーなど色鮮やかで繊細なメニューがめじろ押し。

マンゴーマンゴー・デザート MangoMango Dessert

Map 別冊P.15-C·D2,28 アラモアナ

1450 Ala Moana Blvd. アラモアナセンター3F エヴァウイング海側 ☎808-501-0487 11:00～21:00（日～20:00） 休無休 Card A.J.M.V. @mangomangohawaii 他カパフル、パールリッジ・センター

1.マンゴーミルクレープケーキ$10.25、マンゴージュースウィズライスボール&アイスクリーム$9.50、マンゴーモチ3個$7、マンゴースムージー$7.75など 2.店舗ごとのオリジナルメニューも充実（写真はカパフル店限定）

うれしい楽しいグルメの競演
ワイキキのフードホールが熱い！

ここ数年、アメリカではフードホールが大ブーム。フードコートより高級感があって、いろんなジャンルの料理がワンスペースで気軽に食べられるのが特徴。ワイキキのフードホール御三家はこちら！

ワールドグルメを食べ尽くす
クヒオ・アベニュー・フードホール
Kuhio Avenue Food Hall

肉尽くしの豪快BBQ

メキシコ、ギリシア、イタリアなど世界各国の料理が楽しめる9店が集結。8時オープンで朝食を提供するカフェやカクテルが楽しめる本格バーもあり、1日中使える！

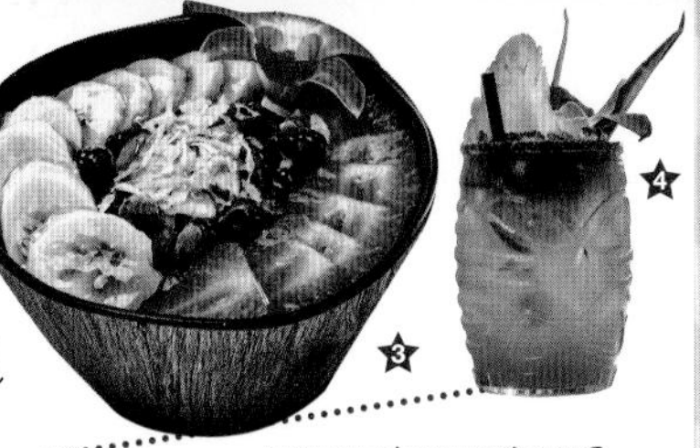

1.コンボプレート$26　2.シュリンプタコス$17　3.アサイボウル$14　4.マイタイ$14

Map 別冊P.10-B2,30　ワイキキ

2330 Kalakaua Ave. インターナショナル マーケットプレイス1F　☎店舗により異なる　🕘11:00～21:00（店舗により多少異なる）　休無休　Card A.J.M.V.　URL www.kuhioavenuefoodhall.com

ワイキキの中心にアジア出現
スティックス・アジア
STIX Asia

2023年オープン。カラカウア通り沿いのエントランスから地下へ下りると、活気あふれる異空間が広がっている。日本、韓国、台湾、シンガポールなど17店がラインアップ。

Map 別冊P.10-B2　ワイキキ

2250 Kalakaua Ave. ワイキキ・ショッピング・プラザ B1F　☎808-744-2445　🕘11:00～22:00　休無休　Card A.J.M.V.　URL jp.stixasia.com

北海道・梅光軒のラーメン$15.48～と餃子$6.48

韓国の屋台グルメ・トッポッキ$17.99～

芳醇な抹茶の香り♡

抹茶ソフト$6には白玉やアズキなどを各75¢でトッピング可能

ハワイのおいしいもの大集合
ワイキキ・フードホール
Waikiki Food Hall

ワイキキのランドマーク、ロイヤル・ハワイアン・センターにあるフードホール。「キャッチオブハワイ」をコンセプトにロコグルメを提供する8店舗が軒を連ねる。

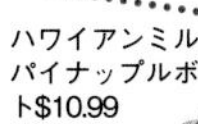

ホノルルビア、アロハビア、ラニカイブリューなどハワイのクラフトビール、カクテルを提供するタップバーもある

ボリューム満点！

ハワイアンミルクパイナップルボート$10.99

Map 別冊P.10-A・B2,29　ワイキキ

2301 Kalakaua Ave. ロイヤル・ハワイアン・センターC館3F　☎808-376-0435　🕘10:00～21:00　休無休　Card A.J.M.V.　URL waikikifoodhall.com

ハワイのロコフード・ガーリックシュリンプ$14.99

ガッツリいきたいサーロインステーキ$16.80～やローストチキン$13～

沖縄発ポークたまごおにぎりのダブルシュリンプ$8はハワイ店限定メニュー

10 カハラ・ホテルのプレミアムチョコがワイキキで買えるように！

マカチョコは、日替わりでパイナップル、リリコイ、マンゴーなどのフレーバーも登場

世界のVIPに愛されるカハラ・ホテルのオリジナルギフトショップがロイヤル・ハワイアン・センターに出店。これまで、ホテルでしか買えなかったプレミアムアイテムをワイキキでチェックして。

紅茶やショートブレッドのほか、ロゴ入りマグやトートもある

シグネチャー・バイ・ザ・カハラ・ホテル&リゾート
Signature by The Kahala Hotel & Resort

Map 別冊P.10-A·B2,29　ワイキキ

2201 Kalakaua Ave. ロイヤル・ハワイアン・センターC館1F ☎808-367-0984 10:00～21:00 休無休 Card A.J.M.V. @signaturebythekahala_jp カハラ

12 スイーツのようなバスコスメ ネクター・バス・トリートがハワイ上陸！

ラスベガス発バスコスメブランドがハワイ初出店。スイーツショップのような店内にはカップケーキやドーナツのようなバスコスメが並ぶ。製品は、敏感肌にも安心な植物ベースの原料を使用。

1.ハワイ限定のパイナップル形バスボム　2.お気に入りのハワイの香りを選びボディバターなどがカスタムできるブレンディングバー　3.キュートなカップケーキソープ$9～

ネクター・バス・トリート
Nectar Bath Treats

Map 別冊P.10-B2　ワイキキ

2255 Kalakaua Ave. シェラトン・ワイキキ内 ☎808-772-4081 10:00～21:00 休無休 Card A.J.M.V. URL nectarusa.com

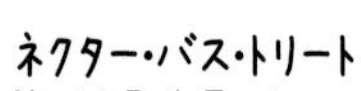

ワンランク上のリゾートスタイルが揃う

11 LA発人気セレクトショップ ロンハーマンがワイキキにオープン

1976年にハリウッドで誕生。ハイ&ローミックスのLAスタイルに、ワイキキ店ではローカルブランドやアーティストとのコラボ商品も展開。こだわりアイテムが見つかる新アドレスとして注目度大！

ロンハーマン Ron Herman

Map 別冊P.10-B2　ワイキキ

2365 Kalakaua Ave. モアナ サーフライダー ウェスティン リゾート&スパ内 ☎808-237-2592 10:00～21:30 休無休 Card A.J.M.V. URL www.ronherman.com

リング、ペンダント、イヤリング$95、ブレスレット$115の基本料金プラス天然石代$15～でオリジナルが完成

13 世界にたったひとつだけ オリジナルアクセを手作り

好みの天然石を選び、アクセサリーを自分で手作りできるスタジオ。石の形に同じものはないので、完成したアクセはまさに世界にひとつだけ。天然石を通して途上国発展にも貢献できる。

ジェムスタジオ Gem Studio

Map 別冊P.10-B2,30　ワイキキ

2330 Kalakaua Ave. インターナショナル マーケットプレイス 1F ☎808-465-0776 11:00～21:00 休無休 Card A.J.M.V. 予望ましい URL www.thegemstudio.com

難しい作業はスタッフが手伝ってくれる

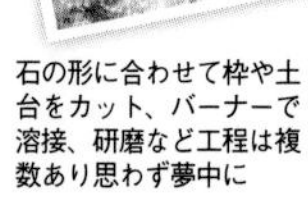
石の形に合わせて枠や土台をカット、バーナーで溶接、研磨など工程は複数あり思わず夢中に

14 ロコフードの名店が引っ越し さらにパワーアップ！

コロナの影響でクローズした店舗が多いなか、移転し新たにスタートした老舗も。またあの名物グルメが味わえる！

1.移転しても雰囲気はそのまま　2.キムチフライドライス$10.50～も美味　3.オックステールスープ$19.95～。ショウガ醤油を付けたり、ご飯を入れて食べるのがツウ

オックステールが絶品すぎ

アサヒグリル Asahi Grill

地域の再開発でやむなく閉店した名店がカイムキでリオープン。看板メニューのオックステールスープの変わらない味に、ロコも観光客も感涙。11時まではパンケーキも。

Map 別冊P.6-B1　カイムキ

3008 Waialae Ave. 808-744-9067 8:00～14:00、17:00～21:00 休水 料$15～ Card D.J.M.V. 日 URL asahigrill.net

パンケーキ以外にも注目

ブーツ&キモズ

Boots & Kimo's Homestyle Kitchen

店舗拡張により行列が少しだけ解消されたカイルアの超人気店。日本人にはパンケーキ（P.69）が有名だけれど、実はガッツリ系もいち押し。

Map 別冊P.5-C1　カイルア

1020 Keolu Dr. Kailuaエンチャンテッドレイクショッピングセンター内 808-263-7929 8:00～13:00（土・日～14:00） 休火 料$20～ Card A.J.M.V. 日 URL www.bootsnkimos.com

たまには冒険してみて

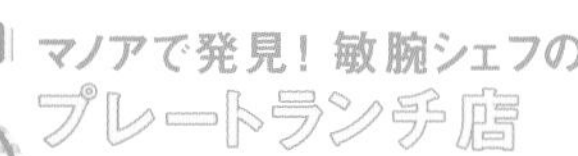

1.アメフト関連のディスプレイも健在　2.手前からハワイアンスタイル・カルビショートリブ$29.99、シーフードオムレツ$19.95　3.オーナーシェフのジェシーさん

15 マノアで発見！敏腕シェフのプレートランチ店

マツバラシェフと奥様のジェイミーさん

メリマンズやアズーアなどで腕を磨いてきたジョン・マツバラシェフの美食を、リーズナブルなプレートランチで味わえる夢のような店。マノア散策のランチに必訪！

JFC（ジョニーズフライドチキン）$18

日替わりのフィースト弁当$40（要予約）

フィースト Feast

Map 別冊P.4-B2　マノア

2970 E. Manoa Rd. 808-840-0488 11:00～14:00、16:00～18:00（金・土～19:00） 休日・月 料$20～ Card A.J.M.V. URL www.feastrestauranthawaii.com

16 全米チェーンの韓国系スーパーではフードコートをチェック！

カカアコにHマートがオープン。Kフードの充実ぶりも話題だけれど、忘れずにチェックしたいのが2階のフードコート。ツーリストには行きにくかったローカルの人気店が出店。

壁からセルフでビールを注ぐタップバー

ガーリックシュリンプで有名なノースショアのジョバンニズ

Hマート H Mart

Map 別冊P.13-C3　カカアコ

458 Keawe St. 808-219-0924 8:00～22:00 休無休 Card A.J.M.V. URL www.hmart.com パールシティ

ソルトアットアワーカカアコから歩いてすぐ

ワイピオとワヒアワにあるブラックシープのアイス2スクープ$7.75+ワッフルボウル+$2

17 通り沿いの小窓から出てくるのはワイキキーおいしいピザ！

クヒオ通りでおいしすぎると評判のピザ屋さんに遭遇。テイクアウトのみで、小窓で注文&受け渡し。ピザは6種類プラスカスタマイズで、チキンウイング、モッツァレラスティック、ポテトフライなどサイドもあり。

スライスオブワイキキ Slice of Waikiki

Map 別冊P.10-A1　ワイキキ

2211 Kuhio Ave.ワイキキマリア内 808-921-2468 13:00～22:00 休無休 料$6.50～ Card J.M.V. URL sliceofwaikiki.com

ホノルル3泊5日 aruco的 究極プラン

待ちに待ったハワイバカンス！ あれもしたい、これもしたい♡ はやる気持ちを抑えてまずはしっかりプランニング。aruco的コスパ＆タイパ最強プランをご紹介します♪

Day1 楽園の中心ワイキキからスタート！

アーリーチェックインできなくてもベルに荷物を預けて即行動！ 最旬ワイキキ探し＆便利なアクセス方法を駆使して近隣タウンへGO！

午前 ホノルル国際空港到着

↓

10:30 ワイキキ・ビーチ＆ワイキキ散策 P.24,118,142

3泊5日遊び尽くすよ～！

徒歩

12:00 デックの絶景テラスでランチ P.67,70

ザ・バス約20分

13:30 アラモアナセンターでショッピング P.114

徒歩約12分

15:00 ホーリーグレイル・ドーナツでおやつ P.15,87

biki

15:30 bikiに乗ってウオールアート巡り P.38,42

biki

16:30 カカアコ～ワードでショッピング P.144,146

biki

19:00 イスタンブールでディナー P.96

徒歩約1分

20:00 ホールフーズ・マーケットでショッピング P.29

Day2 オプショナルツアーで海を満喫！

ハワイでしかできない特別な体験やマリンアクティビティはツアーが便利。午後の自分磨きも含めて早めの予約が旅を成功させるカギ。

6:30 朝食はサンライズシャックのアサイ P.73

徒歩

7:30 オプショナルツアーに参加 P.34,49

透明度抜群の海に感動！！

ツアーカー

14:00 アイランド・ヴィンテージ・シェイブアイスでひと休み P.86

徒歩約10分

15:00 ウルフギャング・ステーキハウスのハッピーアワーに舌鼓 P.85

徒歩約3分

16:00 アバサ・ワイキキ・スパで贅沢トリートメント P.132

ほぐしていきますね

中庭のカバナでロミロミ

徒歩

18:00 カラカウア通りで最後のおみやげ探し P.118

徒歩

21:00 マウイブリューイングカンパニーで乾杯 P.99

Day3 レンタカーでぼうけんドライブへ

最終日も早起きスタートが鉄則♪ 体を動かしたあとはドキドキのドライブデビュー。農園、人気タウン、クールな夜遊びと欲張っていこう！

7:00 **ロイヤル ハワイアン ベーカリー**で朝食

P.82

徒歩 約10秒

8:15 最高のロケーションで**ガーデンモーニングヨガ**

P.32

ヨガですっきりお目覚め

徒歩

9:30 レンタカーで**東海岸ドライブ**へ P.56,183

車 約40分

10:30 **21ディグリーエステイトの**農園ツアーに参加 P.54

これがカカオの木

車 約30分

13:30 ランチは人気店**ブーツ&キモズ**へ P.19,69

店舗限定のおみやげ発見！

車 約7分

14:30 **カイルアのタウンとビーチ**を散策 P.57

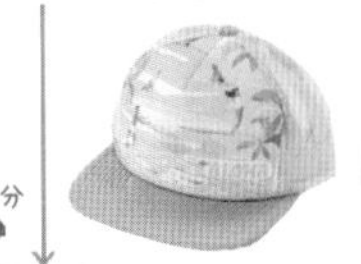

車 約40分

18:00 ワイキキに戻ってレンタカーを返却 P.183

タクシー 約15分

19:00 ダウンタウンの**ザ・レイスタンド**でディナー P.40

タクシー 約15分

22:00 **ABCストア&ロングスドラッグス**でショッピング P.30,122

ハワイの食材買って帰ろ！

Day4 帰国日の朝は極上ブレックファスト

帰国の準備が整ったらハワイ最後の朝を満喫しよう。おすすめは、ワイキキ・ビーチを目の前に望むラグジュアリーホテルのビュッフェ。

6:00 **ザ・ベランダ**で朝食ビュッフェ P.77

午前~午後 ホノルル国際空港出発

最後の楽園時間を楽しもう

思い出と一緒に帰国

ビューン

曜日&
時間限定
コンテンツも!

自分好みにモデルプランをDIY

ハワイには3泊5日じゃ収まらない魅力がまだまだいっぱい！ 曜日や時間限定の特別なコンテンツもあるから、自由自在に組み替えて自分だけのオリジナルプランに進化させよう！

土曜の朝　ファーマーズマーケットへ行く

オアフ島各地で開催されているけれど、KCCとカカアコは特に人気。お祭り気分で食べ歩きとハワイみやげハントを楽しんで！

P.36

午前中　トレッキングに挑戦

ハワイでは今トレッキングが大人気。初級から上級までコースもさまざま。頂上からの景色と達成感は何にも替え難い感動！

P.50

空に浮かんでるみたい♪

午前～午後　ノースショアビーチホッピング

オールドハワイの雰囲気が残るハレイワやノースショア。ドライブはもちろん、ザ・バスに乗って格安で巡ることができる。

P.60

ザ・バスでオアフ一周する？

午前　ヒーリングスポットでユニーク写真を撮る

島全体に癒やしパワーがあふれるハワイは元気チャージにぴったり。大自然のエネルギーを感じるスポットを訪ねてみよう。

P.140

午前 or 午後　スモールタウンを訪ねる

ワイキキを飛び出してスモールタウンへ。心地よいローカル感を感じながら、今まで知らなかった新たな魅力が発見できる。

P.150,152

夕方&火曜11:00～　無料でフラを観る&学ぶ

ハンドモーション

ほぼ毎日各所で開催。特にクヒオ・ビーチのショーは幻想的。ロイヤル・ハワイアン・センターの無料レッスンは毎回大盛況。

P.160,162

午前～午後　テーマパークで遊ぶ

ワイキキ水族館で会えるよ

ワイキキには動物園、水族館がある。オアフ島東側には海や自然、カルチャーを楽しめるテーマパークも。満足度は想像以上。

P.27,164

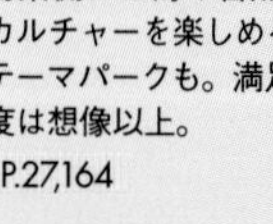

午後　ハワイの歴史&芸術に触れる

博物館や宮殿ではハワイをより深く理解できる豊かな時間が過ごせそう。美術館で知的好奇心を刺激する旅もすてき。

P.154,156

癒やしと刺激の連発 魅惑のハワイで プチぼうけん！

「はじめまして」も「ただいま」も、楽園ハワイは持ち前の
アロハスピリットでお出迎え。絶大なヒーリング効果もあれば
ワクドキが止まらない未知の体験まで、新しいハワイでの
13のぼうけん。まずは地球上最も有名なビーチリゾートから！

え、ワイキキが今こんなことに？ 驚くほどフルスロットルな楽園へいざ！

プチぼうけん 1

渡航できない間、リピーターが気になっていたのはきっとワイキキの今。結論からいうと、ビーチも街も世界各国からの観光客でにぎわっていてどこもかしこも大盛況！ そんな楽園の今から、新たなブームをピックアップ。

ワイキキ探検

TOTAL 1時間〜

オススメ時間 終日　予算 $10〜

ハワイ初心者でもOK！
初心者にとってはブームも何もわかりにくいけれど、ここで紹介するスポットはハワイを最も感じられるおすすめばかり。ツウを気どれるスポットもたくさん！

(P.170)

刺激と癒やしが共存 ブームはレトロハワイアン

日本でも流行りのレトロ。90年代の古きよきハワイをインテリアやビジュアル、グルメなどに取り入れたモダンレトロな世界を展開。新しくておしゃれでかわいいワイキキ探検！

©Kaimana Beach Hotel

"GoX"でスイスイ

最高時速約24kmの電動スクーターで、16歳以上なら利用可能。専用アプリで登録、決済後すぐに乗車できる。ワイキキ内にレンタルスポットがたくさんあるのでトライしてみて。URL goxapp.com

35分$9.99～

Ala Wai Blvd.
Lewers St.
Seaside Ave.
Kaiulani Ave.
Kuhio Ave.
Liliuokalani Ave.
Ohua Ave.
Kapahulu Ave.
Kalakaua Ave.
Waikiki Beach
ロイヤル・ハワイアン・センター キストリーツ
ロイヤル ハワイアン ラグジュアリー コレクション リゾート
モアナ サーフライダー ウェスティン リゾート&スパ

プチぼうけん 1

え、ワイキキが今こんなことに？

1940＆50年代創業の老舗がワイキキにやってきた！

A 満を持してワイキキ進出！

Liliha Bakery

リリハベーカリー

ワイキキに来ちゃいました

リリハ本店はこの看板が目印

1950年にチャイナタウンの先リリハでスタートしたダイナー。ロコ溺愛のココパフ（P.87）をはじめ、ハワイならではの味が観光客も気軽に楽しめるように。

Map 別冊P.10-B2,30 ワイキキ

住2330 Kalakaua Ave.インターナショナルマーケットプレイス3F ☎808-922-2488 営7:00～22:00 休無休 料$15～ Card A.J.M.V. URL www.lilihabakery.com 他リリハ、ニミッツ、アラモアナ、パールハイランズ

1. モチモチのポイモチドーナツ$2.69
2. 手前からスモークドポークベリーロコモコ $22.95、ハンバーガーステーキ $19.95、ミモザ$11.95
3. ペストリーケース後方には本店の看板が

手前からウベワッフル$12.95、フォーティーナイナーブレックファスト$9.95

B ワイキキ店も創業者の思いを継承

Forty Niner Hawaii

フォーティナイナー・ハワイ

アーミーだった兄弟が安くておいしい料理を好立地で、と1947年にパールリッジ・センターの近くにオープン。ワイキキ店も高コスパなメニュー揃い。

Map 別冊P.10-B1 ワイキキ

住445 Seaside Ave.アイランドコロニー1F ☎808-923-2053 営7:00～15:00 休無休 料$10～ Card A.D.J.M.V. URL www.fortyninerhawaii.com 他アイエア

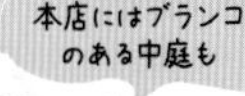

本店にはブランコのある中庭も

カイマナビーチホテル（P.26）もモダンレトロに変身

C ケオラヌイ家の味をワイキキで

Moani Waikiki

モアニ・ワイキキ

西オアフからはるばる！

手前からフライドホールフィッシュ$39、ヤキソバ$13～、カクテル$15～

ライブ演奏はほぼ毎晩やってます

カメア・ハダルの壁画は本店も共通！

カポレイからやってきたのは地元ミュージシャン、ケオラヌイファミリー経営の大皿料理店。創業は2019年だけれど、ホノルル在住ロコ待望の店とあってピックアップ。

Map 別冊P.10-B2,30 ワイキキ

住2330 Kalakaua Ave.インターナショナルマーケットプレイス3F ☎808-466-2629 営16:00～23:00（金・土～翌1:30）ハッピーアワー16:00～18:00 休無休 料$40～ Card A.D.J.M.V. URL www.moaniwaikiki.com 他カポレイ

キストリーツも上陸！

東京でオープン初日に1600人並んだというNY発のシリアルアイスクリームバー。ロイヤル・ハワイアン・センター店は2021年にオープン。KITH Treatsロイヤル・ハワイアン・センター（P.118）C館1F 営10:00～21:00 休無休

アイスクリーム$8～

リノベでタイムトリップ！モダンレトロな今旬ホテル3選

ポップでカジュアルに大変身

D Kaimana Beach Hotel
カイマナビーチホテル

DATA → P.167

サーフテイストの居心地のいい客室

もともとツウのリピーターが多かったオンザビーチのホテルが、2020年に全面改装しリオープン。

2023年1月にサンドビラホテルからリブランド

DATA → P.166

レトロかわいい絶妙バランス

E Wayfinder Waikiki
ウェイファインダー・ワイキキ

オールドハワイの配色、ミッドセンチュリー調のインテリアなど、隅々にまでこだわった本気度に脱帽。

バーの椅子がブランコ！

F White Sands Hotel
ホワイトサンズホテル

レトロハワイアンなホテルがモダン色を加え客室を改装。あわせてオープンしたレストラン&バーも話題に。

プールサイドのレストラン&バーは有名シェフがプロデュース

Map 別冊P.10-B1 ワイキキ

🏠431 Nohonani St. ☎808-924-7263 料$150～ Card A.D.J.M.V. ◎whitesandshotel

最新チルスポットは朝・昼・夜で使い分けるのがツウ！

朝は女王の避暑地で

G Kai Coffee Hawaii @ Queen's Arbor
カイコーヒーハワイ・アット・クイーンズアーバー

ハワイ王国最後の女王リリウオカラニのコテージがあったオンザビーチに、カイコーヒーがオープン。歴史に思いをはせながらコナコーヒーでまったり。

Map 別冊P.11-C2 ワイキキ

🏠2490 Kalakaua Ave.アロヒラニリゾートワイキキビーチの向かい ☎808-926-1131 🕘6:30～16:00 休無休 Card A.D.J.M.V. URL kaicoffeehawaii.com 🏠ワイキキ（アロヒラニリゾート、ハイアットリージェンシー）、カパフル

手前からバジルペスト$15、ワイキキボウル$10～、ブルーハワイ$9.50

店内もかわいいですよ～

午後はランチを兼ねて腸活

H ALOH Health Bar & Cafe
アロー・ヘルスバー&カフェ

オーガニックやビーガンにこだわる美食揃いの新顔カフェ。2023年5月からはナチュラルワインのサーブを始めたので、17時以降も楽しみに。

Map 別冊P.10-B1 ワイキキ

🏠407 Seaside Ave. ☎808-548-8116 🕘6:30～17:00（バー17:00～22:00）休無休 Card A.D.J.M.V. ◎alohcafe

カイラテ$6.50～。アサイボウルやペストリーもおいしい

まさにオンザビーチ

夜はぐっとムーディに

I The Gallery Waikiki
ザ・ギャラリーワイキキ

朝からやっているので終日楽しめるけれど、ライブが始まり雰囲気が一変する20時以降が特におすすめ。ハワイの夜をカジュアルに満喫できる。

出演ミュージシャンはインスタでチェック

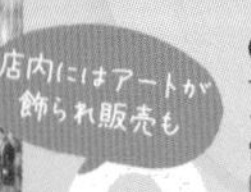
店内にはアートが飾られ販売も

Map 別冊P.10-B2 ワイキキ

🏠2300 Kalakaua Ave. ☎808-256-2602 🕘7:00～24:00 休無休 Card A.D.J.M.V. ◎the_gallery_waikiki

知っているけど未体験☆そんなワイキキの
もったいないコト+トコRecheck!

Sailing

17:30はサンセット、19:30は花火が楽しめる

マイタイカタマランは緑の帆が目印

J

乗ったらやみつき！ ワイキキを沖から一望

Maitai Catamaran
マイタイカタマラン

ビーチから気軽に乗船できる双胴船。絶景、イルカやカメとの遭遇、船上でのカクテルなど、想像以上の満足度！

Map 別冊P.10-A3 ワイキキ

シェラトンとハレクラニ間のビーチ沿い ☎808-922-5665 11:00、13:00、15:00、17:30、19:30（金のみ）所要約90分 休無休 料$49～、4～12歳$25～ Card A.J.M.V. URL www.maitaicatamaran.net

K

水着で来てもいいよ～

100種類以上の動物に会える

Honolulu Zoo
ホノルル動物園

ワイキキの東、カピオラニ公園の入口にある動物園。土曜夕方からのトワイライトツアーも未知の体験がいっぱい。

Map 別冊P.11-D2 ワイキキ

151 Kapahulu Ave. ☎808-926-3191 10:00～15:00 休無休 料$21、3～12歳$13、2歳以下無料 Card A.D.J.M.V. URL www.honoluluzoo.org

1. 週末は開園前から行列が。グッズも大人気
2. 間近で会えるアフリカンサバンナエリア
3. 入口を入るとフラミンゴがお出迎え

プチぼうけん 1

え、ワイキキが今こんなことに？

L

500種以上の海洋生物が生息

Waikiki Aquarium
ワイキキ水族館

1904年オープンのアメリカで2番目に古い公立水族館。ハワイの豊かな海の世界を再現した展示は、癒やし効果も絶大。

ハワイ州の魚フムフムヌクヌクアプアアも！

ハワイ固有種のモンクシール

Map 別冊P.6-B3 ワイキキ

2777 Kalakaua Ave. ☎808-923-9741 9:00～16:30 休無休 料$12、4～12歳・65歳以上$5、3歳以下無料 Card A.D.J.M.V. URL www.waikikiaquarium.org

信者でなくても参加、見学は可能 マナーは守って

M

ワイキキの喧騒がウソのよう

St.Augustine Church
セント・オーガスティン教会

ビーチの目の前に立つ1854年設立のカトリック教会。ヤシの木やハイビスカスがデザインされたステンドグラスは一見の価値あり。

Map 別冊P.11-C2 ワイキキ

130 Ohua Ave. ☎808-923-7024 ミサ火～金7:00、土7:00、17:00、日6:00、8:00、10:00、17:00 URL staugustinebythesea.com

達成感あるわ～

N

山頂からワイキキを網羅

Diamond Head
ダイヤモンドヘッド

ワイキキにいると必ず目に入る標高約232mの休火山。宿泊ホテルや遊んだ場所を探すのも楽しい。

DATA→P.52

モアナホテル（下）とロイヤルハワイアンホテル。宿泊者には歴史ツアーを用意

リアルなレトロハワイアンに出会う

1901年にワイキキ最初のホテルとして開業したモアナホテル（現モアナ サーフライダー ウェスティン リゾート&スパP.170）と豪華客船の乗客専用ホテルとして1927年に誕生したロイヤルハワイアンホテル（現ロイヤル ハワイアン ラグジュアリー コレクション リゾート P.170）。ワイキキの幕開けとともに歩んできたホテルでは、古きよき時代のハワイに触れることができる。

大本命のおみやげパラダイス！ハワイ5大スーパーマーケット

ハワイのショッピングで欠かせないスポットといえばスーパーマーケット。広い店内にありとあらゆる商品が並ぶおみやげの宝庫でアメリカンサイズのカートを押してショッピングスタート！

系列の新店もチェック！

アラモアナセンター店にカクテルラウンジ、イレブン(P.41)がオープン。さらに、姉妹店のワイキキマーケット（P.14）やカハラマーケット（P.14）など、フードランドファームズの仲間が拡大中。

人気スーパーを賢くお得に使い分け！

好アクセスでツーリストに人気の5スーパーをご紹介！ PB（プライベートブランド）やよりお得に買うコツなど、各店の特徴をポイント解説。どこで何を買うかの参考にして☆

1 Foodland Farms

ハワイ生まれのローカルスーパー

フードランドファームズ

1948年にハワイ初の近代スーパーマーケットとしてホノルルで創業。地元密着企業としてロコに長年愛されている。アラモアナセンター店はハワイみやげが充実。

Map 別冊P.15-C·D2,26 アラモアナ

1450 Ala Moana Blvd. アラモアナセンター1F エヴァウイング西端
808-949-5044
6:00～21:00 休無休
Card A.D.J.M.V. URL jp.foodland.com アイナハイナほか

Point 1 マイカイメンバー

2022年5月にリニューアル。既会員も再登録が必要

Maika'i MEMBER

割引価格で買い物ができる無料の会員カード。レジで日本の電話番号を伝えて登録。当日の会計から適用される。特典と交換できるポイントもある。詳しくは公式HPをチェック！

MAIKAI SPECIALが割引の目印！

Point 2 マイカイ

ハワイ語で「最高」という意味のフードPB。スナックや調味料、ドリンクなど、100種類以上のオリジナル商品がある。

ハワイ産！

マカダミアナッツチョコとマカダミアナッツ各$14.99→マイカイ価格各$13.49

ココナッツチップス1個$2.79→マイカイ価格2個$4（ほかのスナックと組み合わせ自由）

Point 3 ローカルクッキング

ハワイ料理にチャレンジできるアイテムが揃うのもロコ御用達スーパーならでは。ハワイの味を日本にお持ち帰り！

ハワイ生まれのヌードル、サイミンとドライミンが作れるボックス。3食入り各$16.99→マイカイ価格各$14.99

Point 4 ポケ

ご飯の上にのせてポケ丼にもできる

ハワイでトップクラスのおいしさを誇るポケはぜひ食べて帰りたい！ 量り売りで購入でき店内のイートインスペースで食べられる。

Point 5 バー

ワイン売り場に本格バー「ザ・バー」が併設されている。おつまみと一緒にグラスワイン$3.50～、ビール$7～が楽しめる。

買い物途中に立ち寄って。
12:00～20:00

スーパーマーケットでお買い物

TOTAL 30分～

オススメ時間 午後～夜

羽織るものとエコバッグは必須
スーパーの店内はどこも強冷房なので羽織るものを用意しよう。購入品を入れるプラスチック製レジ袋は配布禁止、紙袋は有料。持参するかスーパーオリジナルのエコバッグを購入するのもおすすめ。

オーガニックスーパーの先駆け

2 Whole Foods Market
ホールフーズ・マーケット

テキサス州に本拠地を置く大型チェーン。オーガニック商品に力を入れている自然派で地産地消も推奨。ワードにあるこの店舗はクイーン店と呼ばれる。

Map 別冊P.14-A2 ワード

388 Kamakee St.
808-379-1800
7:00～22:00 休無休
Card A.J.M.V. カハラ、カイルア

Point 1 ロゴアイテム

ロゴ入りバッグはおみやげの大定番として有名。ワードにある店舗の2階にはロゴアイテムだけを集めた独立ストアがある。エコバッグはP.31を参照。

1. レインボー柄のロゴ入りマグ$14.99 2. ロゴポーチにハワイのボディケアブランド・プナノニ(P.137)製品が入ったセット$21.99 3. パイナップル柄のロゴクーラーバッグ各$12.99

Point 2 365

ホールフーズ・マーケットのPB。食品から生活雑貨まで数千アイテムにのぼる。高品質なアイテムをリーズナブルに提供しているのが特徴。

1. 高コスパのオーガニックチョコレート各$2.99 2. アンチエイジング効果が高いといわれるバクチオール配合のボディオイル$18.99

Point 3 ナチュラル

低罪悪感なおやつ

1. ヘルシースナックとしてレッサーエビルのポップコーン$4.79 2. グルテンフリーのインスタントオートミール$3.29

ナチュラル志向の製品はホールフーズ・マーケットの最も得意な分野。オーガニックやビーガン、グルテンフリー製品は要注目。

Point 4 地産地消

良質なメイドインハワイの製品も数多く揃っている。こだわり派のおみやげ探しにおすすめ。

1. 古代ハワイアンも飲んでいたノンカフェインのママキ茶ティーバッグ$15.29 2. マウイ島産のフルーツピューレ$12.99

Point 5 バー

ロコにも大人気。 11:00～21:00

店内に「トゥータイズバー」を併設。タコスやバーガーなどフードメニューが充実。金曜は1ダース$15のオイスターハッピーアワーを開催している。

3 頼れるドラッグストア Longs Drugs ロングスドラッグス

医薬品やコスメをはじめ、スナック、ドリンクなどを販売している。24時間営業だからコンビニ感覚で利用できる。

Map 別冊P.10-A2 ワイキキ

2155 Kalakaua Ave. 808-922-8790 24時間 無休 Card A.J.M.V. アラモアナセンター、ワードほか

Point 1 エクストラケアカード

登録日の会計から割引適用

割引価格で買い物ができる無料の会員カード。レジで名前、日本の電話番号、メールアドレスを登録。店内の赤い機械にかざすとクーポンもゲットできる。

クーポンセンターもチェック！

LAガールのアイシャドーパレット $8.79

エルフのプライマー $6.49

Point 2 プチプラコスメ

手頃なドラッグストアコスメが充実。日本ではレアなブランドも多いのでおみやげに最適。

ミラニのリップグロス $8.99

Point 3 ハワイみやげ

ワイキキ店やアラモアナセンター店では特にハワイみやげが充実。しかも、他店よりリーズナブルな場合が多い。

1. ライスクリスプのマカチョコ$6.79
2. パイナップルココナッツボール$8.79

4 アメリカンな大型スーパー Safeway セーフウェイ

100年以上の歴史をもつ老舗のチェーン。アメリカの日常の食卓に欠かせない食料品や日用品が揃っている。

Map 別冊P.6-B2 カパフル通り

888 Kapahulu Ave. 808-733-2600 24時間 無休 Card A.J.M.V. URL local.safeway.com ベレタニア通り、マノアほか

シンプルボトルのレッドペッパー $3.99

シーザードレッシング $4.99

Point 1 セーフウェイクラブ

割引価格で買い物ができる無料の会員カード。カスタマーサービスでカードをもらうだけで登録も不要。店内に置かれているクーポン付きのチラシも要チェック！

登録なしで割引価格に

Point 2 オーオーガニクス

セーフウェイが展開するPBのひとつで、アメリカ農務省認定のオーガニック製品をリーズナブルな価格で提供している。

Point 3 アメリカンスナック

アメリカらしいお菓子は要チェック。クリスマスやイースターなど季節限定パケも見逃せない。

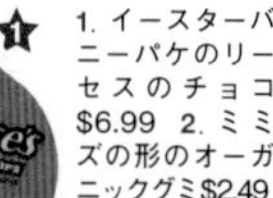

1. イースターバニーパケのリーセスのチョコ$6.99 2. ミミズの形のオーガニックグミ$2.49

ポテトと比べ35%脂肪カットのキャッサバのチップス$2.59

Point 1 ヘルシー

ギルトフリー（罪悪感なし）のおやつや健康増進食品が豊富。ダイエッターは注目！

便秘やむくみ改善に効果があるといわれるマッシュルームコーヒー$24.99

5 ベジタリアンスーパー Down To Earth ダウントゥアース

1977年にマウイ島で誕生した自然食品ストア。ベジタリアンライフを提唱している。ベストヘルスフード賞受賞のデリを併設。

Map 別冊P.13-C3 カカアコ

500 Keawe St. 808-465-2512 7:00～22:00（デリ～21:00） 無休 Card A.J.M.V. URL downtoearth.org モイリイリ、カイルアほか

Point 2 デリ

デリももちろんオールベジタリアン。バラエティ豊なメニューにはフェイクミートを使った料理もある。

ビュッフェの料理は量り売りで、写真のプレートは約$12

人気スーパーエコバッグ Collection

スーパーの限定バッグおみやげ人気No.1。自分用にもばらまき用にもゲットしたい！

100%オーガニックコットンを使用したタグアロハとのコラボ。クイーン店限定。$14.99 **A**

厚手のキャンバス地と持ち手がロープで丈夫なバッグ。タグアロハとのコラボ。$29.99 **A**

ミニトート。クイーンは黒地にゴールド、カイルアは白地にターコイズブルー、カハラは白地にゴールドと店舗で異なる。$14.99 **A**

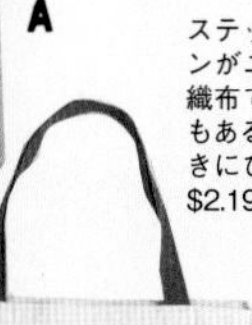

全面にひとつ背面にふたつ外ポケットが付いている。クールなカラーがおしゃれ。$24.99 **A**

ステッカーデザインがユニーク。不織布で外ポケットもある。ばらまきにぴったり。$2.19 **A**

ボディケアブランド・プナノニ（P.137）とのコラボ。程よいマチで使いやすい。$13.99 **A**

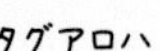

タグアロハ

カイルアにあるビーチウエアブランド。フェアトレード、ローカルデザインにこだわったハワイの文化やライフスタイルを発信している。

URL ja.tagaloha.com

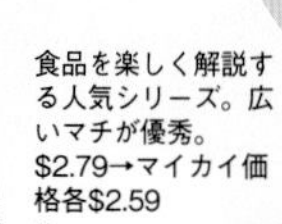

食品を楽しく解説する人気シリーズ。広いマチが優秀。$2.79→マイカイ価格各$2.59 **B**

紙製なのに手洗いOKというスマートな新素材バッグ。$7.99→マイカイ価格各$6.99 **B**

アロハフライデイとは日本語の「花金」のような意味。$1.19→マイカイ価格各$1 **B**

タウンで活躍するシンプルデザインのおしゃれトート。$13.99 **D**

レイをデザインしたキャンバス地トート。持っているだけでハワイ気分に浸れる。$15.99 **C**

ジュートとキャンバスのコンビ。持ち手のレザーが高給感を醸し出してくれる。$19.99 **C**

プチぼうけん 3

やわらかな陽光を浴びながら朝活 モーニングヨガで1日をスタート！

さわやかな朝のガーデン

思わず早起きしたくなるさわやかなハワイの朝。澄んだ空気のなか、小鳥のさえずり、波の音といった天然のBGMに癒やされながら朝ヨガにチャレンジして気分爽快！

モーニングヨガ

TOTAL 約1時間

オススメ時間 7:00〜　予算 $10〜

参加前の準備
ヨガマットの貸し出しがない場合はビーチタオルを用意。日焼け止めや飲料水も持参しよう。クラスによって内容が違うので事前に確認を。

Garden Morning Yoga

朝ヨガって気持ちいい〜！

朝ヨガでキレイ磨き

SUPヨガにもトライ！

カパリリハワイではSUPヨガも開催。不安定なSUPボードの上で行うヨガは、地上以上にインナーマッスルが鍛えられる。レッスンはモーニングクラスやプラーベートレッスン、海ガメに会いにいくクラスなどが選べる。

Map 別冊P.15-C3 アラモアナ

アラモアナ･ビーチパーク ☎808-485-9399（カパリリハワイ）モーニングクラス：月･水･金･日10:00〜11:00 料$78〜 Card A.J.M.V.（オンラインは不可）休日 予必要 URL kapalili.com

SUPヨガとSUPパドリングを合わせて運動効果をアップ

自然のパワー注入

自然のなかでヨガ体験 ダイエットにも美肌にもココロにも効果絶大☆

ガーデンやビーチなど野外でヨガが楽しめるのは気候のいいハワイならでは。朝ヨガで交感神経を刺激してすっきりお目覚め。代謝がアップして老廃物の排出も促進されるから、ダイエットや美肌にも効果的でいいことずくめ！

8:15 ピンクパレスの庭園でヨガ体験

ガーデンモーニングヨガ

Garden Morning Yoga

ロイヤルハワイアンホテル内にあるヨガ専門店のカパリリハワイ主催。熱帯植物が茂る王朝ゆかりの庭園で朝ヨガレッスンが受けられる。オンラインまたはショップで事前予約を。

Map 別冊P.10-B2 ワイキキ

ロイヤル ハワイアン ラグジュアリー コレクション リゾート内ココナッツグローブ（中庭）☎808-485-9399（カパリリハワイ）毎日8:15〜9:00 料$30〜 Card A.J.M.V.（オンラインは不可）休日 予必要 URL kapalili.com

7:00 予約なし参加もOKのビーチヨガ

ビーチヨガ
Beach Yoga

早朝のワイキキ・ビーチで開催。インストラクターのデニスさんは日本でのヨガ指導経験もある。力強いポーズを取り入れたヨガで、バランス力を鍛える。

Map 別冊P.11-D2 ワイキキ

ワイキキ・ビーチ（集合はカピオラニ公園入口のサーファーボーイ像前）
808-922-0181（ヨガワイキキ）
火・木・土7:00〜8:00（集合6:50）
料$10 Card不可 日
URL yogawaikiki.com

サーファーボーイ像前に開始10分前までに集合

ヨガアウェアネスを主催するテッドさん＆ますみさんご夫妻

8:00 海を見渡せる公園で爽快ヨガ

モーニングヨガ
Morning Yoga

ワイキキのパワースポット、ダイヤモンドヘッドに程近いカピオラニ公園の木陰で行うヨガ。朝のワイキキ・ビーチの波音と小鳥のさえずりが心地よい。

Map 別冊P.11-D3 ワイキキ

ワイキキ・ビーチ（集合はベアフットビーチカフェP.142の海側前）火・土8:00〜9:00（集合7:45）料$20 Card不可 日 予必要 URL yogawaikikibeach.com
info@yogaawareness.com（ヨガアウェアネス）

プチぼうけん 4

ハワイの海で野生のイルカとスイム かわいすぎる姿に癒やされる～

透き通った美しい海にザブンと飛び込み、マーメイド気分でかわいいイルカたちに大接近☆ そんな夢のような体験もハワイでなら現実に！ 癒やし効果抜群のドルフィンスイムに挑戦！

野生のイルカと遊ぶ

TOTAL 約8時間

オススメ時間 5:30～14:00

予算 $199

参加前の準備
日焼け止め、上着のほかペットボトルの水も持参すると安心。あらかじめ着替え用のタオルも用意しておこう。トイレは乗船前に済ませておくのがおすすめ。

オアフ島の西海岸でイルカに会いにいこう！

オアフ島の西海岸に数多く生息する野生のイルカ。ハワイでなら、そんなイルカたちと一緒に海中遊泳を楽しむことができちゃう♪　好奇心旺盛なイルカたちの鳴き声を聴いたり、ダイナミックな海面ジャンプが間近で見られて大感激！

+PLUS

イルカと泳いだあとはさまざまなアクティビティやクルーによるお楽しみが待っている。スノーケリングでは海ガメに会えるチャンスも！

先生はイルカ！ 授業は海の中

名門イルカ大学

イルカを先生に、授業を受けるというユニークなコンセプトのツアー。ハワイのイルカ保護条例に則り、カタマランで出港後、沖合いでマダライルカやバンドウイルカと一緒に泳ぐことができる。

Map 別冊P.20-A3

ワイアナエ

☎808-636-8440 催行：毎日 ホテル出発：5:30～6:00、ホテル帰着：14:00頃 料$199、3～11歳$159（送迎付き）※午後発着もあり 休日▶ 予必要 URL www.iruka.com

イルカMAP

ドボーン!!

ハワイのイルカのことをもっと知りたい!

なぜオアフ島西海岸にいるの?

自然のままの美しい海が広がる西海岸。餌も豊富でイルカたちにとって暮らしやすい場所なのだ。

野生のイルカには触れられるの?

触るのは厳禁。2021年10月以降は海岸から4km以内にいるハシナガイルカと一緒に泳いだり、約46m以内に近づくことも禁止に。

イルカのジャンプは見られるの?

ハワイに多数生息するハシナガイルカは回転やジャンプが大好き。アクロバティックな動きを見せてくれる。

イルカともっと触れ合いたい!

シーライフ・パーク・ハワイで調教にチャレンジ!

イルカともっと仲よくなりたい人におすすめなのがシーライフ・パーク・ハワイで行われているふたつの体験プログラム「ドルフィン・エクスプロレーション」と「ドルフィン・エンカウンター」。イルカと間近で触れ合い、調教にもトライできる。

トレーナーからイルカの生態を学ぼう

イルカが目の前でスプラッシュ、ジャンプなどを披露してくれる

「ドルフィン・エクスプロレーション」ではイルカと一緒に泳ぐこともできる

ドルフィン・エクスプロレーション(8歳以上)

🕘9:45、11:00、14:00(所要約30分)、㊎$272.24(入場料、写真1枚、税込み)、送迎料金$26.18(税込み) ㊢必要
プログラム内容:イルカに触れる/イルカに餌づけ/生態や調教についての説明/深い場所で浮かび、イルカと触れ合う/少人数制

ドルフィン・エンカウンター(4歳以上)

🕘9:45、11:00、14:00(所要約30分)、㊎$188.47(入場料、写真1枚、税込み)、送迎料金$26.18(税込み) ㊢必要
プログラム内容:イルカに触れる/イルカに餌づけ/生態や調教についての説明

シーライフ・パーク・ハワイ → P.164

世界で唯一、クジラとイルカのハーフにも会いにきて!

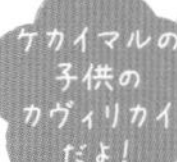

ケカイマルの子供のカヴィリカイだよ!

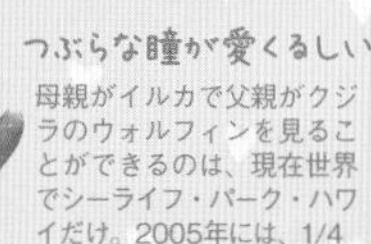

つぶらな瞳が愛くるしい

母親がイルカで父親がクジラのウォルフィンを見ることができるのは、現在世界でシーライフ・パーク・ハワイだけ。2005年には、1/4クジラ、3/4イルカのウォルフィンの子供も誕生!

わたしがハーフのケカイマル!

プチぼうけん 5

ロコもワクワク！もぐもぐ♪ 毎日ファーマーズマーケット

オアフ島各地で毎日のように開催されているファーマーズマーケット。産地直送の新鮮食材のほか、その場でパクつけるグルメやおみやげもえりすぐりの顔ぶれ。シャキッと早起きして、おなかをすかせて出かけよう！

来なきゃソンソン♪

こだわりの無農薬よ

ハワイの青空市場はハイクオリティが自慢！

グルメ賞に輝く名店や行列のできる人気店、今後注目を集めそうな話題店まで勢揃い。ハワイの食のトレンドを探ってみよう！

レモネード $10

ピッグ&レディ（P.149）のバインミー $11

ホノルルクッキーズ・ジョススライダー 1個$5～

パンノキのチップスです

ウルチップス $7.49

搾りたてのフレッシュジュースだよ

並んでも食べたい激ウマグルメが集結

KCC FARMERS MARKET
KCCファーマーズマーケット

OPEN 土曜 7:30～11:00

場所 カピオラニ・コミュニティ・カレッジ駐車場

スナックからガッツリ食事系、スイーツまであらゆるグルメが揃うオアフ島最大級のマーケット。土曜の朝はハワイ各島から70以上のベンダーが集まり、活気いっぱい。おみやげ探しも◎

Map 別冊P.7-C2

ダイヤモンドヘッド

4303 Diamond Head Rd. ☎808-848-2074
ワイキキからザ・バス23番で約15分。カピオラニ・コミュニティ・カレッジ下車すぐ。ワイキキトロリーはグリーンライン
URL www.hfbf.org

ファーマーズマーケット　TOTAL 約3時間

オススメ時間 7:30～　予算 $15～

もちろん朝ごはんはココで！
人気店は行列ができるので、お目当てがある場合は売り切れを避けるためにも開始と同時に訪れよう。カード不可の店が多いので現金は多めに用意したい。

オアフ島

人気ファーマーズマーケット週間スケジュール

SUNDAY	MONDAY	TUESDAY	WEDNESDAY	THURSDAY
① 7:00~14:00 マノア	★ 16:00~20:00 ワイキキ（P.41）	① 7:00~14:00 マノア	⑤ 14:00~18:00 ウインドワード	① 7:00~14:00 マノア
② 8:00~11:00 ミリラニ	⑥ 16:00~20:00 オープンマーケット		★ 16:00~20:00 ワイキキ（P.41）	⑧ 14:00~18:00 ハレイワ
③ 8:00~12:00 カイルアタウン			⑦ 16:00~19:00 ホノルル	⑨ 16:00~19:00 カイルア
④ 9:00~13:00 ロカヒカイルア				★ 16:00~20:00 マヒク（P.41）
⑤ 10:00~14:00 ウインドワード				

カカアコとカイルアにいるよ～

新鮮なパパイヤ♡

※遅くとも開催終了時間の1時間前までに到着するように行こう

おしゃれエリアの人気マーケット

KAKAAKO FARMERS MARKET
カカアコ・ファーマーズマーケット

OPEN 土曜 8:00～12:00
場所 919 Ala Moana Blvd.

ワード、カカアコから徒歩圏内の広場で開催されている。グルメはもちろん、お持ち帰りOKのおみやげも充実。

Map 別冊P.13-C3 カカアコ

919 Ala Moana Blvd. 808-388-9696 ワイキキからザ・バス20・42番で約15分。Ala Moana Bl.+Ward Ave.下車すぐ URL farmloversmarkets.com

エコバッグ
プラスチックバッグの配付は禁止されている。買ったものはまとめて持参したバッグへ!

ウエットティッシュ
パクつきグルメを食べる前後のお手拭きに重宝

帽子
日陰がほとんどない炎天下なので必需品!

夕方〜夜開催!

ワイキキならココへ♡
ホテルからすぐの便利なマーケットにも注目!

夜食や朝食の買い出し&おみやげ探しに便利

WAIKIKI FARMERS MARKET
ワイキキ・ファーマーズマーケット

OPEN 月・水曜 16:00～20:00
場所 ハイアット リージェンシー ワイキキ アトリウム1F

ホテル内で週2回開催。お総菜やカットフルーツなどお持ち帰りグルメが充実。ロコアーティストの作品も販売。

ハイアット リージェンシー ワイキキ → P.172

ワイキキの中心にマーケット出現!

MAHIKU FARMERS MARKET
マヒク・ファーマーズマーケット

OPEN 木曜 16:00～20:00
場所 インターナショナル マーケットプレイス

ワイキキきってのショッピングスポット1階で開催。ぱくつきグルメやおみやげ探しに出かけよう。

インターナショナル マーケットプレイス → P.119

FRIDAY
NO FARMERS MARKET

紫イモのマフィン

SATURDAY
★ 7:30~11:00 KCC (P.40)
★ 8:00~12:00 カカアコ (P.41)
⑩ 8:00~12:00 パールリッジ
⑪ 8:30~13:00 ワイアルア

1. マノア マノア・マーケットプレイス Map 別冊P.4-B2
2. ミリラニ ミリラニ・ハイスクール Map 別冊P.19-C1
3. カイルアタウン アドベンティストヘルスキャッスル病院隣 Map 別冊P.5-C1
4. ロカヒカイルア 340 Uluniu St. Kailua Map 別冊P.4-A1
5. ウインドワード ウインドワードモール Map 別冊P.4-B1
6. オープンマーケット ワイキキ・ビーチ・ウォーク → P.118
7. ホノルル ニール・ブレイズデル・センター Map 別冊P.14-A2
8. ハレイワ ワイメア・バレー駐車場 Map 別冊P.20-B1
9. カイルア カイルア・タウン・センター → P.59
10. パールリッジ パールリッジ・センター Map 別冊P.19-C2
11. ワイアルア ワイアルア・シュガーミル → P.63

※スケジュールは変更される場合があります

どこを撮ってもフォトジェニック カカアコでウオールアート探検！

もともと倉庫や自動車修理工場が立ち並ぶ無機質な街だったカカアコが2011年にスタートした「POW! WOW! HAWAII」によってアートタウンに変貌。写真映え間違いなしのちょっぴり刺激的な街を探検してみよう！

POW! WOW! HAWAII（パウ ワウ ハワイ）

オアフ島出身のアーティストが創設。街の活性化を目的に、世界各地から集まったアーティストが建物の壁にアートを描くイベント。2023年からはWorld Wide Wallsに名称を変更し、カリヒ地区（Map別冊P.4-A2）で開催。

URL powwowworldwide.com

KAKAAKO

人気アートをぐるっと巡る おすすめ徒歩ルート

ソルトアットアワーカカアコ（P.146）を起点に、徒歩で行ける見逃し厳禁のウオールアートをご紹介。掲載している写真以外にもたくさんのアートが連なっているので、探検しながらお気に入りを探してみよう。映える#kakaakowallartにチャレンジ！

START

ワイキキからソルトアットアワーカカアコへ

図ザ・バス20・42番で約25分。Ala Moana Bl.+Coral St.下車徒歩約2分

① Simone Legno of Tokidoki

日本のポップカルチャーに影響を受けたアーティストの作品。ソルトアットアワーカカアコにあるモーニングブリュー（P.88）の外壁に描かれている

② 123Klan

フランス出身カップルの作品で日本のアニメヒーローを彷彿させるアート。カタカナのユニット名にも注目！

③ Punky Aloha

カイルア出身アーティストの作品。マノアチョコレート（P.55）のパケデザインも手がける。ステーショナリーを販売するフィッシャー・ハワイの壁に描かれている

⑤ CAB

大阪拠点の日本人アーティストの作品。建物と塀に描かれた立体構造。何か言いたげなフラガールの表情が印象的

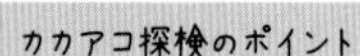

カカアコ探検のポイント

TOTAL 約1時間

オススメ時間 12:00～　予算 無料

歩き方の注意

倉庫街のため時間帯によっては人通りが少ないことも。必ず複数人で明るい時間に行くなど、安全面には十分に注意を。歩きやすい靴を用意して暑さ対策も忘れずに。※ウオールアートは不定期で描き替えられたり撤去されることもある。

④ Kevin Lyons

アロハモンスターの愛称で知られる人気No.1アート。フィッシャーハワイ（P.147）の壁のマザー・ウェルドロン・ドッグ・パーク側にある

⑥ Rone and Kamea Hadar

空を見上げるロコガールは「POW! WOW!」の共同ディレクターも務めるアーティストの作品。ABCストア本社の壁に描かれている

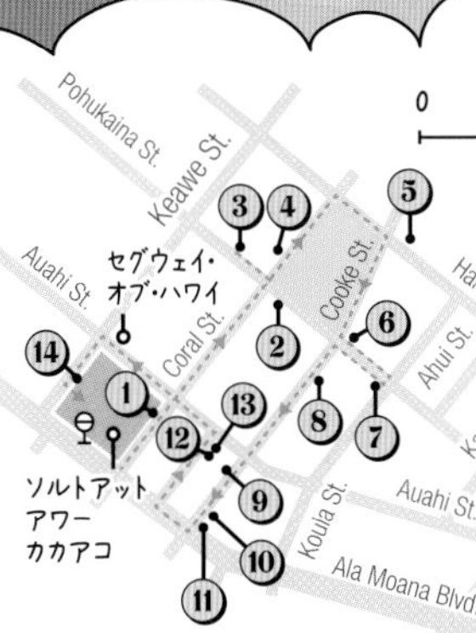

ウオールアート探検のゴールはソルトアットアワーカカアコ。ハワイらしいアートも描かれた複合施設内には高感度なグルメやショッピングスポットがいっぱい

プチぼうけん6

GOAL

カカアコでウオールアート探検！

SNSで有名なレインボーアロハ

このアートはカカアコ東側のワードエリアに位置する。2023年8月現在、付近は工事中でアート前での撮影は難しそう……。

中庭も見上げてみて

⑭ Hula

ソルトアットアワーカカアコの駐車場出入り口脇にある美しいロコガールの壁画。ハワイ育ちのアーティストの作品

⑫ Kai Kaulukukui

ハワイ島出身アーティストの作品。海の中を優雅に泳ぐウミガメ（ホヌ）はハワイでは幸運を運ぶ「海の守り神」といわれる

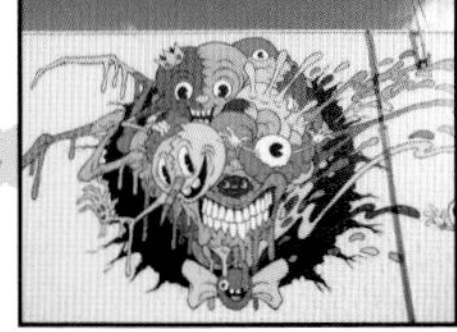

⑪ Kris Goto

グリーンルームギャラリー（P.104）でも人気の女性アーティスト。ターゲット（P.117）の店内壁画も手がける

⑬ Alex Pardee

ロックバンドのジャケットや映画のアートディレクターも務める人気アーティストの作品。ポップ×グロテスクの独特な世界観が話題

⑩ Luise Ono

日本人女性のアート。成長をテーマに自然界にあふれるエネルギーを表現。日本各地の施設でも彼女の作品を見ることができる

⑨ Tatiana Suarez

マイアミ出身の女性アーティストの作品。エキゾチックな女性に植物や生き物をプラスして不穏な印象を与える絵が特徴

ガイド付きセグウェイツアーも！

セグウェイライドとカカアコのウオールアート巡りが同時に楽しめるツアーも催行されている。日本語ガイド付きだから迷うこともなく安心。

セグウェイ・オブ・ハワイ
Segway of Hawaii

Map 別冊P.13-C3

カカアコ

670 Auahi St. ☎808-591-2100 毎日11:30～（所要約90分）料$160 Card A.J.M.V. 日予必要 URL jp.segwayofhawaii.com ワイキキ

モンスタートラック発見

月～土曜11:30～16:30に出現するポップなフードトラック、ミルキーウェイ。ボバティーなどカカアコ探検のお供に♡ @milky_way_hawaii

⑦ Audrey Kawasaki

LA出身の日系アメリカ人の作品。少女の無垢さとエロティシズムがテーマ。繊細なタッチで描かれた人魚に心奪われる

⑧ Jana Lam

人気デザイナー、ジャナ・ラム（P.105）のアート。徒歩圏内にあるブティックにも立ち寄ってみよう

オトナarucoが行くべきバーは今話題の"スピークイージー"

Speakeasy

ビーチバーやブリュワリーもいいけれど、ハワイをもっと知りたかったら高感度なロコが通う隠れ家バーをチョイス。フォトジェニックなラウンジからおひとり様でも気軽に立ち寄れるスーパー直結店まで、一歩先のロコスタイル体験！

スピークイージーとは？

1920年代のアメリカ禁酒法時代のもぐり酒場のことで、現在では隠れ家的存在のバーを表現するときにも使用。語源は「入店の際の合言葉を密かに伝えた」「酒の名前を簡略して注文した」など諸説あり。

ロコに交じって乾杯！

TOTAL 1〜2時間

オススメ時間 オープン時　予算 $30〜

出国前にオンライン予約を
どこも予約必須の人気店だから、早めにチェックしておくと安心。年齢にかかわらず、パスポートは必ず持参で。ハワイでの飲酒は21歳以上なので気をつけて。

本物のレイやロゴTも販売。夜はパティオも幻想的に

DOROTHY'S

遊び心がいっぱいね

かわいいとクールが共存する魅惑の空間

まずはジャスティン&ヘイリー・ビーバーを虜にしたダウンタウンのカクテルラウンジから☆

奥へ行くほどワクワクが止まらない

The Lei Stand
ザ・レイスタンド

一見リアルなレイスタンド。でも奥へ進むとスタイリッシュなラウンジが広がり、さらに先には自然光が差し込むパティオが出現。ワクワクはここでしか味わえない美酒美食にも。ヘイリーがSNSにアップした場所で記念撮影も！

ミクソロジストも最高にクール

オープンから数分で満席になるヒップなラウンジ

CHEEEHOOO！

THE BEST LEI IN TOWN

Map 別冊P.16-B2 ダウンタウン

1115 Bethel St. ☎808-773-7022
17:00〜23:00 休日・月 予$40〜
Card A.D.J.M.V. URL www.getleid.co

左／氷がおしゃれなモヒート$16とワウラウラウ$18
下／つくねサンド$19とトリュフファトポップコーン$21

ホット
スポットで
極上の一杯

Take Me To The Moon

異国情緒を目と舌で堪能

1938 Indochine
1938インドシナ

ハッピーアワーのライチマティーニ$8
とクラブケーキ$19

注文に
迷ったら
声をかけて

プチぼうけんHERE!
今話題の"スピークイージー"

店内の棚にはアンティークバイクが2台

DATA →P.15

レストランはもちろん、バーとしてもおすすめ。東南アジアを旅しているような喧騒をまとい、大理石のバーカウンターでいただくクラフトカクテルは格別。平日16～18時、20時～閉店限定のハッピーアワーは人気メニューも半額からとお得に。

フードランド系列のバー2選

in the MKT

朝から夜まで
ずっとオープン

et al.
エタァル

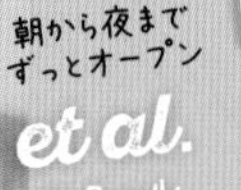

ハマクアマッシュルームリゾット$23、カクテルはエタァルG&T$16とザ・キャノンボール$16

イレブンと同系列のこちらは天井が高く開放的。隠れ家っぽくはないけれど、旅行者にはまだあまり知られていないので注目。レイのデザインがかわいいカウンター席で、朝昼晩で異なるメニューとそれぞれに合ったお酒を楽しみたい。

☎808-732-2144 🕘7:00～20:45 ハッピーアワー 14:30～16:30 休無休 予$40～ Card A.D.J.M.V. URL etalhawaii.com

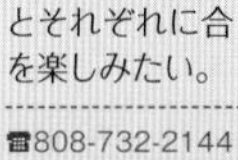

入口はカハラマーケット内生花売り場の間

カハラマーケット →P.14

居心地のよいバーカウンター

トマトや
バジルの
カクテルも
人気です

スーパーとは
まるで別世界

Eleven
イレブン

入口はフードランドファームズ内ワイン売り場の近く

フードランドファームズ →P.28

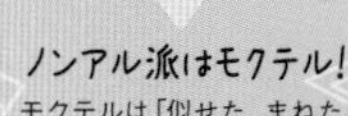

木を基調としたインテリアがハワイらしい

アラモアナセンターにありながら、完璧なるスピークイージー。老舗スーパーの敏腕ミクソロジスト、シェフ、パティシエなどが力を合わせサーブするメニューは、素材が新鮮なのは当然のこと、美しく独創的。外からは赤い扉が目印。

☎808-949-2990 🕘17:00～23:00（金・土16:30～24:00） 休月・火 予$30～ Card A.D.J.M.V. URL www.elevenhnl.com

Mocktails

ノンアル派はモクテル！

モクテルは「似せた、まねた」を意味するmock（モック）とcocktail（カクテル）を組み合わせた造語。お酒が飲めない人は尋ねてみて。

サケ・キュアードサーモン$12とプロシュットアスパラガス$13

フレンチマティーニ$16とパンダニマル$15

$4.50で行動範囲が劇的に広がる！ シェア自転車bikiでホノルルチャリTRIP♪

徒歩で行くには遠いスポットやバスの利用が不便だったエリアへも自転車ならアクセスがラクラク。即借りられて好きな場所で返せるbikiが優秀すぎる！

biki

ハワイの風を感じながら走るのは最高

シェア自転車でサイクリング TOTAL 30分～

オススメ時間 8:00～18:00　予算 $4.50

ますは30分利用してみよう
ワイキキ滞在なら、ホテルの近くにあるストップで借りてまずは近場まで。問題ないようだったらさらに先へ。カゴが付いていないのでデイパックが便利。炎天下に備えて水、帽子などを忘れずに。

とにかく便利で借り方も簡単！ ホノルル市内130ヵ所の人気エリアへ

bikiが借りられるストップはワイキキを中心に、東はカイムキ（P.151）やKCCファーマーズマーケット（P.36）、西はダウンタウン（P.148）、北はハワイ大学マノア校（P.152）まで130ヵ所以上。自転車は約1300台ある。

ビキ biki

☎808-340-2454 ●24時間 ㊎ワンウエイ$4.50（1回利用30分以内）、ザ・ジャンパー$12（24時間乗り放題・1回の乗車は30分以内）、ザ・エクスプローラー$30（300分乗り放題）※利用は16歳以上 Card A.J.M.V. URL gobiki.org/japanese

公式アプリPBSCをダウンロードして、近くのストップや台数などの情報をオンタイムで取得しよう

HOW TO biki

STEP 1 まずはbikiストップへ

ワイキキには約30ヵ所あるので、自転車のあるストップへ。見つからない場合は公式ウェブや公式アプリで確認を。

STEP 2 タッチパネルを操作

タッチパネルに触れると英語でメニューが表示される。左上の「English」を日本語に変更し、「利用許可証の購入」を選択。

STEP 3 料金の支払い

借りる台数、利用プラン（ワンウエイ、ザ・ジャンパー、ザ・エクスプローラー）を選ぶ。「利用条件に同意する」をタッチ。クレジットカードを挿入し、すぐ引き出す。セキュリティ保証金$50、時間超過30分$5。

STEP 4 乗車コードを取得

緊急時の連絡先として電話番号と郵便番号（日本の番号可）を入力し、「費用条件に同意する」→「確定」へと進む。乗車コード（5桁の数字）が表示されたら「印刷」をタッチ。

STEP 5 自転車のロック解除

自転車の左側にある①②③のボタンに、STEP4で取得した乗車コード（例：22232）を入力。黄色のランプが緑色になったら自転車を取り出そう。

STEP 6 bikiに乗車＆返却

自転車に鍵はないので停める場合は必ずbikiストップへ。借りた場所と別のストップへの返却が可能なので、あらかじめ目的地近くのストップを調べておくと便利。STEP5のランプが緑色になったら返却完了。

ホテルのすぐそばにストップが！ サクッと借りてワイキキ脱出

bikiを借りたらお隣のアラモアナへGO！ アップダウンがないので走りやすく、サイクリングも爽快。ビーチもお買い物も満喫しよう。

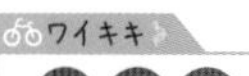

ホテル近くのストップへ行き手続き&借りる！

カラカウア通りを中心に、クヒオ通り、アラワイ通り沿いなどにストップが複数ある。歩いていればすぐ見つかるので借りたら出発！

約15分

Ward
237

ワードビレッジから人気スーパーもラクラク

ワードビレッジへはサウスショア・マーケット前の237、ホールフーズ・マーケットへは218。カカアコ・ファーマーズマーケットは214が最寄り。

約15分

アラモアナ・ビーチパーク
238 239 240 244

239

ストップは左右の入口に2カ所、ビーチ前に2カ所！

ワイキキ寄りとダウンタウン寄りの入口と、パーク内に2カ所点在している。お気に入りの陣地を見つけたら近くのストップに返却！

Map 別冊P.14〜15

1. ホールフーズのオリジナルチョコでパワーチャージ
2. 人気のエコバッグもチェック
3. ホーリーグレイル・ドーナツへは217が最も近い

ワードビレッジ→P.145
ホールフーズ・マーケット→P.29
ホーリーグレイル・ドーナツ→P.15
カカアコ・ファーマーズマーケット→P.37

次はあっち！

ハワイでのサイクリングルール

①自転車走行のルールは車と同じ
②自転車専用道路がないところでは右側通行
③基本は車道を走行。ただし、ワイキキ、ダウンタウン以外では歩道もOK（禁止の標識があるところではNG）
④左折は歩行者と同じルール（直進で道を渡ってから道路を横断し、また直進の2段階で）が安全

約50のベンダーが並ぶマーケット

ハワイ大学マノア校
マキキ
Beretania St.
カイムキ
Kapahulu Ave.
イヴィレイ
ダウンタウン
KCCファーマーズマーケット
Monsarrat Ave.
Ala Moana Blvd.
Kalakaua Ave.
カカアコ
ワード
アラモアナセンター
ワイキキ・ビーチ
ダイヤモンドヘッド

bikiならカカアコの壁画巡りもラクチン

ワイキキから近くて遠かったあの人気スポットも！

さらに足を延ばしてフォトジェニックな最旬タウン散策や史跡見学、食べ歩きにもトライ。巨大モールと名物スイーツも忘れずに！

約5分

カカアコ

203 204 207 215 ほか

ウオールアート巡りのあとはソルトでひと休み

点在するウオールアートはbikiで巡るのがおすすめ。204に停めてソルトアットアワーカカアコでブレイクしたり、自然派＆韓国系スーパーでお買い物も。

ウオールアート→P.38
ソルトアットアワーカカアコ→P.146
アルヴォ→P.88
Hマート→P.19
ダウントゥアース→P.30

204

ソルト内にある人気カフェのアルヴォで休憩

約10分

フードコートも充実の韓国系スーパーのHマート

チャイナタウン

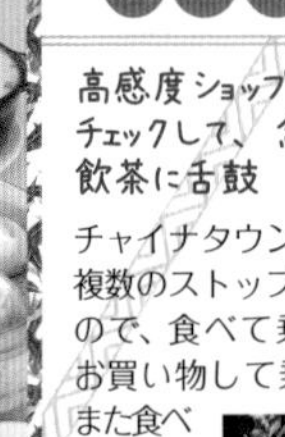

100 101 107 ほか

高感度ショップをチェックして、念願の飲茶に舌鼓

チャイナタウン内には複数のストップがあるので、食べて乗って、お買い物して乗って、また食べて乗って……楽しさ倍増！

ロベルタオークス→P.108

福臨門 Fook Lam

Map 別冊P.16-B1 ダウンタウン

100 N.Beretania St.チャイナタウン・カルチュラル・プラザ1F
808-523-9168 8:00～14:00 休無休 Card A.M.V.

ダウンタウン

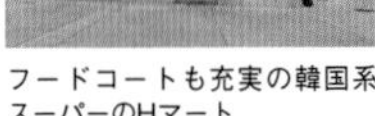

120 121 124 ほか

歴史名所とbikiのコラボフォトをSNSにアップ！

カメハメハ大王像とイオラニ宮殿の前で記念撮影。ついでにハワイ州政府庁やハワイ州立美術館など代表的な名所へも！

カメハメハ大王像→P.156
イオラニ宮殿→P.158
ハワイ州立美術館→P.154

約5分

1. 福臨門の飲茶$4.95～はどれも絶品 2. ロベルタオークスのアロハをチェック 3. 独特の雰囲気が漂うチャイナタウン

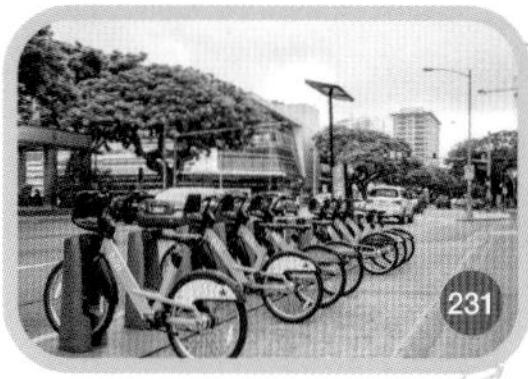

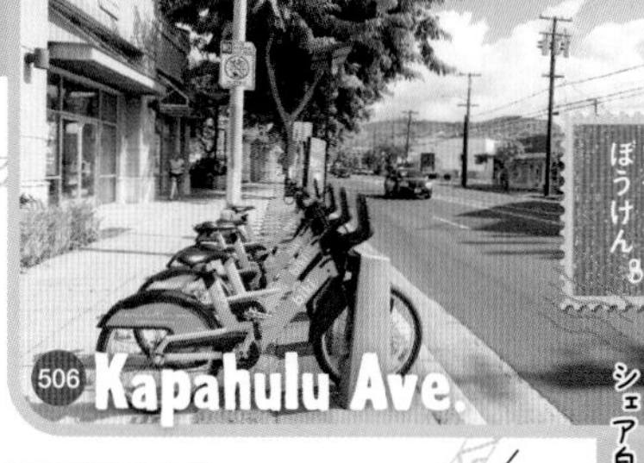

231

アラモアナセンター

227 228 231 ほか

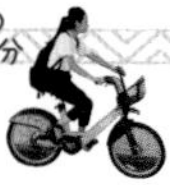

約20分

アラモアナセンターへは西側と北側のストップが便利

センター内にストップはないけれど、ピイコイ通りの227、カピオラニ通りの228と231が使える。でも、荷物が増えると乗れなくなるので注意！

アラモアナセンター→P.114
サックス・フィフス・アベニュー・オフ・フィフス→P.121
イッツシュガー→P.115

506 Kapahulu Ave.

1. bikiで即使えるサングラスをサックス・フィフス・アベニュー・オフ・フィフスで衝動買い
2. 新スポット・イッツシュガーの楽しいオブジェ

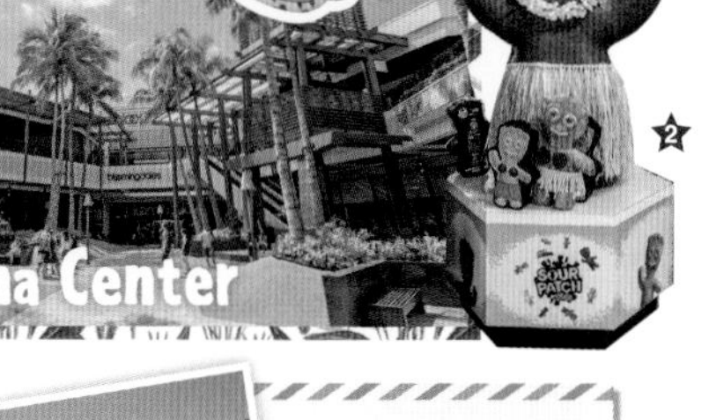

20分
1
2
Ala Moana Center

カパフル通り

500 504 505 506 507

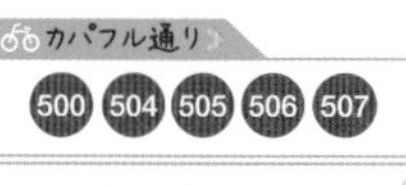

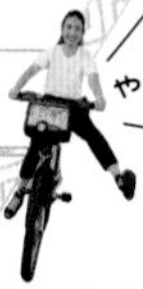

やったー！

マラサダがbikiのおかげで気軽に食べられるように！

bikiの登場で人気のベーカリー、レナーズがぐっと近くに。マラサダを買ったあとは斜め前のセーフウェイに寄るのがお約束。

セーフウェイ→P.30

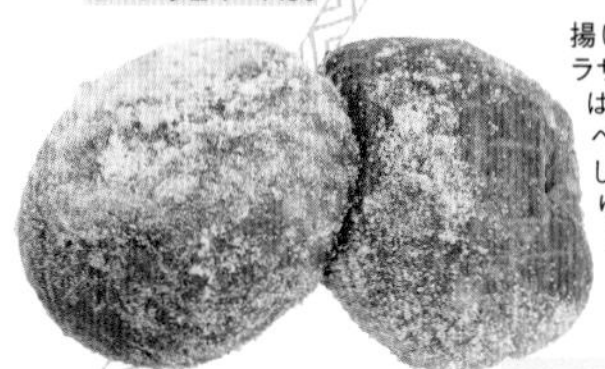

揚げたてのマラサダ$1.85〜は何個でも食べられるおいしさ。月替わりのフレーバーも登場

レナーズ Leonard's

Map 別冊P.6-B2 カパフル通り

933 Kapahulu Ave. ☎808-737-5591 5:30〜19:00
休 無休 Card A.J.M.V.
URL www.leonardshawaii.com

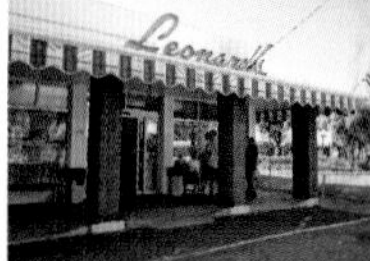

ケアモク通りもチャリ〜ン

アラモアナセンター山側の通りはアジア系グルメ店が点在するディープなエリア。

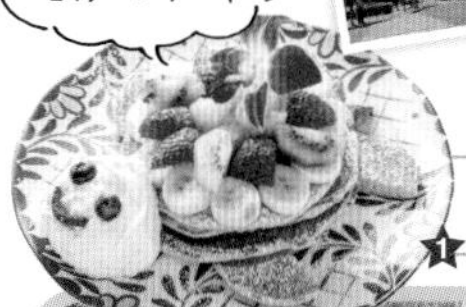

モーリーズの名物パンケーキ
1

モンサラット通り

520

約5分

Monsarrat Ave.
520

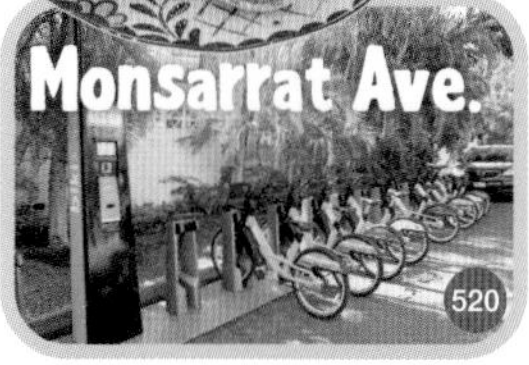

上り坂もOK！最終目的のパンケーキで栄養補給

モンサラット通りは今のところストップは1ヵ所のみ。スイーツでこれまでの疲れを癒やして、ワイキキまでもうひと踏ん張り！

SAFEWAY

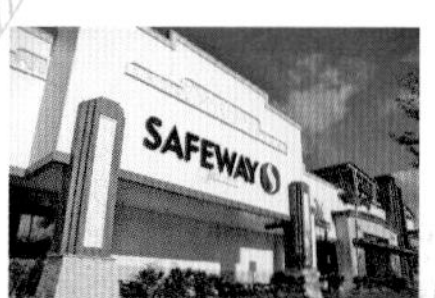

品揃え秀逸なホノルルマダム御用達スーパーは素通り厳禁。ユニークなカードも充実

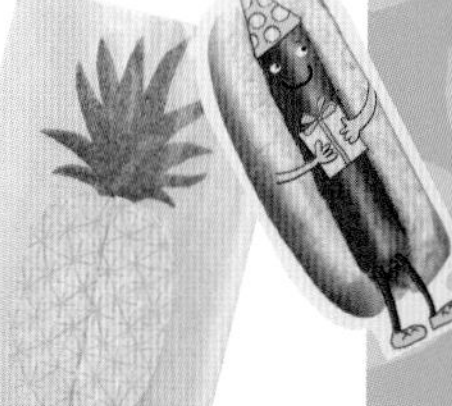

カフェモーリーズ→P.150
サニーデイズ→P.150
プアラニハワイ→P.150

1. ミックスフルーツホヌパンケーキ$22
2. サニーデイズにはかわいいロゴグッズも
3. ビキニ探しはプアラニで！

2
3

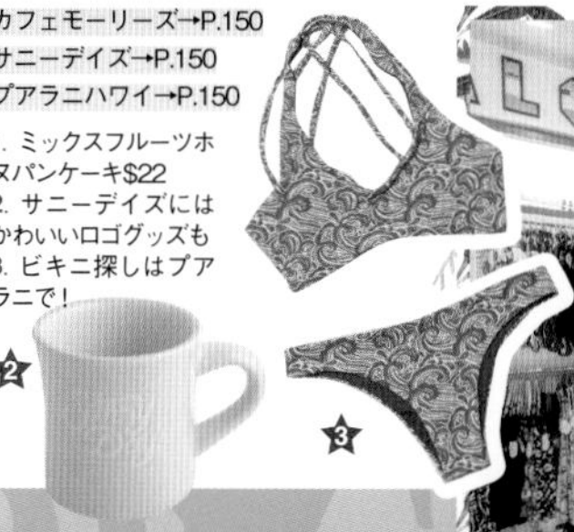

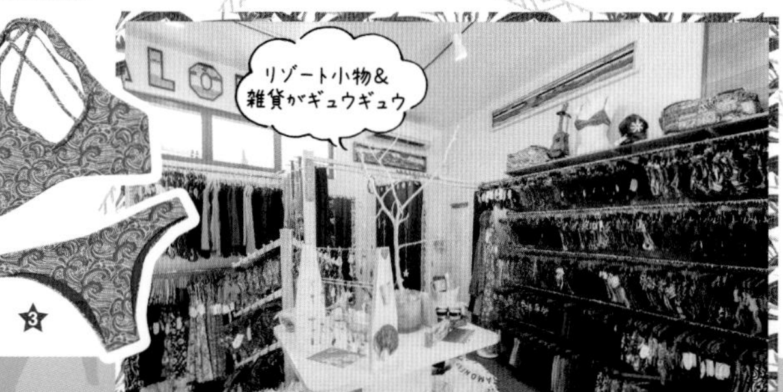

リゾート小物&雑貨がギュウギュウ

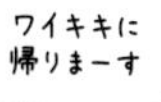

ワイキキに帰りまーす
約10分

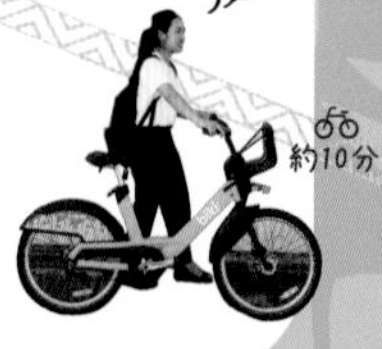

日本人に会わないビーチはどこ？ 秘密のビーチへご案内

究極のビーチリゾート、ハワイには魅力的なビーチがいっぱい！
ワイキキ・ビーチももちろん楽しいけれど、滞在中一度は遠出をして
誰にも教えたくないヒミツのビーチを探しにいかない？

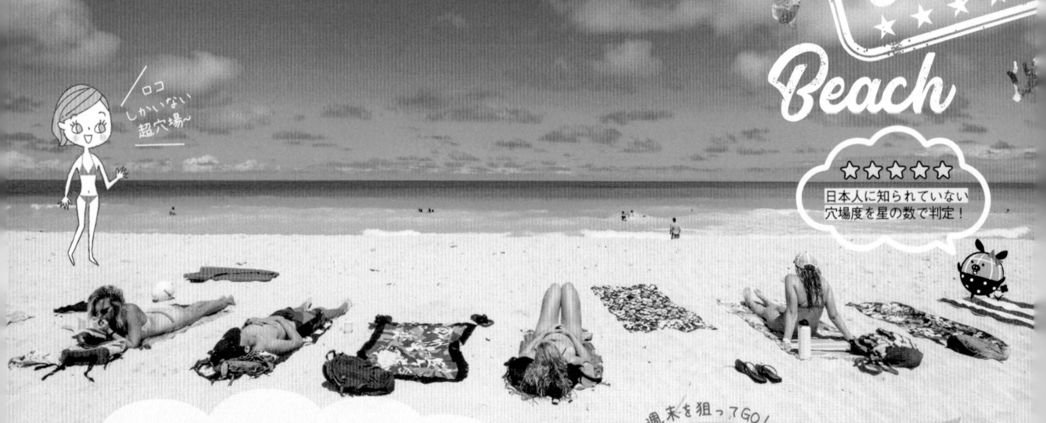

SECRET Beach

ロコしかいない超穴場～

週末限定の超穴場も！ 東海岸のシークレットビーチへ

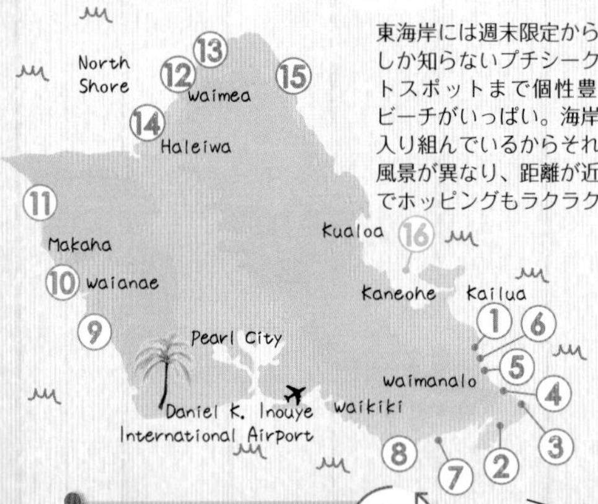

North Shore　Waimea　Haleiwa　Makaha　Waianae　Pearl City　Daniel K. Inouye International Airport　Waikiki　Kualoa　Kaneohe　Kailua　Waimanalo

東海岸には週末限定からロコしか知らないプチシークレットスポットまで個性豊かなビーチがいっぱい。海岸線が入り組んでいるからそれぞれ風景が異なり、距離が近いのでホッピングもラクラク♪

TOTAL 3時間～

秘密のビーチへ

オススメ時間 9:00～　予算 $0

水分は多めに持参
トイレやシャワーがあるビーチが多いけど売店はないので飲料やスナック、ランチは要持参。ライフガードがいない場所もあるので泳ぐ際には十分注意して！

私たちの秘密のビーチを教えちゃうよ～

週末を狙ってGO！

1 Bellows Field Beach ベローズ・フィールド・ビーチ

☆☆☆☆☆

ワイマナロから程近いベローズ空軍基地内にあり、週末のみ一般開放される知る人ぞ知る超穴場。木陰にはピクニックテーブルもあるので、ランチ持参で！

Map 別冊P.5-C2　ワイマナロ

金12:00～日20:00のみ一般開放（夜間は閉鎖）　ワイキキから車でH1ウエスト経由パリHwy.へ。カラニアナオレHwy.に出たらワイマナロ方面へしばらく走り、左手のベローズ空軍基地ゲート内

立ち寄りグルメ 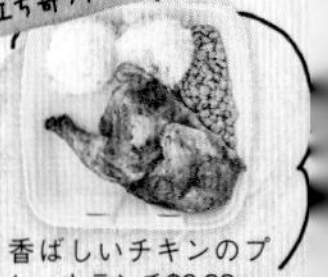
香ばしいチキンのプレートランチ$9.99～

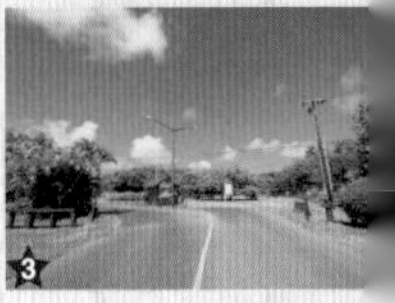

1. 日曜はビーチの入口にフリフリチキンのワゴンが登場。ランチはここで調達
2. この看板が目印
3. 週末はゲートがオープン

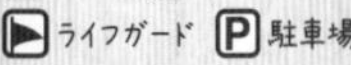

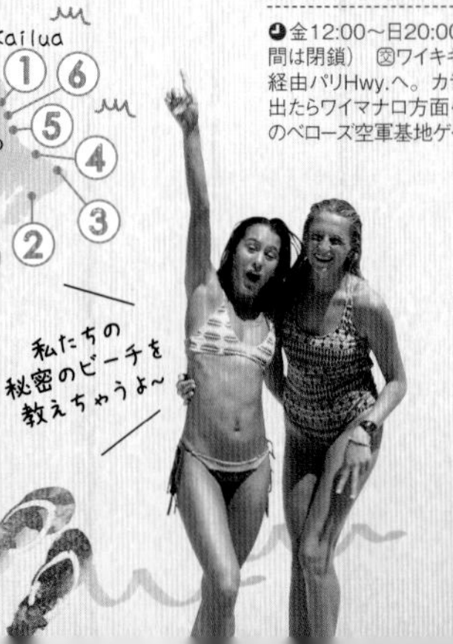

アイコンについて
トイレ　シャワー　ライフガード　駐車場

個性派ビーチ3連発！

☆☆☆☆

East Shore
イーストショア

映画『地上より永遠に』や『パイレーツ・オブ・カリビアン』などのロケが行われたハロナ、島の最東端のマカプウ、SNS映えで人気急上昇のマカイリサーチピアはツウ度満点！

Map 別冊P.5-D2・3 イーストショア

図ワイキキから車でハワイカイ方面へ向かい、カラニアナオレHwy.へ。ハナウマ湾を越えて数分でエタニティ・ビーチ、さらに10分ほど走るとマカプウ・ビーチ、マカイリサーチピアと続く

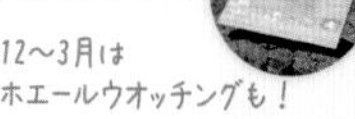

12～3月は
ホエールウオッチングも！

冬はホエールウオッチングも楽しめる東海岸。体長15mもあるザトウクジラやその親子が出産と子育てのためにハワイにやってくるので、運がよければ遭遇できるかも。クジラの出没スポットには看板も設置。じ～っと目を凝らして沖合を見てみて！

岩場を下りてアクセスする小さな景勝ビーチ

2 Halona Beach
ハロナ・ビーチ

不思議な構図になる桟橋の下が撮影スポット

3 Makapuu Beach
マカプウ・ビーチ

近くにヘイアウがあるボディボードの名所

4 Makai Research Pier
マカイリサーチピア

海洋研究所の桟橋。スノーケリングにも◎

元横綱も遊んだ広々ビーチ

☆☆☆

5 Waimanalo Beach
ワイマナロ・ビーチ

元横綱の曙が育ったワイマナロにあるパノラミックなビーチ。人もまばらな白砂のビーチ沿いにはキャンプエリアもあり、週末はロコのファミリーでにぎわう。

Map 別冊P.5-C2 ワイマナロ

図ベローズ・フィールド・ビーチから車で約7分。ワイキキから車でハワイカイ方面へ向かい、カラニアナオレHwy.で約40分

松林を抜けるとまぶしいビーチが現れてドラマチック！白砂とエメラルドブルーの海が美しく、ウエディングのフォトセッションや絵葉書にもよく登場する。

果てしなく続く白砂に感動！

☆☆☆

6 Waimanalo Bay Beach
ワイマナロ・ベイ・ビーチ

Map 別冊P.5-C2 ワイマナロ

図ワイマナロ・ビーチから車で北へ約1分

優雅な高級住宅街に隣接

☆☆☆☆☆

7 Kahala Beach
カハラ・ビーチ

近隣ロコが散歩や海水浴に訪れるが観光客はほぼゼロの地元密着型。人が少なく静かで波も穏やか。キレイな芝生があるのでのんびりくつろぐのにピッタリ。

Map 別冊P.7-D2 カハラ

図ワイキキから車でカラカウアAve.～ダイヤモンドヘッドRd.～カハラAve.で約15分、ワイアラエ・ビーチパークからアクセス

立ち寄りグルメ

モンサラット通りの人気店でスコーン$5.65Get！

ダイヤモンドヘッド・マーケット&グリル → P.78

ダイヤモンドヘッド・ロードの展望台横から崖を下りたところにある。潮の流れが速いので泳ぎには適してないけれど、サーファーを眺めているだけでも楽しい。

ワイキキにいちばん近い穴場！

☆☆☆

8 Diamond Head Beach
ダイヤモンドヘッド・ビーチ

Map 別冊P.7-C3 ダイヤモンドヘッド

図ワイキキから車でカラカウアAve.を水族館方面へ。カピオラニ公園沿いに走りダイヤモンドヘッドRd.で約7分。小道を右折し坂を上りきったあたり

日本人遭遇率0％ !?
究極のヒミツは西にあり！

ガイドブックではあまりクローズアップされない西海岸。ツーリストに知られていないぶん、ハワイの原風景ともいえる素朴なビーチが続々！

ワイルドな景観が楽しめる

☆☆☆☆

West Coast
ウエストコースト

秘境のようなヨコハマ・ベイ、防波堤があり波が穏やかなポカイ・ベイ、人気のサーフポイント、マイリ・ビーチなど、ローカル色豊かで魅力的なビーチが満載！

Map 別冊P.20-A2・3 ワイアナエ

図ワイキキからH1ウエスト経由ファーリントンHwy.へ。海沿いの道をひたすら北上するとマイリ・ビーチ、ポカイ・ベイ、ヨコハマ・ベイの順で登場

9 Maili Beach
マイリ・ビーチ

人が少なく、平日は貸し切り状態。広くて景色も最高！

秘密だよ！

10 Pokai Bay
ポカイ・ベイ

米軍の保養所の前にある波の穏やかなビーチ

11 Yokohama Bay
ヨコハマ・ベイ

海の近くまで山が迫るダイナミックな景観

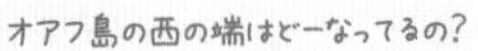

オアフ島の西の端はどーなってるの？

ヨコハマ・ベイは西海岸のいちばん北にあり、車道はここまで。ここから先は、オアフ島最西端のカエナ岬へと続くトレッキングルート。岬までは徒歩で1時間〜1時間30分。この周辺は州立公園に指定されていて、モンクシールなどにも会える風光明媚なエリア♪

往復歩くと2時間以上かかるので、飲み物などを持参して。早い時間に行くのがおすすめ

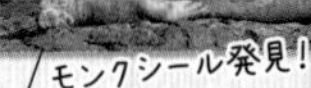

モンクシール発見！

12 Ehukai Beach
エフカイ・ビーチ

ビッグウエイブの迫力に驚嘆！

☆☆☆

Surf Point
サーフポイント

巨大なチューブを描くバンザイ・パイプラインで知られるエフカイや、サーフィンの世界大会が催されるサンセットは必見のサーフポイント。

冬のノースショアにはサプライズがいっぱい！

ノースショアのビーチは、夏場は波が穏やかでも、冬になるとビッグウエイブが押し寄せる、世界有数のサーフィンの聖地。ダイナミックな自然と心揺さぶる風景に出合える！

Map 別冊P.20-B1 ノースショア

図ワイキキから車でH1ウエスト経由H2ノースへ。その終点からカメハメハHwy.を北上、ハレイワを越えしばらく走るとビーチが続々と登場

13 Sunset Beach
サンセット・ビーチ

立ち寄りグルメ

サーファーの定番プレートランチ$11.75〜を

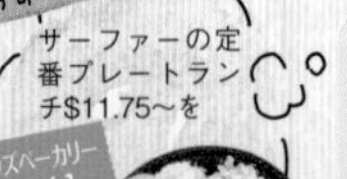

テッズベーカリー →P.61

サーフィンの世界大会“トリプルクラウン”って？

毎冬に開催され、世界のトップサーファーが一堂に会する伝統的なサーフィンコンテスト。ハレイワ、サンセット・ビーチ、エフカイなどで行われる3大会の総合覇者が、世界一の栄誉を獲得する。

海ガメとの遭遇も！

☆☆☆

14 Laniakea Beach
ラニアケア・ビーチ

ノースショアの珍スポットといえばラニアケア・ビーチ。海ガメが甲羅干しをしている姿が見られ、それを見学する人でいつもにぎわってる！

Map 別冊P.20-B2 ラニアケア

図ハレイワからカメハメハHwy.を北上。数分走ると、右側の路肩に車がたくさん停まっている場所が。ビーチはその反対側に

のどかさではピカイチ

15

☆☆☆☆☆

Kahuku Beach

カフク・ビーチ

島の最北端、タートル・ベイ・リゾートの程近くにある白砂＆岩場のビーチ。雄大な景色が広がり人の姿もほとんどないので、のんびり過ごすのにピッタリ。

Map 別冊P.21-C1 カフク

図ハレイワからカメハメハHwy.をひたすら北上。タートル・ベイ・リゾートを過ぎてカフクの町に入ったらサウス・ゴルフコース・ロードを左折。カフクGC経由でビーチにアクセス

立ち寄りグルメ

ノース名物ガーリックシュリンプ$15～は必食！

ジョバンニズシュリンプトラック

Giovanni's Shrimp Truck

Map 別冊P.21-C1 カフク

56-505 Kamehameha Hwy. Kahuku
808-293-1839 10:30～18:30
休無休 Card不可 URL www.giovannisshrimptruck.com ハレイワ、カカアコ

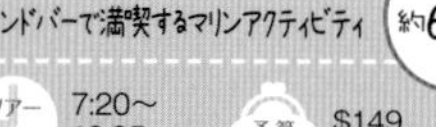

サンドバーで満喫するマリンアクティビティ

TOTAL 約6時間

ツアー時間 7:20～13:25 予算 $149

ツアー参加のアドバイス

送迎や各種アクティビティ、軽食も付いているツアー。通常、個人ではサンドバーへ行けないので、ツアー参加がマスト！日焼け対策は万全に！

そこはまるで天国……沖合に出現する秘境ビーチ！

海の真ん中に引き潮のときだけ魔法のように出現する真っ白なビーチは「天国の海」と呼ばれている。美しい海に囲まれた神秘のスポットで人生観変わりそう!?

海ガメとの遭遇率はほぼ100%。かわいくて癒やされる～♡

ボートでしかアクセスできない！

16

☆☆

Sand Bar

サンドバー

ツアーに参加してカネオヘハーバーからボートでアクセス。サンドバーに到着したらスノーケリングやカヤックなどマリンアクティビティにも挑戦できる！

Map 別冊P.21-D3 カネオヘ

●キャプテンブルースの天国の海ツアー催行：月～土 料$149、2～11歳$139、2歳未満無料（送迎付き）日 予必要
URL cptbruce.com/jp

ガイドさんの案内でスノーケリングに出発！ 50種類以上の熱帯魚が！

Schedule

7:20～8:05	ワイキキ出発
8:45	現地集合
9:00	ハーバー出発
9:15	サンドバー到着
9:20	自由時間
11:30	サンドバー出発
11:45	ハーバー帰着
12:35	ワイキキ到着

*出航時間は季節により変動

スナックやソフトドリンクも用意されている。好きなランチやドリンクの持ち込みもOK！

360度海に囲まれたサンドバーを歩く不思議感覚。時期によってはくるぶしほどの深さになる

底が見えるほど透明感抜群の海をのんびりとカヤックでおさんぽ♪

実はハワイは山もスゴイんです プチトレッキングで絶景ハント

自然が豊かなハワイでは、海はもちろん、山の魅力も堪能しなくちゃもったいない。オアフ島各地にたくさんあるトレッキングコースのなかから短時間でサクッと登れて絶景が楽しめるお手軽コースをご紹介！

爽快トレッキングに挑戦！ TOTAL 約2時間

オススメ時間 8:00〜10:00　予算 $0〜$5

登山前の準備
汚れてもOKなスニーカー着用で。帽子、サングラスなど日焼け対策もしっかりと。飲料水やタオルも持っていこう。

ピルボックスからダイナミックショットを撮影

ハワイのトレッキング写真にはよく四角い建物が写っている。戦時中の見張り小屋跡で、その形からピルボックス（薬箱）と呼ばれている。遠くを見渡せるスポットでユニーク写真を撮ろう。

風が気持ちいい〜♪

course 1

難易度 ★★★

往復 約2時間

人気No.1の一直線難コース

Koko Head Crater ココヘッド・クレーター

第2次大戦中に使われていたトロッコ列車の線路跡を登るコース。永遠に続くように見える一直線の急勾配に心が折れそうになるが、山頂からの眺めはオアフ島随一！

Map 別冊P.5-C3

サウスショア

Koko Head Park Rd. 日の出〜日没 休無休 料無料 図ワイキキから車で約25分。トレイル入口に駐車場がある

ココマリーナ・センター
Lunalilo Home Rd.
Anapalau St.
Kalanianaole Hwy.
START 駐車場
Koko Head Park Rd.
GOAL
N

実は下りもなかなか大変！体力を残しておこう

START

山頂が見渡せる登山口。入口付近の勾配は緩め

傾斜33.4度のところも！

枕木の数は1000段以上。登っていくほど急勾配に。脇に迂回路もある

登頂成功！

絶景に感動！風も気持ちいい〜♪

GOAL

頂上からは東海岸の景色が一望できる。2023年夏に改修され展望台が完成。画像は改修前のもの

course 2

難易度 ★★☆

往復 約1.5時間

観光客が少ない穴場スポット

Ehukai Pillbox Trail

エフカイ・ピルボックストレイル

松の木がうっそうと茂るトレイルを進み、ふたつのピルボックスを目指す。急斜面は少なく、ほぼ日陰なので涼しくて快適。頂上からはノースショアが一望できる。

Map 別冊P.20-B1 ノースショア

住59-178 Ke Nui Rd. Haleiwa 時日の出～日没 休無休 料無料 交ワイキキから車で約1時間。エフカイ・ビーチパークに駐車場かある

N
サンセット・ビーチ
Ke Nui Rd.
Kamehameha Hwy.
バンザイ・パイプライン
START
GOAL
サンセット・ビーチ小学校
サンセット・ビーチ・ネイバーフッド・パーク
エフカイ・ビーチパーク

プチぼうけん 10

プチトレッキングで絶景ハント

トレイル入口の黄色の看板

スタートから約30分でひとつめのピルボックスに到着

ひとつめのピルボックスから約10分下るとふたつめが出現。ひとつめより視界が開け、エフカイ・ビーチが正面に見える

ひとつめのピルボックスから約5分でふたつめに到着。海に浮かぶ双子島が美しい

Kawailoa Rd.
ラニカイ・ビーチ
Atala Rd.
START
Mokulua Dr.
Aalapapa Dr.
ミッドパシフィックカントリークラブ
Kaelepulu Dr.
N
GOAL

course 3

難易度 ★★☆

往復 約1.5時間

天国の海を空から眺める

Kaiwa Ridge

カイヴァリッジ

ラニカイの住宅地にある。距離は短いが、急斜面や見晴らしのいい尾根筋を登る個性的なコース。ふたつのピルボックスでラニカイ・ビーチをバックに写真を撮ろう。

Map 別冊P.5-C1 カイルア

住Kaelepulu Dr. Kailua 時日の出～日没 休無休 料無料 交ワイキキから車で約40分。近くに駐車場はなく、カイルア・ビーチパークに駐車する

入口の急斜面が最大の難所

景色が見渡せる尾根を進む

ひとつめのピルボックス。写真を撮る人でいっぱい

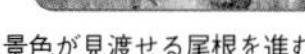

course 4

難易度 ★★★

往復 約1.5時間

西海岸のパノラマビューを堪能

Puu o Hulu

プウオフル

ガソリンスタンド
Hookele St.
START
Kaukama Rd.
Ehu St.
P
Farrington Hwy.
GOAL
N

足場が悪いところもあるけど急勾配は少なく、途中の景色が楽しめることもポイント。4つのピルボックスがあり、3番目のピンクピルボックスが特に有名。

Map 別冊P.18-A2 ワイアナエ

住Kaukama Rd. Waianae 時日の出～日没 休無休 料無料 交ワイキキから車で約1時間。近くに駐車場はなく、カウカマ通りに駐車する

看板はなく道路から斜めに上がる道を進む

一本道を登り最初のピルボックスに到着

ここからの眺めも最高♪中にも入れるよ

ピルボックスの中から見る景色も興味深い

青い空と海にピンクが映える。誰かいつピンクに塗ったかは不明。乳がん検診と早期受診を推進するピンクリボンのロゴもある

初心者におすすめ
観光名所トレッキング

ホノルルには体力に自信がない人でもチャレンジしやすいコースがいっぱい。観光気分で行っても十分満足できる3スポットはこちら！

course 5
難易度 ★★☆
往復
約1.5時間

オアフ島の象徴を制覇しよう

Diamond Head
ダイヤモンドヘッド

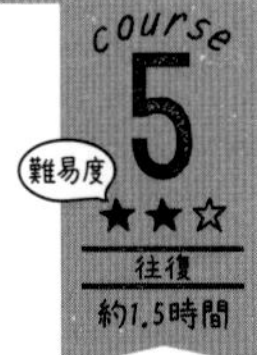

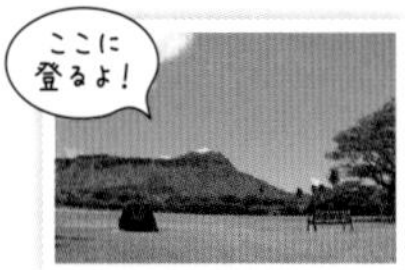

ここに登るよ！

カピオラニ公園からの眺め

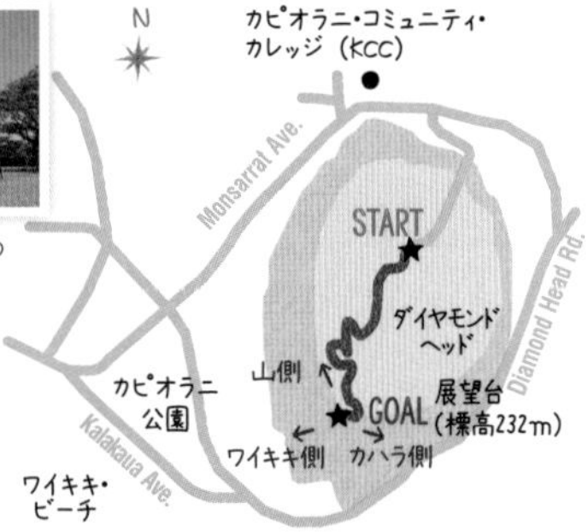

N
カピオラニ・コミュニティ・カレッジ（KCC）
Monsarrat Ave.
START
ダイヤモンドヘッド
Diamond Head Rd.
山側
展望台（標高232m）
GOAL
カピオラニ公園
ワイキキ側
カハラ側
Kalakaua Ave.
ワイキキ・ビーチ

ハワイ好きなら一度は登りたい名所。トレイルは整備され歩きやすいので気軽に挑戦できる。2022年5月より登山には日時指定のオンライン予約が必要になった。

Map 別冊P.7-C3 ダイヤモンドヘッド

Diamond Head Rd. 6:00〜16:30 料$5+手数料$1.15〜（3歳以下無料）、駐車場$10 予必要 交ワイキキから車で約15分。トレイル入口に駐車場がある。ザ・バス23番でDiamond Head Rd. + Opp 18th Ave.下車、トレイル入口（ビジターセンター）まで徒歩約20分 URL gostateparks.hawaii.gov/diamondhead

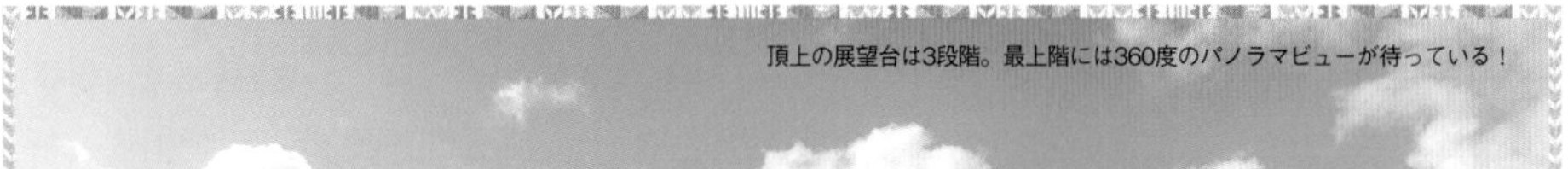

絶景は登った人だけが楽しめるごほうび。がんばったかいがあったわ〜！
GOAL
階段がキツイ人は迂回路へ！

頂上の展望台は3段階。最上階には360度のパノラマビューが待っている！

START
DIAMOND HEAD VISITOR CENTER

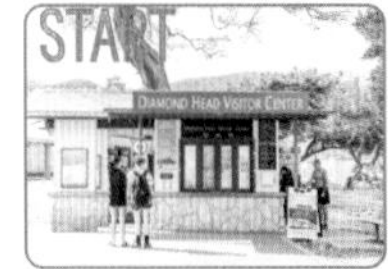

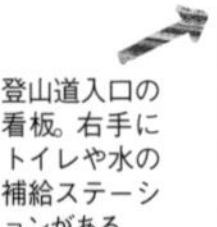

予約時のQRコードを提示して入園するとビジターセンターがある

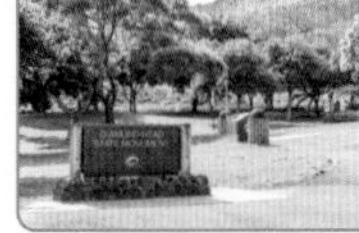

登山道入口の看板。右手にトイレや水の補給ステーションがある

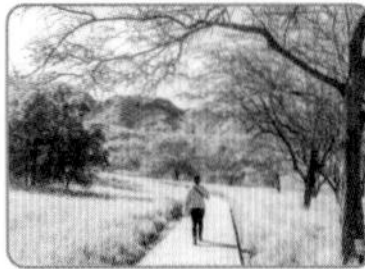

スタート地点からしばらくは舗装された遊歩道が続く

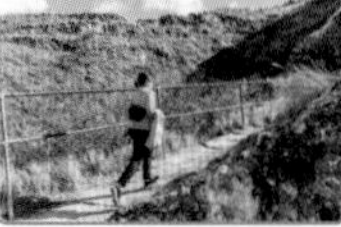

徐々に傾斜が急になり、山肌に沿った登山ルートが見えてくる

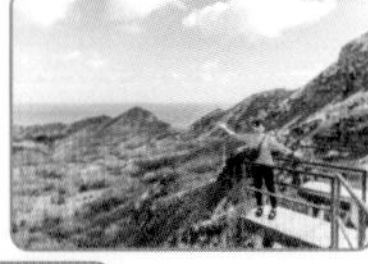

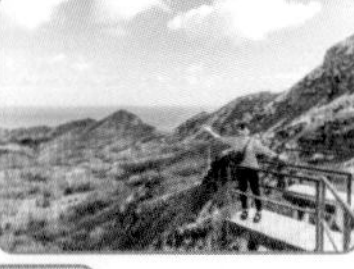

ひとつめの展望台に到着。山の東側、カハラからココヘッドまで見渡せる

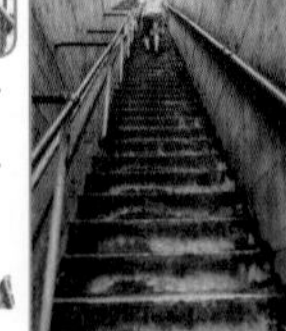

頂上手前には99段の急な階段が。ここが最大の難所

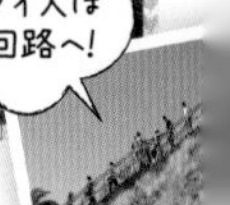

落差約45mのマノア滝。映画「ジュラシック・ワールド」の撮影地にもなった

course 6
難易度 ★☆☆
往復 約1.5時間

マイナスイオンに癒やされる

Manoa Falls マノアフォールズ

原生林の中を歩き、渓谷の奥にあるマノアの滝を見にいくコース。トレイルはほぼ平坦で、歩きやすく改修されている。ハワイ固有の植物を観察しながら進もう。

Map 別冊P.4-B2 マノア

住3860 Manoa Rd. 営日の出～日没 休無休 料無料、駐車場$7 交ワイキキから車で約20分。トレイル入口に駐車場がある。ザ・バスはアラモアナセンターから5番で終点下車。トレイル入口まで徒歩約10分

住宅街の近くとは思えないうっそうとした熱帯雨林

滝に近づくとワイヒ川の清流が見えてくる

表皮に水分を蓄える樹木や熱帯雨林に生息する植物が見られる

course 7
難易度 ★☆☆
往復 約1.5時間

おさんぽ感覚で行けるコース

Makapuu Point マカプウポイント

距離が短く勾配が緩め。道も整備されているのでトレッキング初心者でも安心。東海岸の雄大な景色が望め、12～3月は絶好のホエールウオッチングスポット！

Map 別冊P.5-D2 マカプウ

住Kalanianaole Hwy. 営7:00～18:30（季節により変動あり）休無休 料無料 交ワイキキから車で約30分。トレイル入口に駐車場がある

駐車場の先にトレイル入口がある

東海岸を眺めながら登っていこう

途中ビューポイントからクジラを探してみよう

眼下に1909年建造のマカプウ灯台が見える

灯台の真上にある展望台に到着。左手にはラビット・アイランドとよばれるマナナ島が見える

チョコにハニーにラム酒まで！メイドインハワイの現場に突撃～

大人気のグルメみやげ、マノアチョコレートにカフクファームのスプレッド。ツウが愛してやまないコハナラムは、オアフ島内で栽培から加工まで行っているから気軽に社会科見学が楽しめる。テイスティング&直買いも♡

6種類のチョコを食べ比べ

ハワイ産カカオの世界を農園&バーでプチスタディ

農園主のマイケルさん

ハワイはカカオの生育に最適な土壌にもかかわらず、農家が足りず、メイドインハワイのチョコレートはまだまだ希少。そんな幻のカカオに出会える農園と、チョコとのペアリングが堪能できるワインバーへ！

TREE TO BAR

カカオの実1個で板チョコ1枚が目安

10エーカーの農園にカカオツリーが約700本！

カカオは花から → 実を結んで → カカオポッドに成長 → 割ると20～40粒の豆が → 発酵・乾燥を経てカカオ豆に

ハワイで社会科見学 TOTAL 1～2.5時間

オススメ時間 予約制　予算 $25～

英語での見学も旅の醍醐味
ここで紹介しているツアーは基本英語だけれど、ゆっくりていねいにガイドしてくれるので、多少英語が苦手でも大丈夫。送迎付きの日本語ツアーなども復活し始めているので、自力で参加するのが心配な人は事前に検索を。

ピエール・マルコリーニも来訪

21 Degrees Estate
21ディグリーエステイト

マノアチョコレートの提携農園でもあるここでは"Tree to Bar（木から板チョコへ）"をおいしく学べるツアーを開催。テイスティングや子ヤギの餌づけなど見学以外の楽しみも多く、邸宅に招かれたような雰囲気も魅力。

加工してチョコが完成！

Map 別冊P.21-D3 カハルウ

住 47-546 D Mapele Pl. Kaneohe　☎808-778-0308　営ツアー火・金・土10:30（所要約2時間半）　料$62、13～18歳$40、3～12歳$20、2歳以下無料　Card A.J.M.V.　予ツアーはウェブで要予約　URL 21degreesestate.com

BEAN TO BAR

MĀNOA CHOCOLATE

オリジナルのチョコも販売

日本語が話せるマリアさん

ワインもすべてオーガニックよ

チョコソムリエが常勤

ワゴンは夫のジェダさんがトラクターで牽引

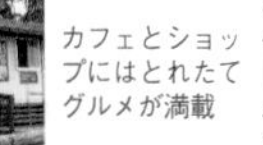

リリコイフラワー

グリルドベジー・パニーニ$14.50

カフェとショップにはとれたてグルメが満載

4世代にわたる老舗農園

Kahuku Farm
カフクファーム

農園主のカイリーさんとハワイ産アサイ

アサイボウル必食!

農園メイドの人気スプレッドなど$7〜

東京ドーム約12個分の面積を誇り、アメリカ初のアサイ収穫に成功したことでも有名。ツアーではワゴン車で農園を巡り"Farm to Table (農園から食卓へ)"の知識を深めたらチョコとフルーツをテイスティング。カフェとショップも盛況。

Map 別冊P.21-C1 カフク

56-800 Kamehameha Hwy. Kahuku ☎808-628-0639 11:00〜16:00 ツアー金・土・日13:00 (所要約1時間) 休火・水 料ツアー$50、5〜12歳$40、4歳以下無料 Card A.J.M.V. 予ツアーはウェブで要予約 URL kahukufarms.com

キム・テイラー・リース限定ボトル

世界でたった2%の希少ラム酒

KŌ HANA Distillers
コハナ・ディスティラーズ

サトウキビの搾り汁で造る製法がレアなうえに、ハワイ固有のサトウキビを使用しているのは世界唯一。ここでは"Farm to Bottle (農園からボトルへ)"をコンセプトにツアーとテイスティング、展示見学、買い物が満喫できる。

上/ボトルの美しさも特徴的　下/テイスティングツアーではラムケーキやハニーの試食もできる

Map 別冊P.20-B3 クニア

92-1770 Kunia Rd. Kunia ☎808-649-0830 11:00〜17:00 休無休 料コハナラムツアー (毎日) $25、13〜20歳$15/農園ツアー (木10:00) $45、13〜20歳$25 *どちらもテイスティング付き、12歳以下無料/日本語テイスティングツアー (月〜金11:30、13:30など) $25、6〜20歳$10 *すべて所要約45分〜1時間、パスポート持参 Card A.J.M.V. 予ツアーはウェブで要予約 URL www.kohanarum.com

コハナラムを使用したチョコも販売!

新作がいち早く並ぶ

工房内にワインバーがオープン

Manoa Chocolate Factory
マノアチョコレート・ファクトリー

ツアーではチョコレートティーの試飲も

2010年にロコボーイがカイルアで創業したチョコレートブランド。チョコレートソムリエによる"Bean to Bar (豆から板チョコへ)"ツアーやテイスティング、買い物に加え、17時からはチョコに適したワインのサーブをスタート。

Map 別冊P.4-A1 カイルア

333 Uluniu St. Kailua ☎808-263-6292 10:00〜21:00 (月・火・日〜17:00) ワインバー水〜土17:00〜21:00、ツアー月〜土10:30 (所要1〜1時間半) ハッピーアワー 水〜土17:00〜18:30 休無休 料ツアー$25 (12歳以上のみ) Card A.M.V. 予ツアーはウェブで要予約 URL manoachocolate.com

壁画が目印

上/コハナラムツアーでは畑と蒸留所を見学　左/毎日30分おきに予約不要のテイスティング$10も開催

絶景ルートで楽園を満喫♡ カイルア目指してゆるゆるドライブ

ハワイでぜひ挑戦したいのが、絶景ルートを走るセルフドライブ！
美しい海岸線を通っておしゃれタウンのカイルアへ。
ドキドキの発見が待っているワンデイトリップに出かけよう♪

レンタカーガイド

- 出発前に日本で予約が安心
- レンタルできるのは21歳以上
- 日本の免許証だけでもレンタルOK
- 保険は任意のものもすべて加入しよう

ドライブガイド

レンタカーの詳細は→P.183

- 左ハンドル右側走行
- シートベルト着用はマスト
- ドライブ中の携帯電話使用は交通違反
- 交通違反には当然厳しい罰則が

ドライブ初心者にもおすすめ ワイキキから海岸線を東へ！

ワイキキからカイルアへは内陸のパリHwy.を使うのが最短ルートだけど、途中の景色も楽しみたいドライブ旅行ではカラニアナオレHwy.で東海岸を通るのがおすすめ。一本道なので迷う心配もなし。絶景に見とれないよう注意して！

カイルアへGO♪

ハワイカイ・ルックアウトからの眺め

8:30 ワイキキ出発！

レンタカーでカイルアへ

TOTAL 約9.5時間

オススメ時間 8:30～

絶景を楽しみながら自分のペースで
絶景が続く東海岸ルートはカーブがところどころにあるので慌てずに自分のペースで安全運転を。強い日差しを避けるため、ドライバーはサングラス着用がおすすめ。スピード違反にも気をつけて。

左手はココヘッド・クレーター、右手に青い海が広がっている

1 東海岸ドライブスタート！

東海岸沿いにはルックアウトが点在。ハワイカイの街並み、ココヘッド、ハナウマ湾、ハロナ潮吹き穴などの景勝スポットがある。冬にはクジラが見られることも！

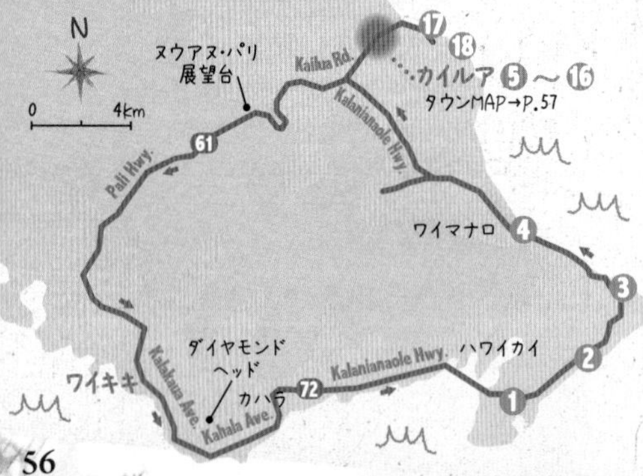

No ドライブ派なら

ザ・バスでワイキキからカイルアへ

カイルアへのルートはパリHwy.を通るので海岸線は見えないけれど雄大な山の景色が楽しめる。交通系ICカードのHOLOカードを利用すれば運賃もお得！（P.180、別冊P.24）

①クヒオ通りから8・13・20・23・42番でアラモアナセンターへ
②アラモアナセンターから67番でカイルアへ。所要約1時間15分

※67番はビーチ方面へは行かない。カイルアタウン中心部からカイルア・ビーチ、ラニカイ・ビーチへは徒歩約30～45分なので、自転車をレンタルするのもおすすめ。

アロハホノルルイーバイシクル Aloha Honolulu e-Bicycle
Map 別冊P.4-A1 カイルア

326 Kuulei Rd. Kailua ☎808-724-0422 9:00～16:00（変動あり）
料1時間$13～ 予必要
URL honolulu-e-bicycle.com

緑の外観が目印のカラパワイカフェ＆デリ前にバス停がある

プチぼうけん 12

カイルア目指してゆるゆるドライブ

2 サンディ・ビーチ Sandy Beach

イケメンボーダーが集まるビーチでひと休み

ショアブレイクの大波が打ち寄せるサンディ・ビーチで休憩。すご腕ボディボーダーたちの妙技を観賞しよう。

Map 別冊P.5-D3
サンディ・ビーチ

車で約5分

3

ラビット島を右手にのんびり進もう

さらに行くと沖合に浮かぶラビット・アイランドが現れる。雄大な景色のなかのドライブは気分最高♪

車で約5分

4 ワイマナロ・ビーチ Waimanalo Beach

ローカルタウンにある景勝ビーチへ

ハワイの絵はがきにもよく使われる風光明媚なビーチへ。エメラルドグリーンの海と真っ白な砂のコントラストに感激！

DATA→P.47

車で約5分

車で約13分

10:00 カイルア到着！

5 レイナイア Leinai'a

手作りアクセ店からショッピングスタート

天然石や貝殻で作ったアクセサリーが人気。ビーチで拾い集めた海洋プラスチックを再利用したアクセサリーにも注目が集まっている。

Map 別冊P.4-A1
カイルア

35 Kainehe St. Kailua
808-312-3585
10:00～17:00（日～15:00） 休月、臨時休業あり Card A.D.J.M.V.
URL www.leinaia.com

ブレスレット$48

ピアス$78

オーナーのマキさんがピンクワゴンでの販売から店をスタートさせた

徒歩10秒

6 プロテア・ゼロウェイストストア Protea Zero Waste Store

DATA→P.106

ゴミを出さないライフスタイルを目指す

今話題のゼロウェイストストアへ。センスがよくて環境に優しいアイテムで海やハワイを大切に想う気持ちがさらに高まる。

車で約1分

7 オリーブブティック Olive Boutique

おしゃれタウンのアイコン的スポット

カイルアに来たら絶対訪れたいすてき空間。オーナーのセンスが光る生活雑貨とファッションアイテムをチェックして。

DATA→P.109

8 マノアチョコレート・ファクトリー Manoa Chocolate Factory

有名チョコのファクトリーストア

おみやげに大人気のグルメチョコはカイルアの工房で作られている。見学やテイスティングもできる必訪スポット。

DATA→P.55

車で約5分

車で約5分

9 ラニカイバス&ボディ Lanikai Bath and Body

テスターも豊富です！

カイルア発
人気コスメの直営店

ハワイの天然植物を主原料に、香りがよく肌に優しいボディケア製品を展開。カイルアは唯一の直営店でフルラインが揃う。

Map 別冊P.4-A1 カイルア

600 Kailua Rd. Kailuaカイルア・ショッピングセンター内 808-262-3260 10:00～17:00（土・日～16:00） 休 無休 Card A.D.J.M.V. URL lanikaibathandbody.com

ココナッツの香りのアフターサンローション$18.50

リリコイとパイナップルの香りのナチュラルソープ各6.50

徒歩10秒

10 クラシック・ウエイブス・ブティック Classic Waves Boutique

カイルア出身のオーナー・ロリさんが2021年にオープン

カイルア愛を感じるギフトショップ

コロナ禍でおみやげを販売する店が撤退していくのを止めるべくオープン。ローカルクラフターの製品を大切に販売している。

ハワイ製品を集めています

Map 別冊P.4-A1 カイルア

600 Kailua Rd. Kailuaカイルア・ショッピングセンター内 808-379-0441 10:00～18:00 休 無休 Card A.D.J.M.V. URL classicwaves.boutique

マウイ島で手作りされるアロマキャンドル$24

アジア系の顔にフィットするようデザインされたハワイ発ブランド・モハラアイウエアのサングラス$179

キュートなパイナップルがプリントされたキッチンタオル$14

車で約2分

11 ニック・カッチャーアート&デザインカンパニー Nick Kuchar Art & Design Co.

人気アーティストのギャラリーストア

ハワイ好きにはおなじみのニック・カッチャー公式ストア。ノスタルジックであたたかみのある空間は作品の世界観そのもの。アートやグッズを日本に持ち帰りたい。

Map 別冊P.4-A1 カイルア

629 Kailua Rd. Kailua 808-744-0777 10:00～18:00（日～17:00） 休 無休 Card A.M.V. URL nickkuchar.com

カイルアが描かれたふた付きマグ$32

ウオーターボトル$55

アートワッペン各$6

13:00 そろそろランチ？

車で約2分

12 ナルヘルスバー Nalu Health Bar

健康志向のヘルシーランチ♪

ハワイ産のオーガニック食材を使った、サラダやサンドイッチなどを提供するかわいいカフェ。アサイボウルもおいしい。

Map 別冊P.4-A1 カイルア

131 Hekili St. Kailua 808-263-6258 9:00～18:00 休 無休 Card A.D.J.M.V. 日▶ 日 Wi-Fi ○ URL naluhealthbar.com 他 ワイキキ、ワードほか

野菜たっぷりのローストビーフサンド$13.50。アサイボウルは$6.75～

それともパンケーキ？

超人気パンケーキ店が3軒も！

カイルアにはシナモンズ、モケズ、ブーツ＆キモズという名店が3軒も勢揃い。この際、ハシゴしちゃう？

ブーツ&キモズ

→P.19、69

シナモンズ Cinnamon's

Map 別冊P.4-A1 カイルア

315 Uluniu St. Kailuaカイルアスクエア1F 808-261-8724 8:00～14:00（土・日7:00～） 休 無休 Card M.V. URL cinnamons808.com 他 ワイキキP.69

モケズ Moke's

Map 別冊P.4-A1 カイルア

27 Hoolai St. Kailua 808-261-5565 7:30～13:00（土・日7:00～） 休 月・火 Card A.J.M.V. URL mokeshawaii.com 他 カイムキP.68

14:00
ショッピング再開♪
LA発エルスペースのビキニ上$92、下$79
ロコブランド・ミコーのビキニ上$112、下$90
創作の合間にローレンさん自身が接客することも
プチぼうけん 12
カイルア目指してゆるゆるドライブ
徒歩10秒
13
ビキニバード
Bikinibird
ハワイで即活躍するホットなビーチウエア
50以上のブランドを扱い、好みや体形に合った一着が見つかるビキニ専門店。リゾートカジュアルも充実。
Map 別冊P.4-A1 カイルア
131 Hekili St. Kailua 808-263-8389 10:00～18:00（日～17:00） 休無休 Card A.M.V. URL bikinibird.com コオリナ
徒歩10秒
ローレンロス・アート
Lauren Roth Art
14
カイルアで行きたいギャラリーストアはもう一軒
水彩やアクリルなどを組み合わせた優しいタッチの癒やしアート。日本にも多くのファンをもつ。アート作品だけでなく、生活雑貨のデザインも手がける。
Map 別冊P.4-A1 カイルア
131 Hekili St. Kailua 808-439-1993 10:00～17:00（日～16:00） 休無休 Card A.D.J.M.V. URL laurenrothart.com
アートステッカー各$5
ハンドペイントのクラッチ$53
徒歩10秒
15
アイランドバンガローハワイ
Island Bungalow Hawaii
参考にしたい個性派スタイル
ビーチライフスタイルとボヘミアンがテーマ。エキゾチックなオリジナル生地を使ったアパレルやリネンが充実。
Map 別冊P.4-A1 カイルア
131 Hekili St. Kailua 808-888-2282 10:00～17:00 休無休 Card A.J.M.V. URL islandbungalowhawaii.com カカアコ
ワンピース$78とバッグ$68
ALOHA
16
ショッピングラストはデザイナーズブティック
2022年オープン。日本人デザイナーが手がけるハワイ発ブランド。上質素材と美しいカラーは1枚でセンスアップできる優れもの。
ジリア
Gillia
DATA→P.108
徒歩10秒
木曜なら……
夕方スタートのファーマーズマーケットへ
規模はそれほど大きくないが、ピッグ＆レディやオレイズなど人気ベンダーが出店している穴場。KCCファーマーズマーケットのような混雑もなく早起きの必要もないのがうれしい。
カイルア・ファーマーズマーケット
Kailua Farmers' Market
Map 別冊P.4-A1 カイルア
609 Kailua Rd. Kailua カイルア・タウンセンター駐車場
木16:00～19:00 URL hfbf.org
1. グルメ賞にも輝いたタイ料理のオレイズ 2. ライブもあり地元住民でにぎわっている
15:00
ビーチにも立ち寄って
カイルア・ビーチ
Kailua Beach
17
車で約5分
カイルア最高♪
全米一美しいビーチで至福のひととき☆
カイルア・ビーチは全米のベストビーチにも選ばれたほどの美しさ。マリンスポーツも盛ん。
Map 別冊P.4-A1 カイルア
ラニカイ・ビーチ
Lanikai Beach
18
車で約3分
お隣にある天国の海にも足を運ばなくちゃ！
カイルア・ビーチのすぐ隣には"天国の海"の名をもつラニカイ・ビーチが。ここも全米一の美しさ。
Map 別冊P.5-C1 カイルア
車で約35分
～18:00
Back to waikiki
帰りは内陸部のパリHwy.経由で。ワイキキへ最短ルートで戻れるだけでなく、山の美しさを堪能できることが魅力！

ヒップでハッピーなサーフタウン ハレイワまでひとっ走り=3

冬にはビッグウエイブが押し寄せるサーフィンの聖地ノースショア。
通りの両側にヒップで個性豊かなショップが並ぶハレイワをはじめ、
訪れる人をハッピーにさせるディープな魅力にあふれるエリア♪

レンタカーでノースショアへ

9:00〜

フリーウエイや畑の中の一本道も楽しい
ワイキキからフリーウエイH1ウエスト〜H2経由で、カメハメハHwy.を北上。パイナップル畑を抜けて海が見えたら約10分でハレイワ。さらに走れば世界的にも有名なビーチが続々登場！

広大なパイナップル畑を横目に オアフを縦断！

オアフ島の真ん中を突っ切って大自然が残るノースショアへ。のどかなパイナップル畑やダイナミックな海岸線のドライブは爽快のひと言！　古きよき時代の面影を残すハレイワではのんびりタウン散策も♡

フリーウエイガイド
- フリーウエイとは高速道路のこと（ハワイではハイウエイは幹線道路のこと）
- フリーウエイの通行料は無料
- 制限速度は55マイル（時速約88km）

シェイブアイス食べた〜い♪

サーファーやアーティストが多く住み、独特の文化が息づく街。カラフルに塗られた店などどこをとっても絵になる

1 ドール・プランテーション Dole Plantation

パイナップル畑の真ん中で味わうから新鮮さが違う！

ノースショアへ行く前に立ち寄りたいパイナップルのテーマパーク。入場は無料でショッピングやグルメ、有料の農園列車などが楽しめる。

ドールホイップが入ったシッパーカップフロート$12.95

Map 別冊P.20-B2 ワヒアワ

Map 別冊P.20-B2

64-1550 Kamehameha Hwy. Wahiawa　808-621-8408　9:30〜17:30　休無休　URL www.doleplantation.com

No ドライブ派なら

ザ・バスでワイキキからノースショアへ

ルートはドライブと同じ。ハレイワで乗り換えてノースショア〜東海岸をぐるっと回って帰ることもできる。交通系ICカードのHOLOカードを利用すれば運賃もお得！（P.180、別冊P.24）

①クヒオ通りから8・13・20・23・42番でアラモアナセンターへ
②アラモアナセンターから52番でハレイワへ。所要約2時間

※52番の終点はハレイワ。ノースショアへはハレイワで60番に乗り換える。60番は東海岸を回ってカネオヘ経由でアラモアナセンターまで直通。60番のハレイワ〜アラモアナセンターは所要約2時間45分。

2 パイナップル畑からワイドビューが続く

ワヒアワからノースへ続くカメハメハ・ハイウエイは景色の変化もお楽しみ。遠くに海が見えたときには感動！

プチぼうけん13

ハレイワまでひとっ走り♪3

3

ハレイワのサーファー看板がお出迎え

ノースショアへはジョセフP.レオンHwy.を進むほうが渋滞もなくスムーズ。サーフボーイ看板をさらに北へ進もう。

4

ノースショア最初のビーチはやっぱりここ!

水平線に沈む夕日が名物の美しいビーチでのんびり水遊び♪ 白砂と海のブルーが鮮やか！

サンセット・ビーチ Sunset Beach

DATA→P.48

5

ワイメア・ビーチ Waimea Beach

まだまだ訪れたいビーチがいっぱい！

次はU字形にカーブした湾内のビーチへ。週末は岩からの飛び込みを楽しむロコで大にぎわい。

Map 別冊P.20-B1 ノースショア

6

海ガメと遭遇しテンションアップ！

海ガメが出没する話題のビーチにもぜひ寄ってみて！ すぐ近くで見られるけれど、絶対に触らないでね！

ラニアケア・ビーチ Laniakea Beach

DATA→P.48

素通りできない! サーファー御用達ノースショアグルメ

カメハメハHwy.のビーチ沿いにはサーファーが溺愛するグルメスポットが点在。ビーチだけでなくおやつホッピングも楽しんでみよう。

テッズベーカリー Ted's Bakery

Map 別冊P.20-B1 ノースショア

59-024 Kamehameha Hwy. Haleiwa
808-638-8207 8:00〜18:30
休 無休 Card A.J.M.V.
URL tedsbakery.com

名物ハウピアパイ$4.53〜

サンライズシャック The Sunrise Shack

Map 別冊P.20-B1 ノースショア

59-158 Kamehameha Hwy. Haleiwa
808-638-0506 7:00〜18:00
休 無休 Card A.M.V.
URL www.sunriseshackhawaii.com
ワイキキP.73、アラモアナほか

パパイヤボウル$7.95が人気のフードスタンド

バンザイボウルズ Banzai Bowls

Map 別冊P.20-B1 ノースショア

59-186 Kamehameha Hwy. Haleiwa
808-744-2849 7:00〜20:00（土8:00〜、日8:00〜19:00） 休 無休 Card M.V.
URL banzaibowls.com ハレイワ

アサイやピタヤのボウル$10.29〜が人気

7

サーフガールを横目にいよいよハレイワタウンへ

サーフガール看板を過ぎたらカメハメハHwy.へ進んでハレイワタウンへ入ろう。

13:00 まずはランチ

8 ハレイワビーチハウス Haleiwa Beach House

シーフードが自慢のビーチフロントダイニング

散策前のランチはハレイワ・ビーチ前の景勝ダイニングで。潮風が心地いいオープンエアの店内で新鮮なシーフード料理に舌鼓♪

Map 別冊P.20-A1 ハレイワ

62-540 Kahehameha Hwy. Haleiwa
808-637-3435 11:00～15:00、17:00～20:00（金～日の15:00～17:00はラウンジエリアのみオープン） 休無休 料$20～
Card A.D.J.M.V. 予不可
URL www.haleiwabeachhouse.com

炙ったアヒとピリ辛ソースのスパイシーツナクラブ（時価）

車で約2分

車で約1分

週末だったら…… ハレイワ名物フリフリチキンも

週末のランチならフリフリチキンもハズせない。キアべの炭で焼かれるチキンは香ばしくやわらか～い♪

レイズ Ray's

Map 別冊P.20-A1 ハレイワ

マラマ・マーケット駐車場 土・日 9:00～17:00 Card不可

14:00 タウン散策スタート

9 アオキズシェイブアイス Aoki's Shave Ice

ハレイワといえはシェイブアイス

1軒目はかわいいフォトスポットがあるこちら。レインボーシェイブアイスと一緒に映える写真を撮ろう。お隣のギフトショップにも立ち寄って。

Map 別冊P.20-A1 ハレイワ

66-082 Kamehameha Hwy. Haleiwa 808-637-6782 11:00～18:30 休火・木 Card A.J.M.V.
@aokishaveice

シェイブアイス$4～、オリジナルトート$14.99などのおみやげを販売

徒歩10秒

10 マツモトシェイブアイス Matsumoto Shave Ice

行列のできるシェイブアイス元祖店

約40種類のシロップを揃えている。ロゴ入りのTシャツやオリジナルグッズはハレイワみやげの定番。

シェイブアイス$3.50～、トッピング50¢～。フレーバーやコンビネーションが選べる

デザイン豊富なオリジナルTシャツ$22～

Map 別冊P.20-A1 ハレイワ

66-111 Kamehameha Hwy. Haleiwa ハレイワストアロット内 808-637-4827
10:00～18:00 休無休 Card A.J.M.V.
URL matsumotoshaveice.com

徒歩10秒

11 グァバショップ Guava Shop

おしゃれなビーチ必需品を探そう

ハレイワ生まれのふたりの女性がオーナーを務めるセレクトショップ。自分たちが欲しいと思うビーチスタイルアイテムを揃えている。

水着の上に着たいおしゃれな1枚

新入荷はインスタにアップしています

オーナーのリズさん

車で約3分

Map 別冊P.20-A1 ハレイワ

66-111 Kamehameha Hwy. Haleiwa ハレイワストアロット内
808-637-9670 10:00～18:00 休無休 Card A.J.M.V.
URL guavahawaii.com

12 パタゴニア Patagpnia

ハワイ限定を手に入れよう

老舗アウトドアブランドでゲットしたいのはハワイ限定ライン・パタロハのアイテム。アロハやTシャツ、トートなどコレクターがいるほど人気。

Map 別冊P.20-A1 ハレイワ

66-250 Kamehameha Hwy. Haleiwa
808-637-1245 10:00～18:00 休無休
Card A.J.M.V. URL www.patagonia.com
ワード

毎年新作が登場するパタロハのトート

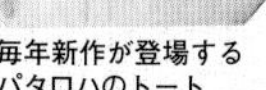

徒歩約1分

13 コーヒーギャラリー Coffee Gallery

極上焙煎のコーヒーを味わう

コーヒーの香ばしい香りが漂うハレイワの名物カフェ。ハワイ各地や世界のコーヒー豆を少量ずつ仕入れ店内で自家焙煎している。

Map 別冊P.20-A1 ハレイワ

66-250 Kamehameha Hwy. Haleiwa ノースショア・マーケットプレイス内 808-824-0368 6:30～18:00
休無休 Card A.J.M.V.
URL coffee-gallery.com

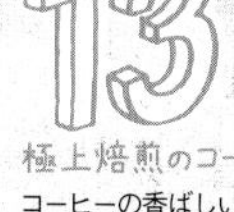

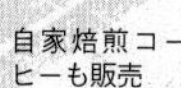

自家製スイーツ$4.25～と一緒にハウススペシャルコーヒー$6.95～を楽しもう

プチぼうけん13

ハレイワまでひとっ走り=3

自家焙煎コーヒーも販売

車で約2分

14 ノースショアグッディーズ North Shore Goodies

徒歩10秒

まとめ買いしたくなるノースショア発スプレッド

地元農家から仕入れた素材で作る無添加のヘルシースプレッドで大ブレイク。ワイキキで買うより割安で試食もOK！

Map 別冊P.20-A2 ハレイワ

66-520 Kamehameha Hwy. Haleiwa
808-744-7117 11:00～17:00
休無休 Card A.J.M.V.
URL northshoregoodies.net

上／ピーナッツバター$10.25～ 左／ジャム$8.75～

15 バブルシャック Bubble Shack

ナチュラルソープ各$5.99、ドーナツソープ各$8

スイーツそっくりなソープが話題

100%ビーガン、ハワイでハンドメイドされているキュートなソープ。自分用にもおみやげ用にも買って帰りたい！

Map 別冊P.20-A2 ハレイワ

66-526 Kamehameha Hwy. Haleiwa 808-829-3186
10:00～18:00 休無休
Card A.J.M.V.
URL bubbleshackhawaii.com

～18:00 Back to waikiki

ノースショアをたっぷり満喫した？
安全運転でワイキキまで帰ってね！

ちょっと寄り道 ハレイワの隣町ワイアルアへ

ワイキキへ戻るのとは反対方向だけれど、時間があればハレイワから車で約5分のオールドタウンへ行ってみよう。サトウキビ工場跡地を利用した建物に天然ソープの工房兼ショップやコーヒーのファクトリーショップがある。

ノースショア・ソープファクトリー North Shore Soap Factory

Map 別冊P.20-B2 ワイアルア

67-106 Kealohanui St. Waialua 808-637-8400 10:00～16:00（土8:30～）
休日 Card A.J.M.V. URL northshoresoapfactory.com

工房の見学ツアーも行っている（要事前予約）

100%ワイアルアコーヒー$26.25～

アイランド×ハワイ Island X Hawaii

Map 別冊P.20-B2 ワイアルア

67-106 Kealohanui St. Waialua 808-637-2624
9:30～17:00（土8:30～）
休無休 Card D.J.M.V. URL islandxhawaii.com

ハワイで撮影した映画&ドラマは数知れず。古くは1930年代から最近ではディズニーアニメの実写版まで。そんななかから気軽に行ける名シーンの現場へご案内。

DRAMA

最終回にロコ号泣

『HAWAII FIVE-0』2010~2020

1968年から12年続いた長寿ドラマのリブート版として、2010年に復活。ハワイ州知事直属の捜査班が島で起こる凶悪犯罪を次々に解決。シリーズ10まで地元密着で撮影していたため、終了が決まったときは島中のファンが悲しんだとか。

ハワイ州最高裁判所
Map 別冊P.17-C2

イオラニ宮殿 → P.158

本部はハワイ州最高裁判所アリイオラニハレ。オリジナル版ではイオラニ宮殿（写真上）が本部だったので、向かい合うふたつの本部を見比べてみて

オアフ島で撮影したおすすめMovie

- 『ジュマンジ／ネクスト・レベル』2019
- 『アロハ』2015
- 『GODZILLA』2014
- 『パイレーツ・オブ・カリビアン／生命の泉』2011
- 『ファミリー・ツリー』2011
- 『ソウル・サーファー』2011
- 『パンチドランク・ラブ』2002
- 『ブルー・クラッシュ』2002
- 『パール・ハーバー』2001
- 『ジャングルジョージ』1997
- 『ジョー、満月の島へ行く』1990

MOVIE

ハワイ撮影といえばこのシリーズ！

『ジュラシック・パーク』1993~
『ジュラシック・ワールド』2015~

全6作（最新作は一部）をハワイで撮影。メインロケ地としてクアロア・ランチを使用し、ジュラシック・パークのゲートやインドミナス・レックスの檻、ジャイロスフィア乗り場などを巡るツアーを催行。

1. 2017年公開の『キングコング：髑髏島の巨神』のセットも現存　2. 恐竜の群れに追いかけられ隠れた木は人気の撮影スポット　3,4. 大ヒットドラマ『LOST』のロケ地もクアロア内に

ここを恐竜たちが疾走

クアロア・ランチ → P.165

名所で何度もファーストキス

『50回目のファースト・キス』2004〈ハリウッド版〉
『50回目のファーストキス』2018〈日本版〉

アダム・サンドラー、ドリュー・バリモア主演のハリウッド映画を、山田孝之と長澤まさみが日本版としてリメイク。どちらもハワイの名所や絶景が随所にちりばめられ、ハワイ好きにはたまらない作品。

ビショップ・ミュージアム → P.156

ハロナ・ビーチ → P.47

1. 日本版でのキスシーンはクジラの骨格標本の前　2. ハリウッド版でふたりが出会ったカフェはフキラウカフェがモデル　3. 日本版や『パイレーツ・オブ・カリビアン』にも登場　Hukilau Cafe
Map 別冊P.21-C1 ライエ　55-662 Wahinepe'e St.Laie　808-293-8616　7:00～11:30　休日・月

『ブルー・ハワイ』から生まれたブルーハワイ？

カクテルのブルーハワイは、映画『ブルー・ハワイ』の主演エルヴィス・プレスリーが当時常宿にしていたヒルトン・ハワイアン・ビレッジ（P.172）で誕生。発祥の地で飲むと格別☆

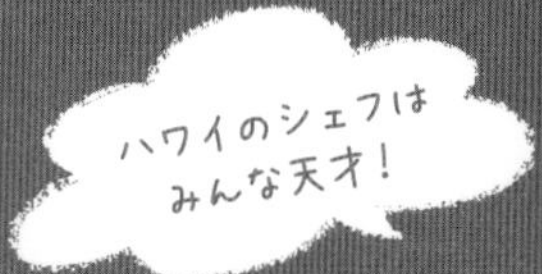

自然の恵みに
奇想天外な美食尽くし
ひと口で脱帽確定！

食材に事欠かない島には、好奇心にあふれたシェフや美食家が集まり
訪れるたびに新しい店、感動の味に遭遇。もちろん、ずっと変わらない
ロコの家庭料理も豪快な大皿フードもカラフルなスイーツも
涙が出るほどおいしい。そんな感涙度で選んだ最高のグルメを大公開！

ハワイ初心者もツウっぽく！

最初のブレックファストはロコが夢中のこの7軒へ

ハワイが初めてだったらオンザビーチのレストランもいいけれど、ロコやリピーターが通うとっておきの朝食にもトライしたい。そんな好奇心を満たしてくれる絶賛グルメをピックアップ。

すべてのメニューにココロが踊る

Breakfast

MUST MENU 手前からトーストにスクランブルエッグ、サーモン、イクラなどをのせたザ・オーシャン$17、ベリーとクルミをのせシャンティクリームをかけたF&G フレンチトースト$16、ラテ、アイスティー各$6

Love Meat

上／トーストにプロシュット、トマト、バジル、生モッツァレラをのせたザ・カプレーゼ$16
右／フォトジェニックな店内も人気の秘密

Fig & Ginger Honolulu

フィグ&ジンジャー

2022年オープンの今最も高感度なロコに話題のカフェ。オーナーシェフたちの出身地タイや東南アジア料理の技巧、ハワイとの融合など味・盛りつけともに完璧。インテリアもハイセンス。

Map 別冊P.6-A2 マッカリー

1960 Kapiolani Blvd.マッカリー・ショッピングセンター1F ☎808-501-7249 8:00～15:00（土・日7:00～） 休無休 Card A.D.J.M.V. 料$20～ URL www.fghonolulu.com

店内はオープンキッチンでにぎやか

Scratch Kitchen スクラッチキッチン

言わずと知れたワードの人気店。メニューはどれもおいしいから絞りにくいけれど、パンケーキかフレンチトーストは必ず注文したい。2023年4月には支店をオープン。

MUST MENU シリアルとベリー、バナナがのったミルク・シリアルパンケーキ$15（ミルクシロップ付き）

Map 別冊P.14-B3 ワード

1170 Auahi St.サウスショア・マーケット1F ☎808-589-1669 9:00～21:00（土・日8:00～） 休無休 Card A.D.J.M.V. 料$20～ URL www.scratch-hawaii.com 会ハワイカイ

独創的な発想と味に脱帽

スイートイーズカフェがお気に入り。男性スタッフが多く、キュートなメニューと屈強な男たちのギャップがツボ。（東京都・ククイ）

Waioli Kitchen & Bake Shop

ワイオリキッチン&ベイクショップ

緑豊かな渓谷の街マノアの歴史を彩るダイニング。邸宅に招かれたような店内では、自家製シーソルト&ハニーを使用した多彩なメニューをサーブ。パンも焼きたて。

Map 別冊P.4-B2 マノア

住2950 Manoa Rd. 電808-744-1619 営8:00～13:00 休日・月 Card A.J.M.V. 料$20～ URL waiolikitchen.com

ココナッツスライスにココナッツシロップをかけたバナナマカナッツパンケーキ$13

1922年に建てられた歴史的建造物

とろけるリブがやみつきになるショートリブロコモコ$17.50。奥はアサイボウル$11.50

最初のブレックファストはこの7軒へ

MUST MENU 手前から時計回りにブレイズドビーフ・ロコモコ$24、エッグベネディクト$22 (P.70)、ディープディッシュハウピアフレンチトースト$21。ミモザは14時まで$8

ワイキキの贅沢なオアシス

Deck. デック

ホテルの3階に位置し、正面にワイキキの象徴ダイヤモンドヘッドを望む好立地。朝食からカクテルが楽しめ、14時まではミモザが$5オフとお得に！

Map 別冊P.11-D2 ワイキキ

住150 Kapahulu Ave.クイーンカピオラニホテル内 電808-556-2435 営6:30～22:00（金・土～23:00） ハッピーアワー 14:00～16:00 休無休 Card A.D.J.M.V. 料$30～ URL deckwaikiki.com

Wolfgang's Steak House

ウルフギャング・ステーキハウス

日本にも支店のあるステーキハウスが2022年から朝食をスタート。熟成肉のリブアイやフィレミニョン、ラムチョップなどもラインアップ。11時までのお楽しみ！

DATA → P.95

MUST MENU 手前からサーモンベーグル$16.95、クラブケーキ・エッグベネディクト$28.95 (P.70)。サーモンの厚さ、カニ肉の多さはさすが高級店

＼もはやロコの食卓！／

朝食には欠かせない人気不動の王道カフェ

アサイボウルブームの火つけ役

Bogart's Café ボガーツカフェ

モンサラット通り注目のきっかけにもなった有名店。ロコの家庭料理をメインに、シェフこだわりのスクランブルエッグやフライドライスも鉄板メニュー。

Map 別冊P.7-C3 モンサラット通り

住3045 Monsarrat Ave. 電808-739-0999 営7:00～15:00 休無休 Card A.D.J.M.V. 料$20～ URL www.bogartscafe.com

ジョギング途中に立ち寄るロコも

クラブケーキベネディクト$28～

シンプルながらバランス優秀なアサイボウル$14～

ベジー・エッグベネディクト$14.50

MUST MENU ブルーベリー&クリームチーズ・フレンチトースト$13.50（フルーツ追加$3.95）

絶品フレンチトーストはリピ確実

Sweet E's Café スイートイーズカフェ

こちらもファミリー経営のロコフード店。閉店まで注文できる朝食メニューに、11時からはピザやサンドイッチなどのランチ限定メニューも食べられる。

Map 別冊P.6-B2 カパフル通り

住1006 Kapahulu Ave. 電808-737-7771 営7:00～14:00 休無休 Card D.J.M.V. 料$20～ URL sweetescafe.com

朝食は予約不可の店が多いので待つことも。並びたくない場合は平日の開店直後、もしくはピークが過ぎた午前10時以降がおすすめ。

aruco調査隊が行く①!!

ハワイパンケーキ界 永遠の10皿その

ブームから定番になり、ホンモノだけが残った出会うけれど、一度味わった感動はもう永遠。

1 ピンクパレスパンケーキ $27

インパクト ★★★
ボリューム ★★
フワフワ ○-○-☆-○-○ モチモチ
シロップ ホイップ+メープルシロップ

グァバとラズベリーで色付けされたパンケーキは、程よい酸味とココナッツの食感がナイス

サーフラナイ Surf Lanai

ピンクパレスのオンザビーチ・ダイニング。ベーカリー（P.82）ではパンケーキミックスが購入できる。

Map 別冊P.10-B2 ワイキキ

2259 Kalakaua Ave.ロイヤルハワイアンラグジュアリーコレクションリゾート内 ☎808-931-8640 6:30〜10:30 休無休 Card A.D.J.M.V. URL www.surflanaiwaikiki.com/jp/

2 チョコクリーム・オレオチップス・スフレパンケーキ $13.75

クラウドナインカフェ Cloud Nine Café

台湾の屋台料理や巨大カステラを使用したサンドイッチなど、ユニークでおいしいメニューが揃う穴場カフェ。

Map 別冊P.14-B2 アラモアナ

1221 Kapiolani Blvd. ☎808-739-9988 8:00〜15:00（金・土〜17:00） 休火・水 Card A.J.M.V. URL cloud9cafehi.com

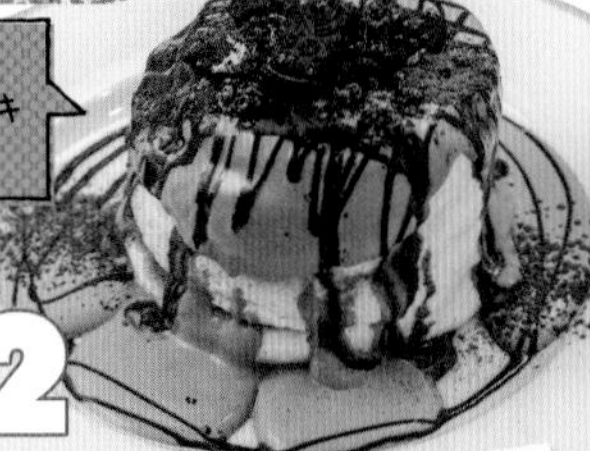

インパクト ★★★
ボリューム ★★
フワフワ ○-☆-○-○-○ モチモチ
シロップ チョコクリーム&ソース+ココアパウダー

フワトロのパンケーキとオレオチップスのザクザク感が絶妙バランス。タピオカをトッピングしたメニューも

3 ウベパンケーキ $13.95

ヨーグルストーリー Yogur Story

ハワイ屈指のおしゃれカフェ。パンケーキ、エッグベネディクト、ロコモコなどの定番メニューを大胆にアレンジ！

Map 別冊P.15-C1 アラモアナ

745 Keeaumoku St. ☎808-942-0505 7:00〜15:00 休無休 Card A.J.M.V. 日 URL yogur808.com

鮮やかな紫色のソースがインパクト大！ ココナッツの風味がきいて見た目より優しい味わい

インパクト ★★★
ボリューム ★★★
フワフワ ○-○-○-☆-○ モチモチ
シロップ ココナッツウベソース

4 リリコイパンケーキ $12.95〜

モケズ Moké's

カイルアのブランチカフェがカイムキに進出し、ホノルル住人も気軽に味わえるように。シークレットメニューも3種あり！

Map 別冊P.7-C1 カイムキ

1127 11th Ave. ☎808-367-0571 7:30〜14:00（土・日7:00〜） 休月 Card A.J.M.V. URL www.mokeshawaii.com カイルアP.58

インパクト ★★
ボリューム ★★
フワフワ ○-○-☆-○-○ モチモチ
シロップ ホイップ+リリコイソース+シュガー

リリコイ（パッションフルーツ）ソースのさわやかな酸味と程よい甘さがたまらなく美味。3枚はプラス$1

5 ミックスベリースフレパンケーキ $26.50

インパクト ★★
ボリューム ★★
フワフワ ☆-○-○-○-○ モチモチ
シロップ ホイップ+ストロベリーソース+シュガー

ベリーを優しく煮込んだコンポートが、フワトロ食感のスフレパンケーキにベストマッチ！

クリームポット Cream Pot

スフレパンケーキを一躍有名にしたフレンチカントリー風のカフェ。ほかのメニューもおいしい。

Map 別冊P.9-C1 ワイキキ

444 Niu St. ハワイアン・モナーク内 ☎808-429-0945 8:00〜L.O.13:30 休火・水 Card A.J.M.V. 日 日 URL creampothawaii.com

バサルトのパンケーキは食用活性炭が美容や健康によいといわれているので毎回食べています。（長野県・ふーこ）

6

ストロベリー&ミルクパンケーキ$13～

インパクト★★★
ボリューム★★★
フワフワ ○-○-○-○-☆ モチモチ
シロップ ストロベリーホイップクリーム

甘さ控えめのストロベリーホイップにストロベリーとピスタチオでおめかし。1枚から注文可

モエナカフェ Moena Cafe

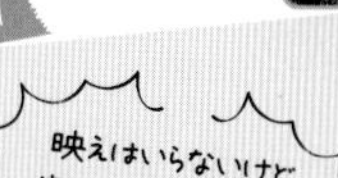

ハワイカイの住人のブランチを長年支えている有名店。シナモンロールパンケーキも接戦の人気。

DATA→P.71

バサルト Basalt

Map 別冊P.10-B1 ワイキキ

マーケットの一角にあるカジュアルダイニング。パンケーキから本格的な肉・魚料理まで、多様に楽しむことができる。

🏠2255 Kuhio Ave.デュークスレーン・マーケット&イータリー内 ☎808-923-5689 🕘8:00～13:00（水を除く、土・日7:00～13:30）、17:00～21:00 ハッピーアワー15:00～17:00 休無休 Card A.D.J.M.V. URL www.basaltwaikiki.com

インパクト★★★
ボリューム★★★
フワフワ ○-○-☆-○-○ モチモチ
シロップ ホイップ+グァバソース+シュガー

7

チャコール・バターミルクパンケーキ$20

ココナッツの殻の炭を使用した真っ黒なパンケーキは、見た目に反してふっくら優しい味わい。甘酸っぱいソースも◎

ハワイパンケーキ界に君臨する永遠の10皿

映えはいらないけど やっぱり映えてるね～

に君臨する 実力を再チェック！

ハワイのパンケーキ界。今でも新作や新発見に そんな永遠に愛すべき10皿を今あらためて実食。

グァバシフォンパンケーキ$12.75～

酸味のある自家製グァバソースは甘すぎず後味スッキリ。フワフワのパンケーキと相性抜群。サーブは14時まで

インパクト★★
ボリューム★★★
フワフワ ○-☆-○-○-○ モチモチ
シロップ ホイップ+グァバソース

8

シナモンズ Cinnamon's

カイルア本店はランチまでだけれど、こちらはディナーも営業。パンケーキはピスタチオにも注目。

Map 別冊P.8-B2 ワイキキ

🏠1777 Ala Moana Blvd.イリカイホテル&ラグジュアリースイーツ内
☎808-670-1915
🕘7:00～20:00
休無休 Card J.M.V.
URL cinnamonswaikiki.com 🏠カイルアP.58

9

マカダミアナッツパンケーキ$16.99～

インパクト★★
ボリューム★★★
フワフワ ○-○-☆-○-○ モチモチ
シロップ マカダミアナッツソース

濃厚なマカナッツクリームがたっぷり！プレーン、バナナ、ブルーベリーの3種類

ブーツ&キモズ Boots & Kimo's Homestyle Kitchen

開店前から行列ができるカイルアのアイコン的存在。エッグベネディクトやオムレツもおすすめ。日本未上陸！

DATA→P.19

インパクト★★★
ボリューム★★
フワフワ ○-☆-○-○-○ モチモチ
シロップ ホイップ+メープルシロップ

バターと甘い香りがたまらない。フルーツをたっぷりとトッピング。1種$3～

バターミルクパンケーキ$11.50～

10

カフェカイラ Café Kaila

ハレアイナアワードでベスト朝食賞に10年連続で選ばれた実力派カフェ。行列覚悟で一度は訪れたい。

Map 別冊P.6-B1 カピオラニ通り

🏠2919 Kapiolani Blvd.マーケットシティ・ショッピングセンター内 ☎808-732-3330 🕘7:00～15:30 休無休 Card J.M.V. URL www.cafe-kaila-hawaii.com

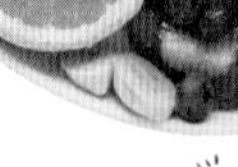

ワイキキのアイホップやエッグスンシングス（P.143）も編集部内にファンが多く、永遠のパンケーキ！

aruco調査隊が行く!!②

ブランチメニュー1、2を争う
エッグベネディクト&ロコモコ
気になるタマゴの下へダイブ!

重要な役割を果たしているタマゴの下に
エッグベネディクトもロコモコも各店のさらなる
こだわりの秘密兵器が。そんなワンプレートの
奥の奥を定番から今旬まで実食リポート。

EGG BENEDICT

UNDER ハム

ハウツリー・エッグベネディクト $26
2020年にシェフが代わり、タマゴの下は薄切りハムへ変更。チャイブの風味がオランデーズソースと相まって深い味わいに A

UNDER クラブケーキ

クラブケーキ・エッグベネディクト $28.95
カニ肉がギューギューに詰まった贅沢なクラブケーキはオランデーズソースとの相性も抜群。別添えでポテト、またはサラダ付き
ウルフギャング・ステーキハウス → P.95

UNDER ヒッコリースモークハム

エッグベネディクト $15.25
ヒッコリーウッドでスモークした香ばしい厚切りハムを、ガーリックブレッドにのせた進化形。絶対ハマること間違いなし! B

UNDER カンノトリーハム

エッグベネディクト $22
一見シンプルだけれど、オランデーズソースに惑わされず塩味のきいたカントリーハムをしっかり堪能できる
デック → P.67

UNDER カナディアンベーコン

エッグベネディクト $19.95
初心者におすすめ。エッグベネディクト定番のカナディアンベーコンは脂肪が少なく芳醇で甘味があり、厚切りなので食べ応えも十分
ブーツ&キモズ → P.19

ハウツリーのエッグベネディクトは味が変わりましたが、アボカドなどが追加できおいしかったです。(栃木県・リサ)

Loco moco

UNDER 自家製ハンバーグ

ロコモコ（ミニ）
$13.50
パテはやわらかくジューシーで、グレービーは比較的あっさり。ここではコショウとタバスコをかけるのがツウの食べ方！

アサヒグリル → P.19

UNDER アップルウッドスモークベーコン50%&アンガスビーフ50%

ショアファイヤー シグネチャー50/50ロコモコ
$27.50
ベーコンとビーフを50%ずつ使用したパテ約255gとフライドライスを目玉焼きの下に隠した看板メニュー。食感も楽しい！ C

UNDER 自家製ハンバーグ2枚

ロコモコ
$11.25
迫力満点のプレートには肉のうま味が詰まったパテが2枚。素朴な見た目に反してグルメ度は高く、有名シェフにもファンが多い D

アイランド・ヴィンテージ・ワインバー → P.74

UNDER ブレイズドショートリブ

ブレイズドビーフ・ロコモコ
$26.95
バーガーパテの代わりにホロホロに煮込んだショートリブをガーリックライスにのせた個性派。ライスはカリフラワートリュフリゾットに変更可

UNDER 自家製ハンバーグ

ロコモコ
$17.95~
フワフワのバーガーパテにコクのあるグレービーがよくなじみ、ライスをフライドライスに変更しても飽きない逸品

ハイウェイイン → P.100

A

絶景オンザビーチ！
ハウツリー Hau Tree
エッグベネディクトの有名店がリニューアルにともない、ハワイのカリスマシェフ、クリス・カジオカの監修に。

Map 別冊P.6-B3 ワイキキ

2863 Kalakaua Ave.カイマナビーチホテル内 808-923-1555 8:00～22:00 休無休 Card A.D.J.M.V. 円$30～ URL www.kaimana.com

B

メニューは全部ハズレなし
モエナカフェ Moena Cafe
オープンから10年以上たった今も行列が絶えないハワイカイの名店。ショートリブロコモコも必食。

Map 別冊P.5-C3 ハワイカイ

7192 Kalanianaole Hwy.ココマリーナ・センター内 808-888-7716 7:00～14:30 休無休 Card A.D.J.M.V. 円$25～ URL www.moenacafe.com

C

とにかくハッピー！

お得に陽気に生演奏も！
ショアファイヤー Shore Fyre
水～土曜は翌1時（ほかは23時）までロコモコが楽しめ、お得なハッピーアワーやライブミュージックも。毎日いいコト尽くし！

Map 別冊P.10-B2,30 ワイキキ

2330 Kalakaua Ave.インターナショナルマーケットプレイス3F 808-672-2097 10:00～24:00（水・木～翌2:00、金・土9:00～翌2:00、日9:00～）ハッピーアワー 月10:00～24:00、火～金16:00～18:00 休無休 Card A.D.J.M.V. 円$30～ URL www.shorefyre.com ワイキキ（コア通り）

D

毎日1000皿以上販売
レインボードライブイン Rainbow Drive-In
1961年創業のプレートランチ専門店。家族経営で毎日1000皿以上のグルメプレートをロコと観光客に提供。

Map 別冊P.6-B2 カパフル通り

3308 Kanaina Ave. 808-737-0177 7:00～21:00 休無休 Card A.J.M.V. 円$15～ URL rainbowdrivein.com カリヒ、パールリッジ・センター

アサヒグリルのロコモコはグレービーソースの代わりにカレーの選択も。パテ2枚、タマゴ2個のレギュラーサイズは$15.95。 

aruco調査隊が行く!!③

食べるサプリメントに規格外も！今旬アサイボウルの進化をリサーチ

サプリ代わりのアサイだけでも優秀なのに、さらにひとひねりもふたひねりも加えたスーパーヘルシーなアサイボウルが続出。そんな進化形ボウルの中身を解明！

まずはロコの支持率No.1の王道をおさらい

基本ポイントはここ！

フルーツ
フルーツのトッピングはストロベリー、ブルーベリー、バナナが定番。オーガニックやハワイ産がほとんど

アサイスムージー
いちばんの重要ポイント。アサイをスムージーにする際、アサイの割合、ジュースや豆乳、ヨーグルなどの配合でも食べやすさ、味、カラダへの効果は変わってくる

シロップ
ハニー、オリゴ糖、アガベなどを使い、各店の工夫が見られるシロップ。味はもちろん、ヘルシー重視

グラノーラ
カリッとした食感と香ばしさで大人気のグラノーラは、穀物、ナッツ、ハニーなど美肌と美腸に効果的な素材の宝庫

この黄色のツブツブは何？
ビーポーレン（花粉荷／蜂花粉）といってミツバチが集めた花粉を自らが団子状にしたもの。約90種以上の栄養素を含むから、トッピングで効果倍増！

ところでアサイって？

アサイ（Açai）はブラジル原産のブルーベリーに似たフルーツ。種が大きく水分が少ないため、そのまま食べるより水を加えてピューレ状にして味わうのが一般的。栄養価が高く、ポリフェノール値はブルーベリーの約18倍、食物繊維はゴボウの約3倍もある。

おもな栄養素
- ポリフェノール
- 食物繊維
- 鉄分　●亜鉛
- カルシウム
- カリウム　●リン
- マグネシウム
- 必須脂肪酸
- アミノ酸
- ビタミンA・B・C・E
- アントシアニン　ほか

おもな効能
- アンチエイジング
- 便秘解消
- 貧血回復
- 眼精疲労の解消
- 高血圧の改善

ほか

パワーがあるのね

マナボウル $12
アサイ好きなら一度は食べたい濃厚テイスト。ハワイ島産ハニーがたっぷりで、栄養価の高いトッピングも人気の秘密

サーファー御用達の人気店

ダ・コーブ・ヘルスバー&カフェ
Da Cove Health Bar & Cafe

ロコやサーファーでにぎわう店内では、アサイボウルのほかサラダやスムージーなど、ヘルシーメニューが楽しめる。

Map 別冊P.7-C3 モンサラット通り

3045 Monsarrat Ave. ☎808-732-8744 9:00～19:00 休無休
URL www.dacove.com

アサイがシェイブアイスに変身！

evolution

Cool

シェイブアサイボウル $16
アサイを凍らせてかき氷にした新スタイル。季節のフルーツと焼きココナッツをふんだんにちりばめたまさに宝石箱

クイーンズブレイク → P.92

ダ・コーブにはタロイモをマッシュ状にしたパイアイをトッピングしたアサイボウルもあり、風変わりだけどハマる味です。（北海道・ポイ）

早朝から行列覚悟の有名店

アイランド・ヴィンテージ・コーヒー

Island Vintage Coffee

アサイボウルは豆乳配合のオリジナルとアーモンドミルク配合のモアナボウル5種、ピタヤ&リンゴジュース配合の全7種。

Map 別冊P.10-A・B2,29 ワイキキ

🏠2301 Kalakaua Ave.ロイヤル・ハワイアン・センターC館2F ☎808-926-5662 🕘6:00～10:00 休無休 Card A.D.J.M.V. URL www.islandvintagecoffee.com 🏠アラモアナセンター、ハレイワ ＊アサイボウルは隣の姉妹店アイランド・ヴィンテージ・ワイン&バー（P.74）でも注文可能

今旬アサイボウルの進化をリサーチ

ダークチョコとアーモンドが最強アシスト!

evolution

ワイアルアモアナボウル

$13.95～

アーモンドミルク配合のアサイにワイアルア産チョコ、ホワイトハニー、ココナッツピーナッツバターなど栄養素の塊！

まだある！

1週間連続で食べても飽きないラインアップ

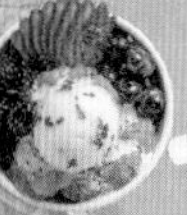

パイナップルミントシャーベットがメインの爽やかテイスト。パイナップルミントモアナボウル$14.50～

プチヌル食感が楽しい自家製リリコイハニーで仕上げたユニークな逸品。リリコイモアナボウル$13.95～

フローズンハウピアクリームとココナッツフレークのココナッツ尽くし！ハウピアモアナボウル$13.95～

ワイアルア産カカオニブと自家製アーモンドバター、ヘンプシードが共演。カカオモアナボウル$13.95～

evolution

香ばしい焼きココナッツが絶妙アクセント

マナアサイボウル

$18.50

焼きココナッツに加え、5種のフルーツとグラノーラ、ハニーのトッピングが独自ブレンドのアサイと相性抜群

ショアファイヤー → P.71

evolution

ピタヤソースとソルトが隠し味の個性派

アサイボウル

$11.95

ソルトの対比効果で深みが倍増。グルテンフリーグラノーラや食物繊維豊富なピタヤソースでヘルシー度もアップ

evolution

注目のヘンプハーツをグラノーラに！

ワイキキボウル

$10～

アサイにチアシードやフラックスシードより栄養素のバランスが優れた麻の実をトッピング。アサイボウルは全3種

アロー・ヘルスバー&カフェ → P.26

ハレイワの小屋からスタート

サンライズシャック

The Sunrise Shack

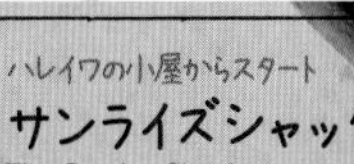

オーガニックしか口にしない3兄弟と友人が立ち上げたカフェ。各種オイルとグラスフェドバターを入れたコーヒーも名物。

Map 別冊P.10-B2 ワイキキ

🏠2335 Kalakaua Ave.アウトリガー・ワイキキ・ビーチ・リゾート内 ☎808-926-6460 🕘6:00～19:00 休無休 Card A.J.M.V. URL www.sunriseshackhawaii.com 🏠アラモアナセンター、ハレイワ、カイルア

こんな美ビジュアルのサプリも！

アーモンドミルクとココナッツクリームにスピルリナを配合。ブルードリームボウル$14.95

イートインでも状況によりエコカップでの提供になるなど器が変更されることがあるので、気になる場合は確認を。

オーガニックに地産地消 アロハたっぷりヘルシーごはん

健康志向のロコが増え、地元の新鮮食材を使ったヘルシーごはんがハワイアンのグルメにもすっかり定着。ビーガンメニューをコースで楽しめるダイニングも登場！

Keywords

Organic オーガニック
農薬や化学肥料を使わない有機栽培のこと。ハワイの有名レストランの多くがオーガニックファームと契約している。

Local Products 地産地消
地元産の食材をその地で消費すること。ホールフーズなど自然派スーパーを中心に、ハワイでも地産地消運動が活発。

Vegetarian ベジタリアン
肉や魚介など動物性のものはとらず、穀物・野菜・豆類などの植物性食品が中心。ほとんどの店にメニューあり。

Vegan ビーガン
肉や魚介に加え卵・乳製品・ハニーなど動物性・動物由来のものをとらないこと。専門のグルメスポットも増加中。

Organic　Local Products　Vegan

誰もがハマる万能美食揃い

アイランド・ヴィンテージ・ワインバー Island Vintage Wine Bar

グルテンフリーやプラントベースにもこだわるカラダと環境に優しいダイニングバー。自慢のワインはハーフグラスから楽しめ、3種のミモザもおすすめ。

Map 別冊P.10-A・B2,29 ワイキキ

2301 Kalakaua Ave.ロイヤル・ハワイアン・センターC館2F ☎808-799-9463 7:00〜22:00 ハッピーアワー15:00〜17:00 休無休 料$25〜 Card A.D.J.M.V. URL www.islandvintagewinebar.com

1. オープンエアと緑が心地いい　2. 手前からビーガンビビンバ$22.95とビーガンカレーキヌアプレート$24.95。ヘルシーでも味はしっかり。スムージー$9.75〜　3. ワインはお得なサンプラーやハッピーアワー（P.84）も　4. 隣の姉妹店アイランド・ヴィンテージ・コーヒー（P.73）のメニューも注文可能

新鮮野菜をオーガニックトルティーヤで巻いたラップ$13.95とグリーンバイタリティ$7.95

Organic　Local Products　Vegan

ヨガスタジオ経営のカフェ

プラントベースパラダイス Plant Based Paradise

ヨガスタジオの一角にあり、プラントベースのロコモコやポケボウルなどヨギー二考案のメニューがラインアップ。ヨガは1回$22で体験可能。

Map 別冊P.7-C1 カイムキ

3574 Waialae Ave.ヨガ・アンダーザパームス内 ☎808-690-4648 9:00〜14:00、17:00〜20:00（月・水のみ） 休無休 料$5〜 Card A.D.J.M.V. @plantbasedparadisekaimuki カイルア

1. ヘブンリーモーニングベジー$18　2. 地元産ビーフと卵を使ったヘブンリーロコモコ$22

Organic　Local Products

メニューも雰囲気も日本人好み

ヘブンリー・アイランド・ライフスタイル Heavenly Island Lifestyle

ハワイ産食材を多く使用したメニューは、ロコフードやアジア料理のアレンジなど、日本人の舌にも合う味付け。居心地のよさも人気の秘密。

Map 別冊P.10-B1 ワイキキ

342 Seaside Ave. ☎808-923-1100 7:00〜14:00、16:00〜21:30 ハッピーアワー16:00〜18:00 休無休 料$15〜 Card A.J.M.V. 日 URL www.heavenly-waikiki.com

ワイキキのホテルのレストランにもビーガンフードはあります。メニューになかったら聞いてみて！（富山県・すず）

Organic　Local Products　Vegan

スイーツまですべて自家製
ピースカフェ
Peace Cafe

日本食レストランのシェフだった寺井さんが作るビーガンフードは、栄養素が高いだけでなく味にも一切妥協なし。ビーガンアイスやケーキも必食。

Map 別冊P.6-A2　キング通り

2239 S. King St.　808-951-7555　10:00～L.O.19:30　休日　料$15～　Card A.J.M.V.　URL www.peacecafehawaii.com

1. BBQテンペプレート$16.50とサンドイッチ$10～　2. ピンクの外観が目印

メインはチキン推し！

Organic　Local Products　Vegan

胃が疲れたときの強い味方
カイマナファームカフェ
Kaimana Farm Cafe

地元農家から仕入れるオーガニック食材を和風総菜にするなど、ホッとする味がロコにも好評。グルテンフリーのメイン料理はどれも感動的。

Map 別冊P.6-B2　カパフル通り

845 Kapahulu Ave.　808-737-2840　7:30～15:00　休月・火　料$20～　Card A.J.M.V.　URL kaimanafarmcafehawaii.com

メイン料理と5つの総菜が選べるパワー弁当$19.25。奥はビーガンフレンチトースト$17.50

アロハたっぷりヘルシーごはん

リリコイバターが隠し味！

スイートコーンフライドライス$17とエッグベネディクト$19

Organic　Local Products

「イートローカル」がテーマ～
グーフィーカフェ&ダイン
Goofy Cafe & Dine

ハレアイナアワード朝食部門で3位を獲得。ハワイ各島の名産を取り入れたメニューがメイン。プレゼンもユニークで、五感で楽しむことができる。

Map 別冊P.9-C2　ワイキキ

1831 Ala Moana Blvd. 2F　808-943-0077　7:00～14:00、17:00～21:00　休無休　料$15～　Card A.J.M.V.　日　URL www.goofy-honolulu.com

店内はサーフテイスト

まるで懐石……

ビーガン料理をコースで堪能

Organic　Local Products　Vegan

日本酒とのペアリングも
Avレストラン
AV Restaurant

オールビーガンの店名どおり、約50種のビーガン料理を10～11品のコースにしてサーブ。料理のおいしさにペアリングの日本酒も進みそう。

Map 別冊P.7-C1　カイムキ

1135 11th Ave.　808-888-3528　17:30～22:30　休日・月　料$149～　Card M.V.　予必要　URL www.xorghawaii.com/av-restaurant/

手間と工夫を重ねています

1,2,3,4. ワクワクが止まらない料理の数々　5. 約20席ほどの隠れ家　6. スーシェフのゴードンさん

グルテンフリーはグルテン（穀物のタンパク質の一種）を除去、プラントベースは植物由来のこと。

泊まってなくてもやっぱり行きたい☆

海を眺めながらいただくビュッフェスタイル
ロケーションも魅力的な憧れのホテルで、

チェックポイント
- ハレクラニベーカリーのパン
- 好みの具で作るオムレツ
- オンザビーチ
- 全席オープンエア

ハレクラニ

2022年にリニューアルオープン

House Without A Key
ハウス ウィズアウト ア キー

樹齢100年以上のキアベツリーが印象的なワイキキ・ビーチに臨むダイニング。改装にともない、バーカウンターやキッチンにピザ窯を新設するなど、店内もメニューもさらに充実。ビュッフェには素材の味を生かした料理やハレクラニベーカリー(P.82)のパンなどが並ぶ。

Map 別冊P.10-A2 ワイキキ

2199 Kalia Rd. ☎808-923-2311
7:00～10:30、11:30～21:00 （最終着席）
㊡無休 ㊎朝食ビュッフェ$52.5～10歳$28ほか
Card A.D.J.M.V. URL www.halekulani.jp

ワイキキの喧騒とは無縁の場所。テーブルと椅子も新調

1. パンコーナーには10種のペストリーなどを用意 2. ていねいに調理された料理と産地、鮮度にこだわるサラダなどどれもハイクオリティ

ザ・カハラ・ホテル&リゾート

あの、名物パンケーキも発見

Plumeria Beach House
プルメリアビーチハウス

チェックポイント
- 名物の薄焼きパンケーキ
- 好みの具で作るオムレツ
- オンザビーチ
- 全席オープンエア

ハワイきっての高級住宅地に立つホテルのカジュアルダイニング。白砂のカハラ・ビーチを前にテラス席が並び、ワンランク上の朝食が満喫できる。ハワイ産のオーガニック食材を使用したメニューはどれも新鮮で、何度もレーンに向かってしまいそう。名物のパンケーキも忘れずに。

Map 別冊P.7-D1 カハラ

5000 Kahala Ave. ☎808-739-8760
6:30～11:00、11:30～14:00、17:30～20:30 ㊡火・水のディナー ㊎朝食ビュッフェ$55、6～12歳$24ほか Card A.D.J.M.V.
URL jp.kahalaresort.com

1. 住人が散歩している姿も♪
2. ビュッフェ以外にアラカルトも多彩に揃う 3. 薄焼きパンケーキには好みのフルーツを添えて

ハウスウィズアウトアキーは夕方17時からのハワイアンミュージックと18時からのフラもすてきです！（静岡県・あやこ）

海の見える憧れホテルの朝食ビュッフェ

の朝食はハワイならではの優雅なお楽しみ。
シアワセいっぱいのメニューを召し上がれ！

モアナサーフライダーウェスティンリゾート＆スパ

待ちに待ったビュッフェが再開！

The Veranda ザ・ベランダ

歴史と伝統に彩られたホテルのダイニングは、バニヤンの大樹が茂る中庭に面したテラスが特等席。2023年6月よりビュッフェが再開し、美食を一度に複数味わえる楽しみも復活。アラカルトで人気のエッグベネディクトやワッフルなども日替わりで登場するので、お見逃しなく。

Map 別冊P.10-B2 ワイキキ

2365 Kalakaua Ave. 808-921-4600
6:00～10:30 休無休 料朝食ビュッフェ$44、6～12歳$18ほか Card A.D.J.M.V.
URL www.verandawaikiki.com/jp/

ザ・ベランダではクラシックからビーガン、グルテンフリー対応まで7種のアフタヌーンティーのメニューを用意。オンザビーチでの贅沢なヌン活、ぜひ体験してみて。金～日11:30～14:30 料$69～ 要予約

フィンガーサンドイッチとプティフールなどがセットに（季節などにより内容は多少異なる）

新鮮なトロピカルフルーツは種類豊富で選び放題！

チェックポイント
- アラカルトメニューが日替わりで並ぶ
- オンザビーチ
- テラスのみオープンエア

1. 日差しが気になる人はビュッフェレーンのある室内の席へ 2. 人気メニューを迷うことなくいろいろ味わえる

海の見える憧れホテルの朝食ビュッフェ

まだある！ ホテルの朝食ビュッフェ

ワンポイント英会話

テラス席（窓際の席）をお願いします
I'd like a table outside
(a table by the window)

テーブルを片付けてください
Would you clean up the table?

コーヒーのおかわりをください
May I have another cup of coffee?

ワイキキ一高コスパ！

デュークスワイキキ Duke's Waikiki

好みの具で注文できるオムレツやエッグベネディクト、パンケーキなどひととおり揃ってこの価格はお値打ち。

Map 別冊P.10-B2 ワイキキ

2335 Kalakaua Ave.アウトリガー・ワイキキ・ビーチ・リゾート内 808-922-2268 7:00～24:00（朝食～11:00） 休無休 料朝食ビュッフェ$25ほか Card A.D.J.M.V. URL www.dukeswaikiki.com

オンザビーチの好立地！

ヨット＆ハーバービュー

ワンハンドレッド セイルズ レストラン＆バー 100 Sails Restaurant＆Bar

野菜カレーや納豆などの和食にチャーハン、キムチなど日本人好みのメニューが揃う。スーパーフードも豊富。

Map 別冊P.8-B2 ワイキキ

100 Holomoana St.プリンスワイキキ内 808-944-4494 6:30～10:30（日～9:00）、11:00～13:30（サンデイブランチ9:30～12:15）、17:00～21:30（月～水～21:00） 休無休 料朝食ビュッフェ$32、6～10歳$16ほか Card A.D.J.M.V. URL jp.princewaikiki.com

ワイキキの街を見下ろす立地

陰陽カフェ In-Yo Cafe

オンザビーチではないけれど、多国籍料理の朝食に定評があるダイニング。和食は納豆、味噌汁など。

Map 別冊P.10-A2 ワイキキ

223 Saratoga Rd.トランプ・インターナショナル・ホテル・ワイキキ内 808-683-7777 6:30～10:30 休無休 料朝食ビュッフェ$40、6～12歳$17ほか Card A.D.J.M.V. URL www.trumphotels.com/Waikiki/

ひとりでもゆっくりくつろげるのがここの魅力

コロナの影響でビュッフェを停止している店も多いけれど、再開する可能性もあるので気になる店がある場合は確認を。

aruco調査隊が行く!!④

メイン料理は一流
ひと皿で
プレート

メイン、サイド、ライスを選ん
プレートランチ。グル
編集部きっての肉好き
リピート必至の

Basic プレートランチの基本はコレ!

サイドメニュー
定番のマカロニサラダに加え、各種サラダ、ポテトなどから好みで選択

スクープライス
アイスクリームスクープで盛るのが基本。白米以外に玄米などの用意も

メインメニュー
肉と魚を中心に、比較的濃い味付けの料理が多く、ボリュームも満点

To Goプレート
蓋と一体型のボックス使用率が高いけれど、密封ではないので要注意

魚介好き RECOMMEND
醤油ベースのタレがアヒと絡んでたまりません。雑穀米も選べます(ライターG)

How To Order
メインを決めたらライスや付け合わせの種類を選んで注文。ガラス越しに並んだ料理を指さしで選べるところもある。

ガーリックアヒ$22 A
濃厚なガーリックバターとガーリックチップがきいた肉厚アヒ(マグロ)ステーキ。好みの焼き加減で注文できる。

フリカケパンシアードアヒ$17.50〜 F
フリカケをアヒにたっぷりまぶし、程よくレアに焼き上げたロコ溺愛メニュー。潮の香りで箸が止まらないおいしさ!

魚介好き RECOMMEND
日本とハワイのいいところを組み合わせた斬新さがツボ。何度もリピしています(編集K)

A
ヘルシーな和食プレート
パイオニアサルーン Pioneer Saloon

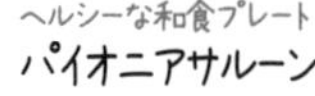

日本人オーナーが手がける繊細な味付けのプレートランチ店。ライスはシソワカメご飯などほかにない選択肢も。

Map 別冊P.7-C3 モンサラット通り

3046 Monsarrat Ave. 808-732-4001 11:00〜20:00 休 無休 Card A.D.J.M.V. URL pioneer-saloon.net カカアコ

B
美食プレート&デリ
ダイヤモンドヘッド・マーケット&グリル Diamond Head Market & Grill

プレートランチのほか、デリやベーカリーも評判。特にクリームチーズを使用した3種のスコーンは毎日争奪戦!

Map 別冊P.7-C2 モンサラット通り

3158 Monsarrat Ave. 808-732-0077 11:00〜20:00 マーケット&ベーカリー7:30〜20:30 休 無休 Card M.V. URL www.diamondheadmarket.com

C
ノースの有名プレート
ブルーウォーターシュリンプ&シーフード Blue Water Shrimp & Seafood

カフクのフードトラックからスタートしたシュリンププレートの人気店。ステーキとのコンボやタコスもおすすめ。

Map 別冊P.9-C2 ワイキキ

2005 Kalia Rd.ヒルトン・ハワイアン・ビレッジ内 808-955-5400 9:00〜22:00 休 無休 Card A.J.M.V. URL www.bluewatershrimphi.com

D
燻製ミートの専門店
グァバスモークド Guava Smoked

グァバの木でスモークしたミートがメイン。燻製に適した食材を吟味し、ジューシーさと燻香のバランスが絶妙。

Map 別冊P.6-B2 カパフル通り

567 Kapahulu Ave.2F 808-913-2100 11:00〜20:00 休 無休 Card A.M.V. URL www.guavasmoked.com カリヒ、パールリッジ・センター

ワイキキやアラモアナセンターのフードコートには、プレートランチ店が揃っているので便利でおすすめ。(群馬県・キリン)

Plate Lunch

レストラン超え!?

大満足のランチ発表！

で自分だけのお弁当が作れる
化が進む専門店の味を
魚介好きスタッフが実食。
絶品をチョイス！

ひと皿で大満足のプレートランチ発表！

D スモークド・ミックスプレート $19.58〜

カルビやポーク、チキン、ダック、サーモンなどから2種が楽しめ、サイドはフライドライス、キムチの選択も可能。

肉好き RECOMMEND
程よい脂と風味がビールに最高。水・木・土曜限定のダックは外せない逸品（編集T）

B ミックスプレート $15.25

テリヤキチキン、ハンバーグ、チャーシューと3種の肉料理が食べ比べできる豪華プレート。お得感たっぷり！

肉好き RECOMMEND
ガッツリ食べたいときはいつもこれ。和洋中と3種類の味付けで飽きません！（編集T）

F クリスピーオレンジフライドチキン $15.50〜

衣はカリッ、中はジューシーなフライドチキンに甘酸っぱいオレンジソースが絶妙ハーモニー。

肉好き RECOMMEND
オレンジの香りがさわやかなアメリカン中華。タレが濃厚でご飯が進む〜（編集S）

C ガーリックシュリンプ8ピース $20〜

たっぷりのガーリックとバターが食欲をそそるひと皿。シュリンプはスパイシーやクリスピーココナッツもあり。

魚介好き RECOMMEND
ワイキキで食べたくなったときはここ。身がプリップリで安定の味（ライターN）

肉好き RECOMMEND
普通のから揚げよりも衣に弾力があって力強い味。食べると元気が出ます（ライターM）

A モチコチキン$14

もち粉で揚げたチキンプレート。もち粉はほんのり甘く、ジューシーなチキンとの相性抜群。

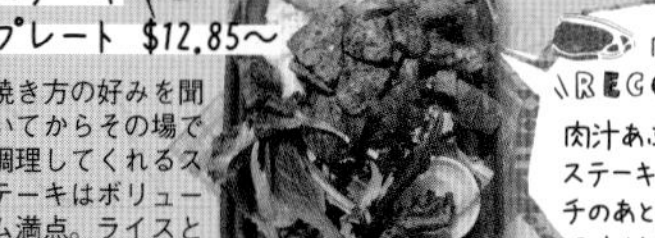

E ステーキプレート $12.85〜

焼き方の好みを聞いてからその場で調理してくれるステーキはボリューム満点。ライスとサラダ付きでコスパ最強。

肉好き RECOMMEND
肉汁あふれるやわらかステーキのトリコ。ビーチのあとにサクッと寄れる立地も◎（編集S）

醤油チキンプレート$10.95

鶏モモ肉を醤油とジンジャー、ガーリックで煮込んだ月・水〜土曜9時から限定の特別メニュー。つゆだく感も好評。

肉好き RECOMMEND
お箸でつかむと身がほどけるほどやわらかく、和食風のピリ辛味に胃も心もほっこり（編集K）

レインボー・ドライブイン→P.71

E オンザビーチの隠れ家 ステーキシャック

Steak Shack

ワイキキ・ビーチを眺めながら満喫できる穴場店。ステーキは約170〜400gまで4種で展開。チキンやコンボもあり。

Map 別冊P.10-A3 ワイキキ

2161 Kalia Rd. ワイキキ・ショア内
808-861-9966 10:30〜19:00（金・土〜19:30） 休 無休 Card A.M.V.
URL www.steakshackhawaii.com

F 新鮮魚介をプレートで ニコスピア38

Nico's Pier 38

ハーバー沿いにあり鮮度抜群の魚介がプレートランチで楽しめる有名店。ポケなどを販売するマーケットも併設。

Map 別冊P.12-A3 ピア38

1129 N. Nimitz Hwy. 808-540-1377 6:30〜21:00（日10:00〜）プレートは16:00まで 休 無休
Card A.J.M.V. URL nicospier38.com

マックに白米!? プレートランチ発見

マクドナルドのハワイ限定朝食プレートにはスパムやポチギーソーセージ、スクランブルエッグにライスが！ 試してみて。

白米好きなロコらしい朝食メニュー♪

オーダー時の英会話

オススメは何ですか？
What do you recommend ?

玄米でお願いします
Brown rice, Please

ソースは別にしてください
I'd like to have the sauce on the side

ハワイのマクドナルドにはサイミンもあり、小腹がすいたときに取材班もよくお世話に。お箸と醤油ももらえる。

バーガー対決！ 無性に食べたくなる

もはやワンハンドでは持てないボリューミーなグルメバーガーから鉄板で押しつぶして肉汁を閉じ込める

1 パニオロバーガー $13

表面カリカリ中ジューシー

THE DALEY

ザ・デイリー

スマッシュをハワイに広めた革新店。バーガーは3種とシンプルで、パテはハワイ産グラスフェッドビーフとプラントベースの2種。

Map 別冊P.16-B2 ダウンタウン

1110 Nuuanu Ave. 11:00～20:00（日～18:00） 休無休 Card A.D.J.M.V.
URL www.thedaleyburger.com

2 デイリーバーガー $8.50

&TOPPING
ポテトバンズ、
グラスフェッドビーフ
パテ&オニオン、
チーズほか

大家族の極上バーガー

SEVEN BROTHERS

セブンブラザーズ

7人兄弟をもつ夫婦がオープンした大繁盛店。現在アメリカ本土でも展開中だけれど、ハワイでは本拠地ノースショアの4店のみ。

Map 別冊P.20-A1 ハレイワ

66-197 Kamehameha Hwy. Haleiwa
11:00～21:00 休日 Card A.D.J.M.V.
URL www.sevenbrothersburgers.com
カフク、ライエ、シャークスコーブ

全米チェーンの上陸系も食べ逃さないで～

ベーコンチーズバーガー
$13.99

トッピング&落花生無料！

FIVE GUYS ファイブガイズ

バージニア州からスタートし、現在店舗は1700以上。15種のトッピングがのせ放題で、サービスの落花生やベーコンミルクシェイクもユニーク。

Map 別冊P.18-B3 カポレイ

91-5431 Kapolei Pkwy. Kapoleiカ・マカナ・アリイ内
808-628-4740 11:00～22:00 休無休 Card A.D.J.M.V. URL www.fiveguys.com
パールリッジ、ミリラニ

ザ・アワーバーガー
$12.45

有名一家の地元ボストン郊外発

WAHLBURGERS

ウォルバーガーズ

シグネチャーのザ・アワーバーガーのほか、ドニーはBBQベーコン、マークはザ・インポッシブルバーガーがお気に入り。

DATA→P.16

セブンブラザーズはココナッツ・マカダミアナッツ・シュリンププレートもおすすめ！（東京都・ボン）

ワンハンドグルメの王様BEST4

ハワイ発&日本未上陸！

Delicious!

スマッシュパテまで、現地の声と編集部で選んだ上位4つを発表。オマケの4つも負けてないおいしさ！

3 50'Sバーガー $10.50

&TOPPING
ポテトバンズ、パテ&チーズ、レタス、トマト、50'Sソース

待望の路面店がオープン
CHUBBIES BURGERS
チャビーズバーガーズ

こちらもスマッシュパテの先駆け。フードトラックでは回しきれない人気に店舗を構え、メニューも倍増。ベジやチキンも登場！

Map 別冊P.7-C1 カイムキ

1145C 12th Ave. 808-291-7867 10:30～21:00 休無休 Card A.M.V. URL www.chubbiesburgers.com

これが原点

精肉店ならではの贅沢パテ
BUTCHER & BIRD
ブッチャー&バード

精肉店のデリで販売しているバーガーは、パテにUSDAプライムビーフを使用。ベーコン、マッシュルーム入りの豪華版も用意。

Map 別冊P.13-C3 カカアコ

324 Coral St.ソルトアットアワーカカアコ2F 808-762-8095 11:00～18:00 休月 Card A.D.J.M.V. URL www.butcherandbirdhi.com

目利きのプロが選んだ肉揃い

4 ダブルチーズバーガー $17.98

ピクルス&チップス付き

&TOPPING
USDAプライムビーフパテ2枚&チーズ、レタス、トマトほか

チキン&フィッシュ派に強力プッシュ！

全米絶賛のふわふわチキン
CHICK-FIL-A
チックフィレイ

チキンのフライ、グリル、スパイシーなどバーガーは6種類。ナゲットのソースが7種から選べるのもうれしい。

チックフィレイデラックスサンド $7.09

オノ（さわら）バーガー $13

DATA→P.16

オバマ元大統領も来店
PAIA FISHMARKET WAIKIKI
パイアフィッシュマーケット・ワイキキ

マウイに本店があるシーフードの人気店。オバマ元大統領は本店でオノバーガーを注文し、ワサビソースを追加して挟んで食べたそう。

Map 別冊P.10-B1 ワイキキ

2299 Kuhio Ave. 808-200-0200 11:00～22:00 休無休 Card A.D.J.M.V. URL paiafishmarket.com カイルア

ワイキキではテディーズ、ホノルルバーガーカンパニー、マハロバーガーなどがいち押し。

ハワイ産食材と匠の技の融合

Halekulani Bakery
ハレクラニ ベーカリー

名門ホテル、ハレクラニのブランド初のベーカリー。提携ホテル・帝国ホテル東京のヘッドベイカーを迎え、ハワイの豊かな食材を使用したパンはどれも美味。

Map 別冊P.10-A2 ワイキキ

2233 Helumoa Rd.ハレプナワイキキバイハレクラニ内 ☎808-921-7272 6:30～11:30 休月・火 Card A.D.J.M.V. URL www.halepuna.jp

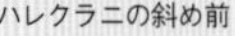
ハレクラニの斜め前

総菜系ならスモークサーモンのクロワッサン$12

クロワッサン$5～、マフィン$4.75～など

ハレクラニの象徴、オーキッドがあしらわれたクイニーアマン。濃厚マンゴークリームとサクサク食感はやみつき

フレッシュタルト（一例）$8も繊細な味わい

おやつに？ ごはんに？ 高感度なパン好きロコの推しパン♡7選

ちょっと目を離した隙に、ホノルルのパンのクオリティが爆上がり。繊細な味わいのペストリーから超グルメなサンドイッチまで、常連ロコに聞いた推しパン公開！

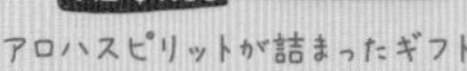

バナナブレッドをひと口サイズのマフィンにアレンジ。軽い口当たりながらバナナのまったり感と風味はしっかり

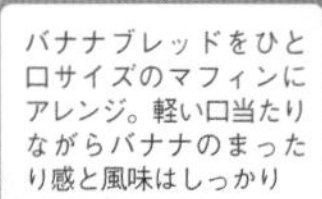
ハウピアクリームとココナッツのピンクスノーボール$10もシグネチャー

ラズベリージャム入りのカスタードクロワッサン$6.50

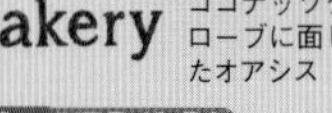
ココナッツグローブに面したオアシス

アロハスピリットが詰まったギフト

Royal Hawaiian Bakery
ロイヤル ハワイアン ベーカリー

宿泊者へのもてなしのひとつとして提供していたバナナブレッドがおいしすぎると話題になり、ホテル創業90周年にベーカリーをオープン。毎朝売り切れ必至。

Map 別冊P.10-B2 ワイキキ

2259 Kalakaua Ave. ロイヤルハワイアンラグジュアリーコレクションリゾート内 ☎808-923-7311 6:00～12:00 休無休 Card A.D.J.M.V. URL www.royal-hawaiian.jp

唯一無二の組み合わせが誕生

Kona Coffee Purveyors | b.patisserie
コナコーヒー・パーベイヤーズ

ハワイ屈指のロースターがコーヒーに負けないクオリティのパンを提供したい、とサンフランシスコの名店ビーパティスリーとコラボ。コナコーヒーに合う！

Map 別冊P.10-B2,30 ワイキキ

2330 Kalakaua Ave.インターナショナルマーケットプレイス1F ☎808-450-2364 7:00～16:00 休無休 Card A.D.J.M.V. URL konacoffeepurveyors.com

必ず一緒に味わいたいコナコーヒーは$5～

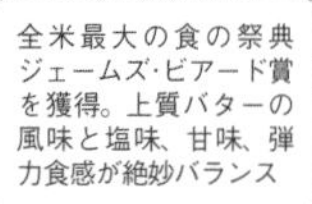

全米最大の食の祭典ジェームズ・ビアード賞を獲得。上質バターの風味と塩味、甘味、弾力食感が絶妙バランス

アーモンドクリームが香ばしい同じく受賞歴のあるクロワッサン$6.25

リリハベーカリーのスイートブレッドのフレンチトーストは絶品です！（兵庫県・エイミー）

Oshipan
ごはん系総菜パン
7selections

肉厚のロブスターをバターがきいたスイートブレッドにのせ、味付けは素材を生かしレモンとうま味マヨのみ

極上のスイートブレッド

Feast フィースト

ハワイの地元パン、ハワイアンスイートブレッドがマツバラシェフの手腕で高級サンドイッチに変身。DATA→P.19

緑深いマノアの名店

左はフライドチキンポーボーイ$15.50、奥はハラペーノランチフライ$9

ステーキ、オニオン、チーズをガーリックマヨとチミチュリソースで味付け。肉汁に浸すとうま味倍増

豪華な具をハード系で抱擁

Earl アール

サブマリンサンドの専門店。焼き目を付けたハード系パンに、一品料理さながらのメインやトッピングがどっさり。サクムギュッとした食感が最高。

カイムキ内で移転しワイキキ寄りに

Map 別冊P.6-B1 カピオラニ通り

2919 Kapiolani Blvd.マーケットシティ・ショッピングセンター1F ☎808-200-4354
10:00～20:00（日～16:00） 休無休 Card A.D.J.M.V. URL earlhawaii.com カカアコ

パン好きロコの推しパン♡7選
とにかく食べてみて！

奥は塩漬け肉を挟んだイタリアンコンボサンド$15.98

ソーセージとキムチ、粒マスタードがパンと相まって味わいもユニーク。ネギもいいアクセントに

バーガーに次いでドッグもイケる

Butcher&Bird ブッチャー&バード

精肉店なので、もちろんソーセージも自家製。デリメニューはすべてピクルスとチップス付き。DATA→P.81

店内はおしゃれなお肉屋さん

具に合わせてパンも厳選

Hank's Haute Dogs ハンクスオートドッグ

シカゴのホットドッグをベースにソーセージの種類やトッピングに合わせ、最適なパンを選んで仕上げるこだわりの専門店。日替わりメニューも多彩。

グリーンの木造が目印

Map 別冊P.13-C3 カカアコ

324 Coral St.ソルトアットアワーカカアコ1F ☎808-532-4265 11:00～16:00（金・土～19:00、日～18:00） 休無休 Card A.J.M.V. URL www.hankshautedogs.com

ポチギースソーセージ、マンゴーマスタード、パイナップルレリッシュのハワイアン$7.50

ポピーシード付きのパンに100%ビーフのソーセージ、7種のトッピング、大量マスタードがシカゴ風

スイートブレッドは生地にポテトを練り込みふんわり焼き上げたほんのり甘いパン。スーパーなどで買える。

30階からの絶景と
新鮮シーフードが自慢

HAPPY HOUR 11:00～22:00

ペスカ ワイキキビーチ
Pesca Waikiki Beach

ワイキキ最強の眺望を誇るファインダイニングでは多彩なシーフードメニューに加え、ラムやUSDAプライムバーガーなどもお値打ち。

Map 別冊P.8-B2 ワイキキ

1777 Ala Moana Blvd.イリカイホテル&ラグジュアリースイーツ内 ☎808-777-3100 7:00～22:30（ハッピーアワーはカウンター席で提供） 休無休 Card A.D.J.M.V. URL www.pescawaikikibeach.com

グリルドオクトパス&クリーミーポレンタ $17

カクテル $10
ビール、ワイン 各$9

フレッシュオイスター（3個） $14

ブッラータ&トマトサラダ $12

ちょっと時間をお得なハッピーアワーがお待ち

ハッピーアワーは、比較的
設けられたお得なサービス。
ハッピーアワー用の高コスパメニュ

ビール $6
チキンウイング $9
ワイン $7
カプレーゼサラダ $10
ポケ弁当ボックス $10

HAPPY HOUR 15:00～17:00

ワインのお供から
ガッツリごはん系まで

アイランド・ヴィンテージ・ワインバー
Island Vintage Wine Bar

ポケ好きならたまらないスパイシーアヒタルタルが、この時間のみお弁当箱に入ってお得に登場。ビーガンなど幅広いニーズへの配慮もさすが。

DATA → P.74

タップビアも$6ですよ

ハッピーアワーはカウンター席で提供

ピザ $15～
ビール$6、ワイン$7、カクテル$9

HAPPY HOUR 15:00～18:00

代表メニューの
ピザ3種も割引に！

アペティートクラフトピザ&ワインバー
Appetito Craft Pizza & Wine Bar

キアヴェウッドの窯で仕上げるナポリ風ピザをはじめ、イタリアンのつまみが安価で楽しめる。

Map 別冊P.10-B1 ワイキキ

150 Kaiulani Ave.オハナ・ワイキキ・イーストbyアウトリガー内 ☎808-922-1150 15:00～20:45（最終着席） 休無休 Card A.D.J.M.V. URL appetitowaikiki.com

ランチを軽く済ませて夕食はいつも早めにハッピーアワーを利用。そのあとはたっぷりお買い物できます。（東京都・タロウ）

HAPPY HOUR 14:00~17:30

スモールプレートが すべて半額

モクキッチン Moku Kitchen

名シェフ、メリマン氏のカジュアルダイニング。通常メニューの地産地消料理が半額、お酒も$2オフ。

ピザ $12、カクテル $2オフ など

Map 別冊P.13-C3 カカアコ

🏠660 Ala Moana Blvd.ソルトアットアワーカカアコ1F ☎808-591-6658 🕘11:00~21:00（木~土~22:00）㊡無休 Card A.D.J.M.V. URL www.mokukitchen.com

ホントにお得よ～

お得なハッピーアワーがお待ちかね♪

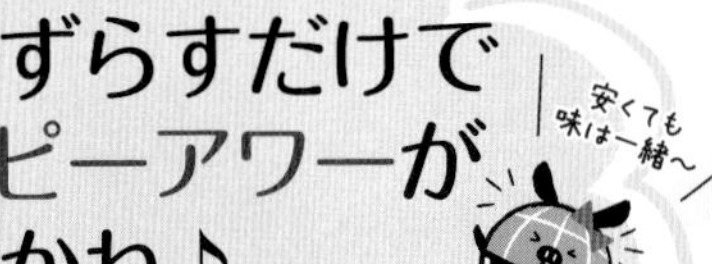

ずらすだけで ピーアワーが かね♪

安くても味は一緒～

お客さんの少ない時間帯に 通常メニューが割引になったり、 ーがあったりと、逃したらソン！

ほかにもこんなに！ Happy Hour List

1938インドシナ →P.15
🕘月~金16:00~18:00、20:00~閉店

モアニ・ワイキキ →P.25
🕘月~木17:00~18:00

ショアファイヤー →P.71
🕘月10:00~24:00、火~金16:00~18:00

デック →P.67 🕘14:00~16:00

ヘブンリーアイランドライフスタイル →P.74 🕘16:00~18:00

メリマンズ・ホノルル →P.93
🕘15:00~L.O.16:45

クイーンズブレイク →P.92
🕘16:00~18:00、22:00~23:00

ルースズ・クリス・ステーキハウス →P.94
🕘16:00 ~19:00

ストリップステーキ ワイキキ →P.95 🕘16:00~18:00

アロハビアカンパニー →P.99
🕘日~木14:00~17:00

スカイワイキキ
🕘16:00~17:00 ⓘskywaikiki

トミーバハマ
🕘14:00~17:00 ⓘtbahama

道楽寿司 🕘月~金16:00~17:00 ⓘdorakusushi

ステーキスライダー $22

シーフードコンボ $26

カクテル $8
ワイン $8、ビール $5～

ミニロコモコ $10

HAPPY HOUR 月～金 15:00~18:30

高級ステーキハウスが 大盤振る舞い！

ウルフギャング・ステーキハウス Wolfgang's Steak House

記念日などに訪れたい特別感満載のここでも、この時間だけは気軽に立ち寄れるメニュー揃い。NYサーロインとデザートのセット$83.95も高コスパ！

DATA → P.95

ハッピーアワーは カウンター席で提供

アヒタルタル$12、カクテル$9.95など

アヒタルタルは半額！

HAPPY HOUR 16:30~18:30

35種以上の料理が $7.50～と驚愕

シグネチャー・プライムステーキ&シーフード The Signature Prime Steak & Seafood

ステーキスライダー$7.50からシーフードタワー$89.95まで、ハッピーアワーとは思えない贅沢さ。

Map 別冊P.8-A1 アラモアナ

🏠410 Atkinson Dr. アラモアナ・ホテル・バイ・マントラ内 ☎808-949-3636 🕘16:30~22:00 ㊡無休 ㊎$25～ Card A.D.J.M.V. URL www.signatureprimesteak.com

36階からの眺望もウリ

レストラン以外にホテルのバーでもハッピーアワーが。早い時間からアルコールを楽しむのもバカンスだからこそ！

ビジュアルを超え ギルティフリーの

ハワイの太陽の下で遊んだあ
スイーツにちょっぴり罪悪
オーガニックやビーガン系

イタリアンジェラート

ストロベリーレモネードなどのソルベはすべてビーガンで、ハワイアンソルトを使用したアイスクリームも。2スクープ$6.95〜 F

フレーバーだんご

みたらしやあんこはもちろん、マンゴー、リリコイ、ウベなどのあんを揃えたおだんご。白米で作ったおだんごもモチモチ。1本$2.25〜 A

チャンカデリック

バナナソフトに自家製マカダミアナッツハニーバターとダークチョコ、グラノーラ、ココナッツなどをトッピング。$9〜 H

シャカブーム

もち粉のワッフルコーンにフィリング、ソフトクリーム、トッピングを選んでカスタマイズ。ソフトにはドールホイップも。各$8 G

POG抹茶&グァバ抹茶

パッションフルーツ、オレンジ、グァバのミックスジュースPOGとグァバを抹茶と合わせたハワイ限定メニュー。$7.25〜 C

リーヒンフロートシャーベット

日によって販売されるフレーバーが異なるけれど、いち押しはリーヒンフロート（手前左）$7.99。ほろ酸っぱさがやみつき D

A

湯種食パンも売り切れ必至

デルズキッチン&ベーカリー

Dell's Kitchen & Bakery

ハワイアン航空の機内食監修を務めたシェフ、デルさんのプレートランチ店。併設のベーカリーには日本風のパンもあり、貴重な存在。

Map 別冊P.6-A2 マッカリー

1110 McCully St. ☎808-840-0496 9:00〜20:00（プレートランチ10:30〜、おだんごは火・水以外販売） 休無休 Card A.D.J.M.V. @dellskitchenandbakery

B

きめ細かいかき氷専門店

アイランド・ヴィンテージ・シェイブアイス

Island Vintage Shave Ice

アイランド・ヴィンテージ・コーヒー（P.73）の姉妹店。生の果実から手作りするシロップはどれも濃厚。モチも自家製。アサイボウルも注文できる。

Map 別冊P.11-C2 ワイキキ

2552 KalakauaAve.ワイキキ ビーチ マリオット内 7:00〜22:00 休無休 Card A.D.J.M.V. @islandvintage shaveice ロイヤル・ハワイアン・センター

C

新感覚の抹茶ドリンク

ジュンビ Junbi

宇治の抹茶とフルーツをブレンドしたユニークなドリンク専門店。天然の甘さと抹茶の程よい風味が絶妙マッチ。ハワイ限定メニューもある。

Map 別冊P.10-A・B2,29 ワイキキ

2301 Kalakaua Ave.ロイヤル・ハワイアン・センターC館1F ☎808-892-1221 11:00〜21:00 休無休 Card A.J.M.V. @junbiwaikiki

D

常に新しい味を研究

アサトファミリーショップ

Asato Family Shop

見た目はレトロだけど、今まで100種以上のフレーバーを発売。店頭販売は週2日で、トラックでの販売も開始。

Map 別冊P.16-B1 ダウンタウン

1306 Pali Hwy. 水・日10:00〜14:00 休月・火・木〜土 Card A.D.J.M.V. @asatofamily @asatofamilytruck

アサトファミリーショップのトラックをルアナ・ワイキキ・ホテルの近くで見かけました！（東京都・みなこ）

てくるおいしさ！カラフルスイーツ

は、スイーツでパワーチャージ。
がある人は健康に配慮した
チョイスすれば、たぶん無罪！

E
まさにお菓子の家
ディランズキャンディバー
Dylan's Candy Bar

ラルフ・ローレンの娘ディランがオープンしたスイーツブティック。量り売りやパケがおしゃれなお菓子が並び、大人もワクワクするはず。

Map 別冊P.11-C2 ワイキキ

2424 Kalakaua Ave.プアレイラニアトリウムショップス1F ☎808-261-1199 9:30〜21:00 休無休 Card A.D.J.M.V. URL www.dylanscandybar.com

F
ハワイとイタリアの融合
イル・ジェラート
Il Gelato

ハワイ産食材などを本場イタリアの製法で仕上げるジェラート店。添加物は一切使用せず、毎日作りたての多彩なフレーバーが楽しめる。

Map 別冊P.10-B2,30 ワイキキ

2330 Kalakaua Ave.インターナショナルマーケットプレイス1Fクヒオフードホール内 11:00〜21:00 休無休 Card A.D.J.M.V. URL www.ilgelato-hawaii.com 他ロイヤル・ハワイアン・センター、カハラ、ハレイワほか

G
アロハが詰まったデザート店
ココロカフェ
Kokoro Café

シャカ形のワッフルソフトやモチポップ（ワッフル）、ドールホイップなどハワイならではのデザートが揃い、カスタマイズも思いのまま。

Map 別冊P.10-A・B2,29 ワイキキ

2233 Kalakaua Ave.ロイヤル・ハワイアン・センターB館2Fパイナラナイフードコート内 ☎808-388-6552 11:00〜21:00 休無休 Card A.D.J.M.V. kokorocafehi

H
ギルティフリーの先駆け
バナン Banán

砂糖、牛乳不使用のビーガンスイーツで人気を博した有名店。パイナップルを器にしたパイナップルヨットは、ゴージャスでビジュアルも最高。

Map 別冊P.10-A・B2,29 ワイキキ

2301 Kalakaua Ave.ロイヤル・ハワイアン・センターC館横 ビーチアクセス沿い ☎808-691-9303 9:00〜20:00 休無休 Card M.V. URL banan.co 他ワイキキ（カリア通り）、カイムキ

リリハベーカリーのココパフは、1日3000個以上売り上げたことのあるハワイスイーツのトップセラー。

レトロ感がおしゃれな地元密着型カフェ。定期的にライブも開催

ロゴグッズも販売

地元サポートのNPOが運営
モダンレトロなオアシス

Surfers Coffee

サーファーズコーヒー

ノースショアへ続く道沿いの街・ワヒアワの活性化を目的にオープン。コーヒーは地元サーファーのボランティアなどがサーブ。

Map 別冊P.20-B3 ワヒアワ

住 63 S.Kamehameha Hwy. Wahiawa 電 808-439-3644 営 6:00～16:00 休 無休 Card A.J.M.V 📷 surferscoffee

居心地よすぎてダメになる～♡こだわり

ブレイクタイムに利用したい至福のカフェをピックアップ。スタイリッシュなインテリアとくつろげる雰囲気、香り高い極上コーヒーにどっぷりハマろう。

フードもおすすめよ

Coffee memo
自家焙煎のコナコーヒー$5.50からエスプレッソ$4～、オレンジクリームシクルラテ$5.70まで多彩

ロフト風2階席のある
開放感あふれる空間

Morning Brew Kakaako

モーニングブリューカカアコ

カイルアにある人気カフェの2号店。地元アーティストの作品が飾られた店内は、天井が高く開放的。アイスはコールドブリュー$3.85のほか、ナイトロコーヒー$5.75も注文多数。

Map 別冊P.13-C3 カカアコ

住 685 Auahi St.ソルトアットアワーカカアコ1F 電 808-369-3444 営 7:00～14:00（土・日～16:00） 休 無休 Card A.D.J.M.V. 日 Wi-Fi ○ URL www.morningbrewhawaii.com 他 カイルア

オージースタイルの
フォトジェニックカフェ

Arvo

アルヴォ

2016年のオープン当初から手軽においしいコーヒーと美しいフードが味わえる店として話題に。Tシャツやトートもおみやげに人気。

Coffee memo
オーストラリアではメジャーなフラットホワイトが楽しめる。きめ細かく滑らかなフォームミルクが特徴

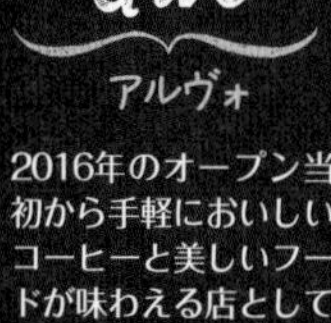

Map 別冊P.13-C3 カカアコ

住 324 Coral St.ソルトアットアワーカカアコ1F 電 808-312-3979 営 8:00～14:00 休 無休 Card A.J.M.V. 📷 a_r_v_o

フラットホワイト$4とリコッタトースト$12

オーナーが一時暮らしていたオーストラリアのカフェをイメージ

気に入ったカフェではオリジナルのコーヒー豆を購入して、帰国後も余韻を楽しんでいます。（滋賀県・ツイ）

収益は寄付してるのよ～

Coffee memo

隣街、ワイアルア産のコーヒー豆を使用。エスプレッソ$3.50～。15種以上揃うシロップ50¢～にもトライ

モチワッフルやアサイボウルも美味

ヨーロッパを思わせる
クールな大人カフェ

Ars Cafe

アースカフェ

アンティークの調度とアートが印象的なギャラリーカフェ。バリスタが淹れるハイレベルなコーヒーが味わえる。フレッシュレモネード$4.50や14時までのフードメニューもワンランク上のおいしさ。

Map 別冊P.7-C3　モンサラット通り

3116 Monsarrat Ave.　6:30～16:00（日曜8:00～）　無休　Card A.M.V.　@ars.cafe

1杯ずつていねいに

こだわりコーヒーのおしゃれカフェ

Coffee memo

コーヒーはドッピオ$3～。ハワイ産はコナとマウイで$5.25。コールドブリュー$4.25も程よい酸味がクセになる味

コーヒーのおしゃれカフェ

喧騒が程よい
ワイキキの隠れ家

Hawaiian Aroma Caffe

ハワイアンアロマカフェ

ホテルのプールサイドにあり、壁のチョークアートがすてき。コーヒー通のオーナーが選ぶイタリアンコーヒーやパニーニ、ワッフル$12.75～が自慢。カクテルも各種揃う。

Map 別冊P.10-B2　ワイキキ

2300 Kalakaua Ave.アウトリガー・ワイキキ・ビーチコマー・ホテル内　808-256-2602　6:00～19:00　無休　Card A.D.J.M.V.　Wi-Fi ○　URL www.hawaiianaromacaffe.com　ワイキキ（オハナ・ワイキキ・イースト、イリカイホテル、カラカウア通り）

Coffee memo

ハワイ産などの豆をイタリアンローストでサーブ。ヌテラ ラテ$5.25～などユニークなメニューも

パケ買いしたくなるコーヒー豆を販売

Coffee memo

ハワイにいながらオリンピア、オニキス、ハート、ブラウドメアリーなど人気ロースターの味が試せる

ドリップ$3～。右はティーラテのザ・ヴォグ$4.75～

テーブル席もある

他店のバリスタも通う
今最も注目の新顔

The Curb Kaimuki

ザ・カーブ・カイムキ

週替わりで異なるロースターの豆を使い、注文が入ってからグラインド。風味を最大限に堪能することができ、リピーターも続出！

Map 別冊P.6-B1　カイムキ

3408 Waialae Ave.　808-367-0757　6:30～14:00（土・日7:00～15:00）、土・日14:00～20:00はワインバー　無休　Card A.D.J.M.V.　URL thecurbkaimuki.com

カウンターで注文するカフェではチップをスルーしがちだけれど、テーブルを利用する場合は忘れずに！

目からウロコのシーフード！手づかみワイワイ&濃厚マグロのポケボウル

美しい海に囲まれたハワイでは、魚介が新鮮で味も格別。日本とは違うワイルドメニューやハワイ名物アヒポケ（マグロの漬け）を心ゆくまで堪能して！

袋の中でしっかり味をなじませて

テーブルに一気にぶちまけるよ～

ほら、できあがり！

素手で豪快にかぶりつきたい！

ケイジャン料理

Cajun Seafood

ピリ辛ソースがきいた刺激的なシーフード

ボイリングクラブ

The Boiling Crab

メインの魚介類とソースの種類、辛さのレベルを選んでカスタマイズする、カリフォルニア生まれの人気チェーン。テーブルの上で割って食べるアトラクション感覚にハマる！

Map 別冊P.13-C3 カカアコ

330 Coral St.ソルトアットアワーカカアコ1F 808-518-2935 15:00～22:00（土・日12:00～） 休無休 料$40～ Card A.M.V. URL www.theboilingcrab.com

シェアして食べて！

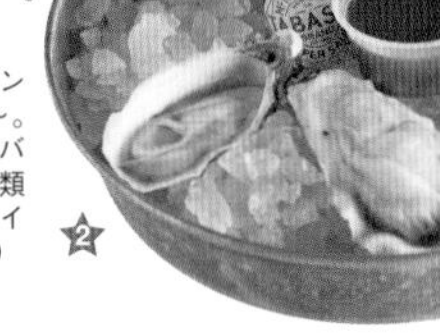

1. 魚介類1ポンド$15.50～。ズワイ、タラバなどカニの種類が豊富 2. オイスター6個$20

開放感ある店内で迫力のメニューにガブリ！

クラッキンキッチン

Crackin' Kitchen

新鮮な魚介を地元産チリペッパー、カカオ、オニオン、ジンジャーなどを使用したソースで豪快に食べるハワイアンケイジャン。名物のテーブルデザートも旅の記念に必食！

Map 別冊P.10-B2,30 ワイキキ

2330 Kalakaua Ave.インターナショナルマーケットプレイス3F 808-404-9221 12:00～22:00（土・日10:00～） ハッピーアワー 15:00～17:00 休無休 料$40～ 予望ましい Card A.J.M.V. URL crackinkitchen.com

仲間と食べると最高

1. ズワイガニなどがセットになったコンボ$72（2人前）～ 2. コールドアペタイザーにはカウアイ島産シュリンプ$16やポケ$27も。ランチはプレートランチもサーブ

ボイリングクラブには洗面スペースがあるので、思う存分、手がベタベタになっても大丈夫！（兵庫県・カニラブ）

ひとひねりきかせた極上の味
アイランド・ヴィンテージ・コーヒー
Island Vintage Coffee

DATA→P.73

海藻のリムにマサゴ、オニオン、海苔などをのせ、モロカイ島産シーソルト、醤油などで味付け。マグロの鮮度も抜群。

朝水揚げしたマグロをそのまま提供

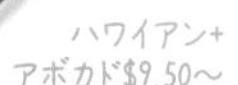

ククイナッツとジンジャーが隠し味

ハワイアンリム アヒ$19.95

選択可能なご飯は発芽五穀米がいち押し

ハワイアン+アボカド$9.50〜

ゴマ塩とゴマ油がきいたポケにアボカドを追加

酢飯も選べます

トッピング次第で500通りも！
マグロスポット Maguro Spot

魚、ご飯、ソース、トッピングを選んで、自分流のポケボウルが楽しめる。サイズも4種類あり$7〜とリーズナブル。

Map 別冊P.11-C1 ワイキキ

住 2441 Kuhio Ave. 電 808-924-7653
営 10:00〜20:30 休 無休 料 $10〜
Card A.M.V. @magurospot

手づかみワイワイ&濃厚マグロのポケボウル

アヒを多彩な味付けでどんぶりに！

ポケボウル
Poke Bowl

ロコ絶賛のフードランド系ポケ
ワイキキマーケット
Waikiki Market

フードランド（P.28）系列スーパーのポケボウルは種類豊富でボリューミー。カリフォルニアロールポケなど独創的な味も。

DATA→P.14

2種のポケボウル$22.99

山盛りのポケにサイドとソースを選んでオン！

マグロの量がハンパない！

カルアピッグ、ロミサーモン、ピピカウラ

カナックアタック$19

ポケに伝統ハワイ料理3種を合わせた豪華丼

1. ユズ味噌など和テイストのポケも 2. ポークベリーなどマグロ以外も好評

ポケにはカクテルも合います

飲みながらいただくおしゃれポケ
レッドフィッシュ・ポケバー
Redfish Poke Bar

ロコに人気のバーには、カスタマイズ可能なポケボウルとお酒に合う料理がずらり。ニューオープンのワイキキ店にはハッピーアワーもあり。

Map 別冊P.13-C3 カカアコ

住 685 Auahi St.ソルトアットアワーカカアコ1F 電 808-532-6420
営 11:00〜21:00（金・土〜22:00）
休 無休 料 $40〜 Card A.J.M.V.
URL www.redfishpoke.com 店 ワイキキ

アイランド・ヴィンテージ・コーヒーのポケボウルは隣のワインバー（P.74）でも注文できる。

ディナーに迷ったらハワイのグルメ大賞
ハレアイナ受賞のお墨つきダイニングへ！

2022～23年のハレアイナアワード受賞店のなかから、日本人の舌にも合う編集部強力プッシュのダイニングをピックアップ！ ホノルルの旬の味を召し上がれ☆

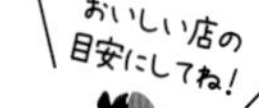

Best New Restaurant
ベスト
ニューレストラン
金賞

ハレアイナアワードって？

ハワイのエグゼクティブ雑誌『ホノルルマガジン』主催のグルメ大賞。毎年6月に発表されるハレアイナアワードは読者などの投票によるもので、授賞式も盛大！ ハレアイナとは、ハワイ語で食べる場所=レストランという意味。URL www.honolulumagazine.com

オープン約半年で金賞を獲得！

ナチュール・ワイキキ natuRe waikiki

ハワイの良質な食材とフレンチの技法で作るアイランドフレンチ。ハワイ各地の農園や牧場、養殖所へ出向いて仕入れた旬の素材を駆使した料理を地元作家の食器でサーブ。そんな地元密着のメニューと思いが支持される理由。

Map 別冊P.10-B1 ワイキキ

413 Seaside Ave.2F ☎808-212-9282 17:30～L.O.22:00（テイスティングメニュー～L.O.20:30）休無休 料$80～ Card A.D.J.M.V. 日 予望ましい URL www.naturewaikiki.com

1,2. テイスティングメニュー$120のハワイ産メカジキのキアヴェグリルとハワイ島産ウサギのガランティーヌ　3. プラントベーステイスティングメニュー$100のエヴァ産スイートコーン　4. シェフは日本人の小川苗さん

月・水・金・日曜17時～はルアウも開催

クイーンズブレイク

Queensbreak

ホテルの全面改装にともない誕生したメインダイニング。ワイキキ・ビーチを一望するプールサイドにあり、ムーディでありながらも肩ひじ張らずに絶品料理を楽しめるのが魅力。

Map 別冊P.11-C2 ワイキキ

2552 Kalakaua Ave.ワイキキビーチ・マリオット・リゾート&スパ内 ☎808-922-6611 11:00～22:00（バー～23:00）ハッピーアワー 16:00～18:00、22:00～23:00 休無休 料$50～ Card A.D.J.M.V. URL www.queensbreak.com

1. シェフのヌノ・アルヴェスさん　2. 左から時計回り／パパイヤサラダ$18、ポケ$24、アサリの酒蒸し$34、マッシュルームブルスケッタ$19　3. シェイブアイス状のアサイボウル$16　4. カラフルなカクテル各$16～

ハワイの新聞『ホノルルスターアドバタイザー』主催のイリマアワードも興味深いです。（愛媛県・ゆり）

ハワイグルメを世界に広めた名店

メリマンズ・ホノルル

Merriman's Honolulu

ハワイリージョナルキュイジーヌの第一人者が満を持してオアフにオープンしたファインダイニング。華やかで繊細な料理の数々は、いつ訪れてもブレることなく美味。

Map 別冊P.14-B3 ワード

🏠1108 Auahi St. ☎808-215-0022 🕘11:00～21:00 (ハッピーアワー)15:00～L.O.16:45 休無休 料$50～ Card A.D.J.M.V. 予望ましい URL www.merrimanshawaii.com

2年連続、ハワイ島本店は5年連続で金賞受賞

1. ハワイ島産ゴートチーズを使用したビート&フェンネルサラダ$17など　2. ワイアルアチョコレートパース$14　3. シェフのピーター・メリマンさん　4. 17時半からはライブミュージックも

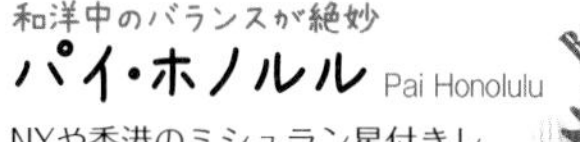

和洋中のバランスが絶妙

パイ・ホノルル Pai Honolulu

NYや香港のミシュラン星付きレストランでの経験や、大学でのフードサイエンス専攻の知識を生かしたユニークなメニューが評判。現在はふたつのコースのみで楽しめる。

Map 別冊P.16-B2 ダウンタウン

🏠55 Merchant St. ☎808-744-2531 🕘16:30～22:00 (ハッピーアワー)16:30～18:00 休日～水 料$50～ Card A.D.J.M.V. 予望ましい URL www.paihonolulu.com

Best Oahu Restaurant
ベストオアフ
レストラン
ファイナリスト

黒豆やカボチャが和テイスト！

2023年もコースメニューなど4部門で受賞

1,3. プリフィクスメニュー$95のローストポークショルダーとコナカンパチ
2. テイスティングメニュー$185のダークチョコハウピア　4. シェフのケビン・リーさん

気になる！ こんな部門も

Best Dessert
ベストデザート
金賞

デザートは私ミッシェルが担当

7年連続金賞の驚異のスイーツ

MWレストラン MW Restaurant

どんなに料理がおいしくても、おなかにデザートが入る余裕を必ず残しておきたい店。スイーツ好きなロコなら知らない人はいないブリュレに季節のシェイブアイスなど、別腹もしっかり確保。

Map 別冊P.14-A2 ワード

🏠888 Kapiolani Blvd.2F ☎808-955-6505 🕘17:00～21:00 休日 料$70～ Card A.D.J.M.V. 予望ましい URL mwrestaurant.com

1. リリコイソルベ、タピオカ、フルーツをカスタードで封じ込めたブリュレ$15　2. シーフードパエリア$60も人気メニュー　3. シェフのウエオカ夫妻　4. 店内。1階はカジュアルな系列店

ハレアイナ受賞のお墨つきダイニングへ！

2023年のベストニューレストランは1店のみの受賞でフュージョン料理の「ナミカゼ」。詳細はウェブでチェック！

やっぱりガッツリお肉が食べたい！ワイキキミートmeetスポット♡

Beef Pork

ハワイで絶対に食べたいのが、肉の本場アメリカならではの豪快でジューシーな肉料理！
ミートラバー絶賛の極上店が揃うワイキキでガッツリいただこう！

ワイキキ・ビーチ・ウォーク

米国農務省が認めた最上級ステーキ

Ruth's Chris Steak House

ルースズ・クリス・ステーキハウス

ハッピーアワーもおすすめ

最高品質のビーフを独自の製法で熟成。980度の高温でうま味を封じ込め焼き上げたステーキは、表面は香ばしく中はやわらかくジューシー。18時まではお得なコースメニューも用意（要予約）。

約1130gのポーターハウス$144（2人分）

Nice to meat you! フィレ $68

28日間熟成した約310gのテンダーカット。脂肪分が少なくローカロリー

Map 別冊P.10-A2,31 ワイキキ

226 Lewers St.ワイキキ・ビーチ・ウォーク2F ☎808-440-7910 11:00～15:00（金・土のみ）、16:00～22:00（金・土～22:30、日～21:00）ハッピーアワー 16:00～19:00 休無休 予$80～ Card A.D.J.M.V. 日 予望ましい 短パン、ビーサン不可 URL jp.ruthschrishawaii.com ウォーターフロントプラザ

カパフル通り沿い

大人数で来てね！

ビールと一緒に！絶対ハマる大皿肉料理

Side Street Inn

サイドストリートイン

Nice to meat you! ポークチョップ $32

Nice to meat you! 骨付きカルビ 時価

味のよさはもちろん、ポーションの大きさでも知られるロコ御用達の名店。甘めのタレが絡んだ骨付きカルビ、クリスピーな名物料理のポークチョップは、どちらも食べ始めると止まらないおいしさ。

手づかみでかぶりつきたい骨付きカルビ。やわらかビーフとテリヤキソースが好相性

ガーリックチキン、フライドライスに並ぶ代表メニュー。外カリ中フワ食感でビールが進む

Map 別冊P.6-B2 カパフル通り

614 Kapahulu Ave. ☎808-739-3939 16:00～21:00（土・日11:00～） 休無休 予$40～ Card A.D.J.M.V. 日 URL sidestreetinn.com アラモアナ

サイドストリートインは「オモウマい店」で紹介されるほどの料理も大盛りで、スタッフがフレンドリー。（群馬県・みみ）

ロイヤル・ハワイアン・センター

一度は食べたい
うま味凝縮の熟成ビーフ

Wolfgang's Steak House

ウルフギャング・
ステーキハウス

Nice to meat you!
プライムビーフ
ステーキ2人分
$208.95

ひと口食べただけで肉質のよさがわかる極上ステーキ。厚切りでもとろけるやわらかさ！

長期熟成により、やわらかい食感とうま味が増した最高級グレードの厚切りビーフが味わえるNY発の有名ステーキハウス。ショッピングセンターにありながら、優雅なディナーが楽しめるのも特徴。

Map 別冊P.10-A・B2,29 ワイキキ

🏠2301 Kalakaua Ave.ロイヤル・ハワイアン・センターC館3F ☎808-922-3600 🕘7:00～22:30（金・土～23:00）ハッピーアワー 月～金15:00～18:30 休無休 料$100～（ディナー） Card A.D.J.M.V. 日 予望ましい 短パン、ビーサン不可 URL wolfgangssteakhouse.jp

約1kgのステーキは赤ワインとエシャロットバター仕立て。サイドディッシュはもちろん、ソースやトッピングも追加できる

Nice to meat you!
トマホーク・リブアイ
2人分 $195

インターナショナル
マーケットプレイス

ミシュラン2つ星
シェフの骨付きリブアイ

Stripsteak Waikiki

ストリップステーキ
ワイキキ

肉好きのアメリカ人なら知らない人はいないカリスマシェフ、マイケル・ミーナのレストラン。赤身と脂のバランスが程よいリブアイを骨付きでカットしたトマホークを、豪快に堪能したい。

テラス席やカウンターもおしゃれ

Map 別冊P.10-B2,30 ワイキキ

🏠2330 Kalakaua Ave.インターナショナルマーケットプレイス3F ☎808-896-2545 🕘17:00～21:00（金・土～22:00）ハッピーアワー 16:00～18:00 休無休 料$100～ Card A.D.J.M.V. 日 予望ましい 短パン、ビーサン不可 URL www.michaelmina.net/restaurants/stripsteak-waikiki-jp

シーサイド通り沿い

テラス席で
絶品ステーキに舌鼓

Aloha Steak House

アロハステーキ
ハウス

クラフトビールもあるよ

シグネチャーのトマホークステーキは数量限定なので早い時間の来店がおすすめ

Nice to meat you!
トマホークステーキ
$120～

アイランドスタイルのクールなステーキハウス。さまざまな部位のステーキが楽しめるほか、シーフードメニューやサイドも豊富。木目を基調としたシックなインテリアにも注目。

Map 別冊P.10-B1 ワイキキ

🏠364 Seaside Ave. ☎808-600-3431 🕘17:00～21:30 休無休 料$80～ Card A.M.V. 日 予望ましい URL www.alohasteakhousewaikiki.com

オープンエアでワイワイ楽しめる

ワイキキじゃないけど ステーキに絶賛の声！

約450gのリブアイとサイドディッシュ2品セットで$79

ステーキ専門店ではないけれど食す価値あり

ハレアイナアワード常連店のMW。どの料理も絶品だけれど、グルメなロコのマストオーダーはリブアイ。素材、調理にとことんこだわり、ほかの料理同様繊細で洗練された味わいに。少し足を延ばしてでもぜひ。

MW レストラン → P.93

専門店ではステーキは肉のみで、野菜などの付け合わせは別にオーダーするのが一般的。

移民が腕をふるう
エスニック料理を堪能！
グルメワールドツアーinハワイ

食で世界一周！

移民が多く集まるハワイでは
グルメの国際色が豊かでハイレベル！
日本でもなじみの深いアジア料理から
ちょっと珍しい中東の味まで
本場をしのぐ絶品が高コスパで勢揃い。
世界の美食巡りを楽しんで！

Turkish & Ottoman

トルコ&オスマン料理

ハレアイナ金賞の実力派

イスタンブール Istanbul Hawaii

2020年のオープン以来、ハレアイナアワード連続受賞のトルコ人母娘が営む名店。スパイスのきいた本場の味はもちろん、かわいい中東インテリアがロコガールに大好評。

Map 別冊P.14-B3 ワード

1108 Auahi St. 808-772-4440
11:00〜14:30、17:00〜21:00（金・土〜21:30） 休月・火 料$30〜
Card A.D.J.M.V. 日 予望ましい
URL www.istanbulhawaii.com

メルハバ！
世界3大料理のひとつ、トルコ料理を楽しんで！

1. ペルシャ絨毯が印象的な店内 2. フムスなどとピタのセット。ラムチョップ$49や魚料理も美味 3. テキーラベースのビーフィネス$19（右）とチリをのせたギョベクリテペ$18 4. ママのニリさんと娘のアフさん

ミャンマー料理

ヘルシーでおいしい！

ダゴン Dagon

クミン、ターメリックなどアジアのスパイスをきかせ、伝統の味を再現した食通絶賛の人気店。野菜たっぷりで胃に優しいから、アメリカ料理に飽きたときにもおすすめ。

Map 別冊P.6-A2 モイリイリ

2671 S. King St. 808-947-0088
17:00〜22:00 休日 料$30〜
Card J.M.V.

ミンガラーバー！
自慢の味をどうぞ。お酒の持ち込みもOKです！

1. 店内はシンプルだけどモダン 2. 茶葉とシャキシャキ野菜、ナッツのカリッとした食感が絶妙。奥はサモサ$12

イスタンブールはベジタリアンやビーガンの料理が多いので、ダイエット中でも安心。（静岡県・ひろ）

スパイシーワンタン$11.95

リピ率No.1の必食メニュー。ラー油がきいたピリ辛ソースがワンタンと最高のハーモニー

ニーハオ！ メニューは100種類以上。夜は予約してね！

China

中国料理

行列のできるチャイニーズ

デュードロップイン Dew Drop Inn

30年以上続く、常連客でにぎわう中国料理店。メニューの種類が多く、絶品料理がめじろ押しなので、滞在中何度も通いたくなる！

Map 別冊P.13-C2 ベレタニア通り

1088 S.Beretania St. 808-526-9522 16:00～L.O.21:00 休無休 料$20～ Card J.M.V. 予望ましい URL www.dewdropinnhawaii.com

Korea

韓国料理

この逸品を求めて行きたい

ゆっちゃん Yu Chun

アンニョンハセヨ！ プルコギや骨付きカルビも絶品。試してみて

地元ファンの多い韓国料理店。いち押しのメニューは、コシのあるブラックヌードルの冷麺。ダシのきいたシャリシャリのみぞれスープが秀逸。

Map 別冊P.14-B2 アラモアナ

1159 Kapiolani Blvd. 808-589-0022 11:00～21:00 休無休 料$17～ Card J.M.V. 日

冷麺$16.95

麺のおいしさはもちろん、うま味が凝縮したスープも最後の一滴まで味わい尽くしたい

ベトナム料理 リピート必至の老舗

ハレ・ベトナム Hale Vietnam

わざわざ行く価値ありのベトナム料理店。どのメニューも奥深くて洗練されているのが特徴。週末や平日の夜は満席状態の超人気店。

スープにサッとくぐらせた具材を、ライスペーパーに包んでいただくいち押しメニュー

ベトナム風フォンデュ$41.95

シンチャオ！ 食後には濃厚なベトナムコーヒーをぜひ！

Vietnam

Map 別冊P.7-C1 カイムキ

1140 12th Ave. 808-735-7581 11:00～L.O.20:30 休月 料$25～ Card J.M.V. URL halevietnam86.com

Thailand

サワディーカー！ 辛いだけでなく深みのある味が評判です！

タイ料理 タイ家庭料理を独自にアレンジ

マイレズタイ Maile's Thai

スパイスを多用したタイの定番料理を、親しみやすい味に仕上げた逸品揃い。同じメニューでも具材などの選択肢が多く、自分好みの組み合わせで楽しめる。

Map 別冊P.14-B3 ワード

1200 Ala Moana Blvd. ワード・センター1F 808-591-2488 11:00～21:00 休火 料$25～ Card A.J.M.V. URL www.mailesthaibistro.com ハワイカイ

エビのパナンカレー$21

プリプリのエビがクリーミーなソースと絡むまろやかカレー。春巻き$18もおすすめ

エスニック料理を堪能！ グルメワールドツアー in ハワイ

中国料理やベトナム料理店はダウンタウン、韓国系はアラモアナ周辺に多いのでチェックしてみよう。

ハワイにいることを実感できる場所。おひとり様ならカウンターも

ビーチでカクテル？

至福の
最高のバカンス

リゾート気分を満喫でき
ホノルルで、今、激ア
好みで選んで楽園

Signature!

ロイヤルハワイアンマイタイ$20
マウイ島産ラムにジュースなどを加えた伝統レシピ

アリイマイタイ$40
年代物のラムを使ったホテルのシグネチャー

ピンクパレス$18
ココナッツとグレナデンがきいたスイートな味♡

前菜$15～。フードもすべて美味

ワイキキで最も有名なビーチバー

マイタイバー Mai Tai Bar

波打ち際まで数メートルという最高のロケーション。ここでは種類豊富なマイタイをチョイス。毎晩18時からはライブ演奏も楽しめる。

Map 別冊P.10-B2 ワイキキ

2259 Kalakaua Ave. ロイヤル ハワイアン ラグジュアリー コレクション リゾート内 808-921-4600 11:00～23:00 休無休 Card A.D.J.M.V. URL www.maitaibarwaikiki.com/jp/

1.ダイヤモンドヘッドが一望。カクテルは$18～ 2.プール遊びの合間に水着のままでOK

全米ベストプールサイドバーに選出

エッジ・オブ・ワイキキ
Edge of Waikiki

シェラトンのインフィニティエッジプールに臨むプールサイドバー。オリジナルカクテルはもちろん、ランチやキッズメニューも用意。

Map 別冊P.10-B2 ワイキキ

2255 Kalakaua Ave. シェラトン・ワイキキ内 808-366-0767 11:30～17:00 休無休 Card A.D.J.M.V. URL www.edgewaikiki.com/jp/

日が暮れると幻想的なムードに

ザ・ビーチバー The Beach Bar

樹齢100年を超えるバニヤンツリーの木陰が心地よい老舗ホテルのバー。モアナサンセットマイタイなど、シグネチャーカクテルは約8種。

Map 別冊P.10-B2 ワイキキ

2365 Kalakaua Ave. モアナ サーフライダー ウェスティン リゾート＆スパ内 808-931-8648 11:00～22:30 休無休 Card A.D.J.M.V. URL www.beachbarwaikiki.com/jp/

1.クラシカルな雰囲気とサンセットに染まる光景はここならでは 2.カクテルは$18～

1.毎日15～17時はライブ演奏も 2.ホテル主催の花火は毎週金曜19時45分頃から

金曜は花火を間近で観賞できる

トロピックス・バー＆グリル
Tropics Bar & Grill

巨大リゾートのビーチサイドにあるダイニングバー。ダイニングは6時半から営業しているので朝食、ランチ、ディナーも思いのまま。

Map 別冊P.9-C2 ワイキキ

2005 Kalia Rd. ヒルトン・ハワイアン・ビレッジ・ワイキキ・ビーチ・リゾート内 808-952-5960 6:30～22:00 休無休 Card A.D.J.M.V. Wi-Fi○ URL hiltonhawaiianvillage.jp

マイタイバーではピンクパレス・パンケーキ（P.68）もオーダーできます！（山形県・マイレ）

一杯で♪
にチア〜ズ！

クラフトビール？

るトロピカルカクテルと
のクラフトビール。
の休日にカンパイ♪

カカアコの名店がワイキキ進出

アロハビアカンパニー
Aloha Beer Co.

ブロンド、IPA、エールなどの定番6種と季節限定ビールが常時楽しめる。飲み比べできるサンプラーやオリジナルカクテル、ワインもおすすめ。

Map 別冊P.10-A2 ワイキキ

2155 Kalakaua Ave. ☎808-744-2011
11:00〜22:00 ハッピーアワー 日〜木14:00〜17:00 休無休 料$10〜 Card A.D.J.M.V. 日
URL alohabeer.com カカアコ

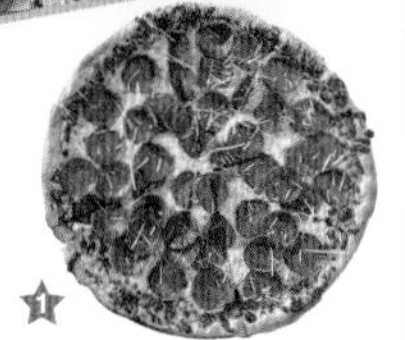

1. ハッピーアワーは巨大ピザ$10〜 2. クラフトビールは$7.50〜。ジャイアントソフトプレッツェル$14とビート&パイナップルサラダ$16 3. 全席オープンエア 4. 4種のクラフトビールが試飲できるアロハビアフライト$15

至福の一杯で♪ 最高のバカンスにチア〜ズ！

オープンエアで開放感バツグン

マウイブリューイングカンパニー
Maui Brewing Co.

マウイ島のビール会社の直営店。ビキニブロンドラガーなどのシグネチャーから独立系醸造所のスペシャリティまで、36種の多彩なビールをサーブ。

Map 別冊P.10-B2 ワイキキ

2300 Kalakaua Ave.アウトリガー・ワイキキ・ビーチコマー・ホテル内 ☎808-843-2739 11:30〜22:00（金・土〜23:00）ハッピーアワー 月〜金15:30〜16:30 休無休 料$10〜 Card A.J.M.V. Wi-Fi ◯ URL www.mbcrestaurants.com

1. スタイリッシュな店内 2. ビールに合うメニューが充実 3. 迷ったら4種が試飲できるビアフライトを

1. 人気のルーベンサンド$18 2. ビールはテスター$2.75〜、パイント$8〜

倉庫を改装したクールなビアパブ

ホノルルビアワークス
Honolulu Beerworks

エール、IPA、スタウトなどの定番と限定フレーバーを常時20種以上揃えるクラフトビール人気の先駆け的存在。料理はサンドイッチがいち押し。

Map 別冊P.13-C3 カカアコ

328 Cooke St. ☎589-2337
12:00〜22:00（金・土曜〜24:00）ハッピーアワー 15:00〜17:00 休日 料$10〜
Card A.J.M.V. 日 URL www.honolulubeerworks.com

約24種をオンタップで！

オフザウォール Off The Wall

ハワイの有名醸造所のクラフトビール、ワイン、シードルなど約24種を揃え、自分でグラスに注ぐシステム。南米風料理も美味。土・日曜はブランチも。

Map 別冊P.14-B3 ワード

1170 Auahi St.サウスショア・マーケット1F
☎808-593-2337 11:00〜22:00（木〜23:00、金〜24:00、土10:00〜24:00、日10:00〜21:00）ハッピーアワー 月〜木15:00〜17:00 休無休 料$15〜 Card A.D.J.M.V.
URL www.offthewallhawaii.com

1. 1オンス70¢くらいから 2. ハナコア、ラニカイ、ロカヒなど有名醸造所揃い 3. エンパナーダやフムスなど料理も好評

アルコールを注文する際はIDの提示を求められることがあるのでパスポート持参で！

ハワイ伝統料理とは

ハワイ王朝時代から伝わる宴会（ルアウ）料理から庶民の味まで、素朴ながら味わい深いメニューが揃う。

王朝時代から受け継がれてきた ハワイ伝統料理ってどんなもの？

ハワイに昔から伝わる料理にはどんなものがあるのかな？ その代表料理をピックアップ！

豚1匹をまるごと地中で蒸し焼きに

Kalua Pig カルアピッグ

素材のうま味を生かした塩味のシンプル料理。最近ではハンバーガーやエッグベネディクト、タコスなどの具で出会うことも増え、人気拡大

Poi ポイ

タロイモをすりつぶした主食

日常の食卓に並ぶロコの家庭も。独特の酸味ととろみは好みが分かれるけれど、ハマるとクセになりそう

Chicken Long Rice Noodle チキンロングライスヌードル

鶏ダシスープは優しい味。一方、透明のヌードルは見た目以上にボリュームがあり食べ応え満点！

春雨のような麺はトロトロとした食感

Lomi Lomi Salmon ロミロミサーモン

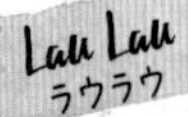

サーモン、トマト、タマネギなどをサイコロ大にカットしてロミロミ。サラダ感覚で食べられるマリネで、日本人の舌にも合う味

サーモンをロミロミ（もみもみ）した和えもの

Lau Lau ラウラウ

豚肉をタロイモとティの葉で包んで蒸した料理

プレゼントを開けるように葉っぱをむいていくワクワク感あり。豚肉は箸でほぐれるほどやわらかく、葉の風味も加わり絶品

Pipikaula ピピカウラ

牛肉を干したもので、うま味がギュッと凝縮されている。塩味やタレに漬け込んだショートリブなど、味付けは店によってさまざま

噛めば噛むほどジューシーでおいしい

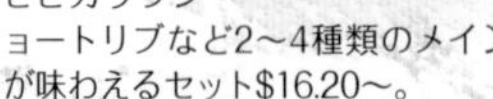

伝統料理はココで食べられる！

ロコ御用達のアットホームな食堂

ヘレナズ・ハワイアンフード
Helena's Hawaiian Food

1946年の創業から家庭的な伝統の味を提供。名物のピピカウラショートリブなど2〜4種類のメインが味わえるセット$16.20〜。

Map 別冊P.12-A1 カリヒ

1240 N.School St. ☎808-845-8044 10:00〜19:30 休月・土・日 Card A.M.V. URL www.helenashawaiianfood.com

月〜金曜15〜18時はハッピーアワーも

ハイウェイイン
Highway Inn

伝統料理のほかロコモコなど、おなじみのメニューも豊富。ハワイアンコンボプレート$15.95〜。

Map 別冊P.13-C3 カカアコ

680 Ala Moana Blvd.ソルトアットアワーカカアコ内 ☎808-954-4955 10:30〜20:00（金〜20:30、土9:30〜20:30、日9:30〜15:00） 休無休 Card A.J.M.V. URL www.myhighwayinn.com ビショップ・ミュージアム、ワイパフ

手頃でおいしいローカルフードにも注目！

ハワイのローカル料理といえばロコモコ（P.71）やポケボウル（P.91）が有名だけれど、それ以外にも外せないロコグルメをご紹介。ダイナーなどで食べられるから、味わってみて。

サイミン
エビのダシがきいたあっさり味のスープに、細い縮れ麺が特徴のハワイ風ラーメン。マクドナルドにもある

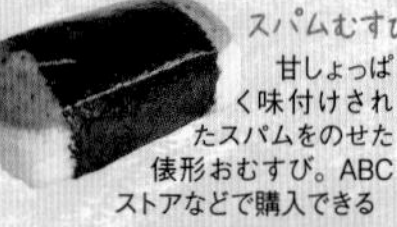

スパムむすび
甘しょっぱく味付けされたスパムをのせた俵形おむすび。ABCストアなどで購入できる

フリフリチキン
チキンをまるごと串に刺しぐるぐる回しながら焼いたもの。専門店やフードトラックで販売

オックステールスープ
牛エキスが染み出たスープとほろほろ肉が絶妙。おすすめはアサヒグリル（P.19）

買いすぎ？　でも
きっと運命の出会い
楽園ショッピング

円安だと物欲全開でもやっぱりちょっぴり躊躇しがち。そんなときは
「旅の思い出」「運命の出会い」「一生の後悔」「どうにかなる！」
と自分に言い聞かせてエイッと購入！ だって全部本当のコト。さ、
そうと決めたらこのページをめくってどこで何を買うか付箋、付箋！

ALOHAをたっぷり詰め込んだ物語のあるハワイメイド雑貨＆アート

ローカルクラフターやアーティストによるプロダクトにはそれぞれ物語がある。
こだわり派のおみやげ探しは、そんなストーリーにも注目したい。
自分へのプレゼント、大切な人への贈り物として出会いたい逸品をご紹介。

繰り返し使える

オーガニックコットン、蜜蝋、樹脂などを原料にした食品用ラップ 各$22

Made in HAWAII

ハワイでしかゲットできない貴重アイテム

天然成分のシャンプー＆コンディショナーバー 各$15

Meli Wraps
メリラップ

Founder Story
貝殻よりプラスチックごみが多いビーチに心を痛めたメリアが幼なじみのニコールとともにカウアイ島で設立。使い捨てプラスチックの削減と地元養蜂家の支援を掲げている。
URL meliwraps.com

Jules+Gem
ジュールズ+ジェム

Founder Story
ハワイ生まれのラナは島を離れていた数年間常に故郷が恋しかったという。トロピカルフルーツや花の香りで、いつでもハワイを思い出してもらえることを願っている。
URL julesandgemhawaii.com

ナチュラルフレグランスオイルのディフューザー$34

Ao Organics Hawaii
アオ・オーガニックス・ハワイ

Founder Story
ネイティブハワイアンのチェルサがハワイ島で創業。家族と環境のためにリーフセーフな日焼け止めを作ることからスタート。化学薬品を含む日焼け止めの下取り活動も行う。URL aoorganicshawaii.com

コーヒーやレモネードに◎

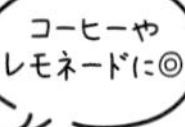

サトウキビとシーソルトをベースにハワイの素材の風味を入れたシロップ$16

PonoPotions
ポノポーションズ

Founder Story
オーナーはホノルル出身の母をもつピーター。ハワイの自然の恵みでシロップを作りたいとビジネスをスタート。ファーマーズマーケットを経てダウンタウンにカフェもオープン。
URL ponopotions.com

グァバ果汁をたっぷり包み込んだ手作りキャラメル$14

Kauai Sweet Shoppe
カウアイ・スイート・ショップ

Founder Story
家族経営の小さなコーヒーショップを営んでいたクロエと夫のカレイが、カウアイ島特産のおみやげとしてキャラメルを開発。島の発展に貢献する起業家として注目されている。
URL kauaisweetshoppe.com

メイドインハワイをバックアップ

House of Mana Up
ハウス・オブ・マナアップ

ハワイの起業家を支援するセレクトショップ。作り手の思いが込められたプロダクトを揃える。雇用の拡大や持続可能な観光を維持し、ハワイ経済の発展を目指している。

Map 別冊P.10-A·B2,29 ワイキキ

2201 Kalakaua Ave. ロイヤル・ハワイアン・センターA館1F ☎808-425-4028 10:00～21:00 休無休 Card A.D.J.M.V. URL houseofmanaup.com

 ハウス・オブ・マナアップでHAYNというブランドの天然ゴム100%で環境に配慮したビーサンを買いました。（東京都・詩音）

ハワイの文化を未来へつなぐ

No'eau Designers

ノエアウ・デザイナーズ

ハワイの文化を継承するアーティストを保護するために設立。ネイティブハワイアンやローカルベースの中小企業製品を扱っている。

Map 別冊P.18-B3
カポレイ

91-5431 Kapolei Pkwy. カ・マカン・アリィ内 808-630-4763
10:00〜21:00（日〜18:00）
休 無休 Card A.M.V.
URL noeaudesigners.com

容器とカトラリーはバイオプラスチック

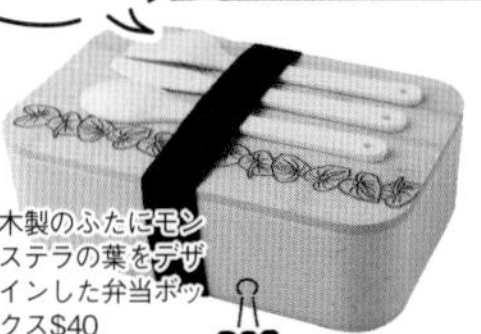

木製のふたにモンステラの葉をデザインした弁当ボックス$40

Crafts by Alexa

クラフツバイアレクサ

Founder Story

ハワイのアーティスト・アレクサの作品。ハワイアンクラフトの技法を用いたクリスマスオーナメントやウッドコースターなどを制作している。

Citadine

シタディン

Founder Story

ラ・ミューズ（P.144）のオーナー・ジュリアが手がけるニューブランド。防護服にも使われるタイベック素材を使い、エコフレンドリーなバッグを展開。

URL citadinedesigns.com

和紙製

ハワイの虹をイメージしたホログラフィックテープセット$22

再利用できるエコ素材で超軽量、水に強く通気性もあり汚れにくい。$55

Kakou Collective

カコウ・コレクティブ

Founder Story

ネイティブハワイアンのデザイナー・ケアが創設。コロナ禍でオリジナルのステーショナリー雑貨をオンラインで販売したことから人気が上昇。

URL kakoucollective.com

工芸品の品揃え抜群

Koa コア

Founder Story

ハワイ諸島固有の樹木。ハワイ王朝時代から高級木材として重宝され、イオラニ宮殿の大階段やアウトリガーカヌーに使われている。

コアウッドのハートの小物入れ$39.95

古代から伝わるアートにふれる

Nā Mea Hawai'i ナメアハワイ

伝統文化保護を目的としたブランドやプロダクトを扱う。キルトやフェザーレイなどの書籍も充実している。

Map 別冊P.14-B3
ワード

1200 Ala Moana Blvd. ワード・センター1F 808-596-8885 10:00〜18:00（金・土〜19:00、日〜17:00）
休 無休 Card A.J.M.V.
URL nameahawaii.com

アートカルチャーの発信基地

Mori by Art+Flea

モリ・バイ・アート+フリー

日本で歌手経験もあるカウアイ島生まれのアリーがローカルアーティストの作品を広めるために創設。ハワイのアートシーンを牽引している。

フリーマーケットからスタートしました

創設者のアリーさん

Map 別冊P.14-B3 ワード

1170 Auahi St. ワードビレッジ内サウスショア・マーケット1F 808-593-8958
11:00〜18:00（金・土〜19:00）休 無休 Card A.J.M.V. URL morihawaii.com

Mistprint ミストプリント

Founder Story

ローカルアーティスト・ミスティーのアートブランド。幼い頃から落書きが好きだった彼女は、アートで幸せと笑顔を届けたいと願っている。

URL etsy.com/shop/mistprint

インクと水彩絵の具で描かれたグリーティングカード各$5

Mau-House

マウハウス

Founder Story

ホノルル拠点のデザインスタジオ。デザイナーのアンドリューが制作するのは美しくてエフォートレスな日用雑貨。

URL mau-house.com

インパクト抜群のシャカボトルオープナー$100

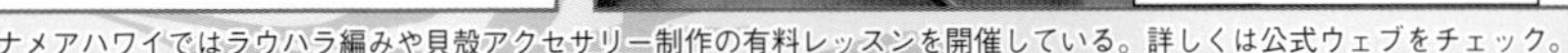

ナメアハワイではラウハラ編みや貝殻アクセサリー制作の有料レッスンを開催している。詳しくは公式ウェブをチェック。

Waikiki View 独特のタッチと色合いが特徴。27.9cm×35.6 cm $40～

Bree Poort
ブリー・ポート

Artist Story

カリフォルニア出身でオアフ島ノースショア在住。ドローンで上空から見る景色やサーフィンで出会う情景を表現している。 URL justbree.com

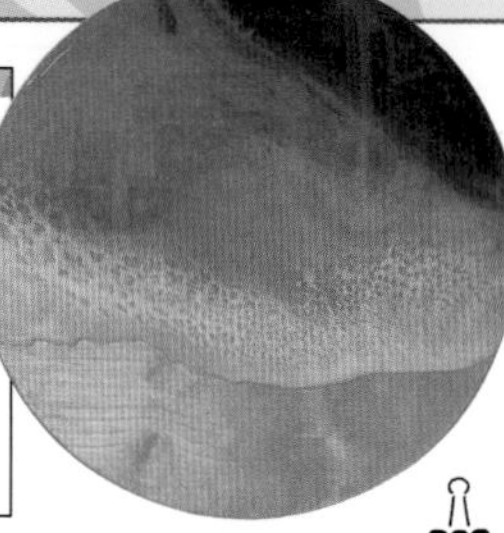

波の音が聞こえそう

Sweet Escape
5～7層のレジン（樹脂）をペイントし、グラスコーティングしている。
30.4cm $500

Waikiki Boy
波に乗るロコボーイのバックにはダイヤモンドヘッドが。
20.32cm×25.4cm $20～

Jack Soren
ジャック・ソーレン

Artist Story

オアフ島ノースショアで生まれ育った生粋のロコボーイ。自身もサーファーで海やサーフィンをモチーフにした作品が多い。地元企業とのコラボ多数。 URL jacksorenart.com

Noa Emberson ノア・エンバーソン

Artist Story

マウイ島出身。エビの養殖業を営む父に連れられ、世界各国、カウアイ、モロカイ、ハワイ、オアフ島で暮らした経験をもつ。さまざまな土地の文化がアートにも反映されている。 URL joystain.com

Rainbow Day
虹、波、ヤシの木という代表的なモチーフが揃っている。
30.5cm×30.5cm $250

Lola Pilar Hawaii
ローラ・ピラー・ハワイ

Artist Story

カイルア育ちの写真家クリスティンのブランド。草花やフルーツをシンメトリーにレイアウトして写真を撮るアートはハワイアンキルトから着想。 URL lolapilarhawaii.com

Pink Limu
モチーフは裏庭や農家、レイスタンドで見つけるという。
27.9cm×35.6cm $45～

Chee!
ジャンプするクジラがユニーク。「Chee！」はテンションが上がった際のかけ声。17.8cm×22.9cm $40

Kris Goto
クリス・ゴトウ

Artist Story

日本生まれ。香港、ニュージーランドを経てハワイに移住。ストリートアートや展示会で注目を浴び、またたく間に人気アーティストに。企業とのコラボ多数。 URL krisgoto.com

Heather Brown ヘザー・ブラウン

Artist Story

大学進学を機にカリフォルニアからハワイへ移住。作品と活動が注目を浴び、LAタイムズ紙に「モダンサーフアートのゴッドマザー」と称される。 URL heatherbrownart.jp

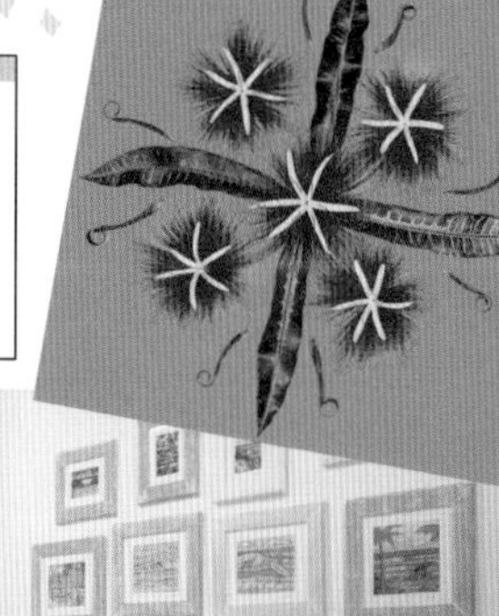

ハワイを代表するアートギャラリー

Greenroom Gallery グリーンルームギャラリー

2023年7月 ハレイワに移転オープン

ビーチカルチャー＆サーフカルチャーがコンセプト。「Save a Beach」のもと、海のすばらしさや大切さをアートで広める活動をしている。

Map 別冊P.20-A1 ハレイワ

66-165 Kamehameha Hwy. Haleiwa
808-637-4618 11:00～17:00 休 無休
Card A.D.J.M.V. URL greenroomhawaii.jp

オリジナルトートも販売。各$32

ホノルル・コーヒー・カンパニー（P.143）で、クリス・ゴトウのコラボトートとマグが売られていました。（神奈川県・Luka）

Present

aruco ホノルル

「aruco ホノルル」の
スタッフが取材で
見つけたすてきなグッズと、
編集部からの
とっておきのアイテムを
12名様にプレゼントします！

▶01 ソーハリビング（P.118）の
アロハ絆創膏

◀02 ニック・
カッチャーの
アートワッペン
P.58 掲載

▶03 ソーハリビング（P.118）の
ウッドマグネット

スターバックスの
ハワイ限定タンブラー
▼04

◀05 ホールフーズ・
マーケット（P.29）
カイルア店の
ミニトート

▼06 ソーハリビングの
アロハラップ P.118 掲載

◀07 ソーハリビング（P.118）の
フラガールコースター

◀08 aruco特製
QUOカード 500円分
5名様

※08 を除き各１名様へのプレゼントです。※返品、交換等はご容赦ください。

応募方法

アンケートウェブサイトにアクセスして
ご希望のプレゼントとあわせて
ご応募ください！

URL https://arukikata.jp/jcauam

締め切り：2024年10月31日

当選者の発表は賞品の発送をもって代えさせて
いただきます。（2024年11月予定）

Gakken

ジッパーポーチ各$40

上／人気アートのビーチタオル各$46　下／アートプリント$26～

カイルアへようこそ！

ノスタルジックなハワイアート

Nick Kuchar Art &Design Co.

ニック・カッチャーアート&デザインカンパニー

ニック・カッチャーのホームであるカイルアにある。トラベルアートの全コレクションが購入できる。

DATA→P.58

プリントのオーダーも可

Nick Kuchar
ニック・カッチャー

Artist Story

フロリダ生まれ。新婚旅行で訪れたハワイを気に入りオアフ島カイルアに移住。レトロハワイのトラベルマップシリーズがシグネチャー。URL nickkuchar.com

カラフルポップな店内

アパレルもあります

デザインやサイズの種類が豊富なジッパークラッチバッグ大$54、小各$42

Jana Lam
ジャナ・ラム

Artist Story

ハワイ生まれのロコガール。実家のガレージでシルクスクリーンを使ってオリジナルのテキスタイル制作をスタート。事業を拡大した現在も全工程を手作業で行っている。

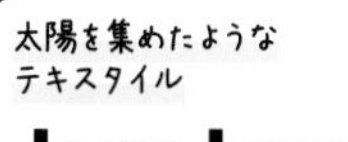
カリフォルニア発バグゥとのコラボエコバッグ大$30、中$24、小$18

太陽を集めたようなテキスタイル

Jana Lam Hawaii

ジャナ・ラム・ハワイ

ハワイの自然をモチーフにしたオリジナルプリントのハンドメイドバッグブランド。ベストセラーのシーフラワーをはじめ図柄は20種類以上。

Map 別冊P.14-B3　ワード

1170 Auahi St. サウスショア・マーケット1F　☎808-888-5044
11:00～18:00　休無休　Card A.J.M.V.　URL janalam.com

木製ポストカード各$9

明るく大胆な色使い

ハンドペイントのミニアート$85～

笑顔になれるアートと出会う

Lauren Roth Art

ローレンロス・アート

カイルアにあるアトリエ兼ギャラリー。「ハッピーアートが笑顔を作る」をコンセプトに、ハワイの植物や景色などをいきいきと描き出す。

DATA→P.59

ピクチャーフレーム$44

Lauren Roth
ローレンロス

Artist Story

ニュージャージー州出身。2009年、ホールフーズ・マーケットのグラフィック担当としてハワイに移住後、アーティストとして独立。カイルア在住。
URL mynameislauren.com

アートでHappyに♪

ショップではアーティスト本人が接客していることもしばしば。気軽に声をかけてみて。

大好きなハワイで地球のためにできること

太平洋ゴミベルトが深刻な問題になっているハワイでは環境意識がとても高くSDGsをきっかけに広まった

WORDS

ゼロウェイスト：Waste（ゴミ、無駄）をZero（なくす）にする取り組みのこと
太平洋ゴミベルト：ハワイ州とカリフォルニア州の間にある漂流ゴミが集まる海域
SDGs：持続可能な開発目標の略称で地球環境保護などを含む17のゴールで構成
アップサイクル：廃棄されるはずの物を別の新しい製品にアップグレードすること

1. オーナーのロリさんはハワイの大学で環境学の学位を取得。環境活動のボランティアやハワイの議会で環境に関する提言も行っている　2. 洗剤やボディケアなどが量り売りのほか、コスメや生活雑貨など旅行者でも購入しやすいアイテムが揃っている

ビーガン素材のボディケアブランドのデオドラントスティック$15.50。自然に循環される紙パッケージ入り

ククイオイルとプルメリアの花エキス配合のショップオリジナルのフェイスオイル$13。量り売りもある

プラントベーススキンケアブランド・オアフオーガニクスのアイジェル$18

ゼロウェイストを提唱するカウアイ島のソープメーカーのシャンプー$14＆コンディショナーバー$13。オーガニックコットンのソープセイバーバッグ$5

洗濯機で洗って繰り返し使えるキッチンスポンジ。100%リサイクル素材で作られている。$12

有害物質を含まず、肌にも環境にも優しいリトルハンズハワイの日焼け止め$8。ミニサイズで持ち運びに便利

おしゃれタウンから環境保護を発信

Protea Zero Waste Store
プロテア・ゼロウェイストストア

環境意識の高い街・カイルアに2020年オープン。ゼロウェイストに特化したハワイ初のブティックとして注目されている。販売している商品やパッケージはすべて、リサイクル可能、または土に還る素材でできている。

Map 別冊P.4-A1
カイルア

35 Kainehe St. Kailua
808-744-0184　10:00～18:00（土・日～16:00）
無休　Card A.D.J.M.V.
URL proteazerowaste.com

カイルアの工房で手作りされるコスメブランド・プナノニの紙パケ入りのリップバーム各$6

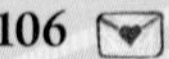
プロテアで竹製パレット入りアイシャドーを買いました。使い込むほどに味が出ていい感じです。（福岡県・香奈）

おしゃれで楽しいゼロウェイストストア

「ゼロウェイスト」がトレンドのひとつになっている。美しい地球を未来へつなぐため、新しいショッピングの形を楽しもう。

ショップオリジナルボディスクラブ$12.99

繰り返し使える竹製のカトラリーセット$20。ポーチ付きで持ち運びに便利

ひとつ買うともうひとつ無料です！

ショップオリジナルのトート$30

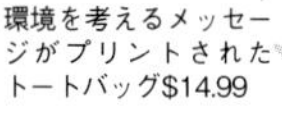

環境を考えるメッセージがプリントされたトートバッグ$14.99

100％アップサイクル素材のアパレルを販売するオアフ島発ブランド・ブラックポイントカンパニーのTシャツ$42

ショップオリジナルリップバーム$8

カウアイ島の非営利団体がプロデュースするブランドのルーム＆リネンスプレー$15

ワイキキ店はおみやげに最適なアイテムを中心にラインアップ

エコフレンドリーがオアフ全土に拡大中

Keep It Simple

キープ・イット・シンプル

20代のふたりのロコガールが起業。カイムキに1号店をオープンしたところたちまち人気となり、2022年にワイキキに2号店、カポレイに3号店をオープン。ハワイらしさとゼロウェイストを兼ね備えたアイテムが揃う。

Map 別冊P.10-A2,31

ワイキキ

227 Lewers St. ワイキキ・ビーチ・ウォーク1F 808-744-3314 9:00～21:00 休無休 Card A.M.V. URL keepitsimplezerowaste.com 他カイムキ、カポレイ

ロコ御用達ショップもチェック！

Every Day Better

エブリデイベター

カイムキ出身のオーナーが地元でオープンした生活雑貨の店。もともと環境に優しいアイテムが多く、最近はゼロウェイストの商品も増えている。オーナーのセンスが光るセレクションを見にいこう。

緑の建物が目印

Map 別冊P.7-C1

カイムキ

1223 Koko Head Ave. 808-737-7770 11:00～15:00（土・日10:00～） 休月 Card A.M.V. URL everydaybetterbygreenmeadows.com

ストレスを軽減してくれるハワイアンレインフォレストナチュラルズのバスクリスタル$10.25

天然の大豆と蜜蝋で作られた蚊よけキャンドル$10.95。リサイクル可能な缶入り

製品にもパッケージにも化学物質不使用のビーガン洗濯用洗剤シート$15.95

教師から転身したというオーナーのケイティーさん

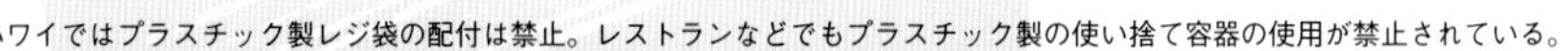

ハワイではプラスチック製レジ袋の配付は禁止。レストランなどでもプラスチック製の使い捨て容器の使用が禁止されている。

楽園スタイルが揃う ロコガール御用達 ファッションアドレス

リゾート時間を思いっきり楽しむためにもファッションは大切♪ おしゃれロコがリアルに通うブティックで ハワイの太陽に負けない楽園スタイルを手に入れよう。

日本製コットンにアースカラーのオーキッドをプリントしたレディス用アロハ$120

モンステラとヤシの葉のレディス用アロハ$120

ピンク地にパイナップル柄をプリントしたメンズ用アロハ$135

ビーチや旅行で活躍するポーチ$34

スタイルアップしてくれるアロハ

Roberta Oaks ロベルタオークス

2004年にスタートしたハワイ発ブランド。オリジナルデザインのアロハシャツは、60年代ファッションにインスパイアされたレトロモダンな雰囲気。スタイルがよく見えるシェイプされたラインにも注目。

Map 別冊P.16-B1
ダウンタウン

1152 Nuuanu Ave.
808-526-1111 11:00〜18:00 休日 Card A.D.J.M.V.
URL robertaoaks.com

Photos : Paul Strouse

オリジナルアパレルのほかおみやげに最適な雑貨も扱う

2022年にカイルアに旗艦店をオープン

レディなリゾートスタイルを演出

Gillia ジリア

日本人デザイナーのサオリさんが立ち上げたブランド。大人の女性にぴったりのエフォートレスでフェミニンなリゾートファッションが揃っている。ブランドこだわりの美しいカラー展開もすてき。

Map 別冊P.4-A1
カイルア

131 Hekili St. Kailua
808-888-0413 10:00〜17:00（日〜16:00）
休無休 Card A.D.M.V.
@gilliaclothing

Vネックのミニカフタンスタイルのトップ$158

タオル地のアロハビーチバッグ$48

ビキニにも合わせやすいハイウエストショーツ$138

リネン100％でサラッと着られるフルレングスパンツ$138

バルーンスリーブでオフショルダーでも着られるトップ$128

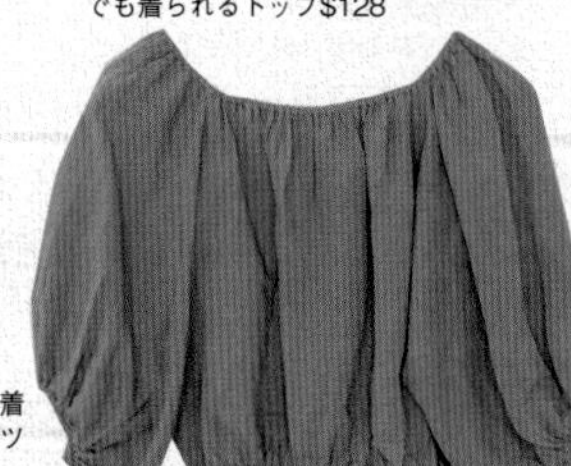

ロベルタオークスの大ファンです！ 移転して以前より店内が広くなったぶん商品が増えていました。（京都府・祥子）

おしゃれ好きロコガール御用達店

Olive Boutique

オリーブブティック

クラシックな沿岸テイストのライフスタイルショップ。カイルア育ちのオーナー・アリさんがセレクトしたアパレルや雑貨を扱う。2軒隣にはご主人のパーカーさんが運営するメンズショップ・オリバーがある。

Map 別冊P.4-A1 カイルア

43 Kihapai St. Kailua
808-263-9919 10:00〜17:00 休無休 Card A.M.V.
olive_boutique

ハワイブランドのアクセも扱う。$126

アリさんのセレクションはロコガールのおしゃれのお手本

Kailua

オーストラリアブランドのセントヘレナのワンピース$124

フランス人デザイナーによるLAブランド・ブルーボヘムのトップ$78

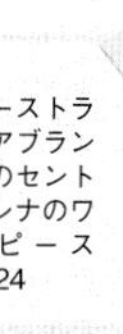

アーティストとコラボしたオリジナルTシャツ$38

ロコガール御用達ファッションアドレス

バードオブパラダイス柄のジャージーカットソー$120

マルチボーダーのトップ$88

サイドにスリットが入ったジャージーパンツ$110

ハワイ発アパレルブランドの草分け

Fighting Eel

ファイティングイール

おしゃれが大好きなランとロナのふたりのロコガールが約20年前に立ち上げたブランド。自分たちの着たい服を作り続け、現在ではレディス、メンズ、キッズ、ホームコレクションなど幅広く展開している。

Map 別冊P.16-B1 ダウンタウン

1133 Bethel St.
808-738-9300
10:00〜18:00（日11:00〜16:00） 休無休 Card A.D.J.M.V.
URL fightingeel.com
カハラ、カイルア

Down town

ハワイシアターの向かいにあるダウンタウンの本店

ビーチサイドを感じるセレクション

Urban Island Society

アーバンアイランドソサエティ

コンセプトは都会にいながらも海辺を感じさせるライフスタイル。着心地のよさにこだわった気取りすぎないナチュラルファッションに出会える。オリジナルTシャツを中心に世界のブランドをセレクト。

ビーチハウスのようなおしゃれな店内

Kakaako

ユニセックスのオリジナルTシャツ$45

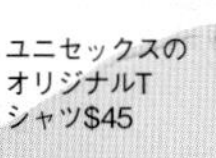

オーストラリアブランド・リリアのリネンワンピース$169

メッセージタンクトップ$39

Map 別冊P.13-C3 カカアコ

685 Auahi St. ソルトアットアワーカカアコ1F
10:00〜18:00（日〜16:00） 休無休
Card A.D.J.M.V.
URL urbanisland society.us

ハワイのブティックではロコブランドのアクセサリーを取り扱っていることが多い。一点物が多く狙い目。

かわいい店内はまるで人魚の世界のよう

ディナー用ドレスはここで調達

Angels by the Sea
エンジェルズ・バイザシー

シックなカラーのヤシの葉をデザインしたドレス$150

モデル兼デザイナーのニーナさんがデザインするリゾートウエアブランド。一枚でエレガントに決まるアイテムが揃っている。ハワイ滞在中のディナーで活躍してくれそうなドレスをチェックして。

裾と背中にレースを施したドレス$165

パイナップルプリントのワイドパンツ$118

Map 別冊P.10-B2　ワイキキ

2255 Kalakaua Ave. シェラトン・ワイキキ内
808-926-2100　9:00～21:00　休無休
Card A.D.J.M.V.　URL angelsbytheseahawaii.com
ワイキキ

ロコガールのお出かけファッション

Homecoming Honolulu
ホームカミング・ホノルル

LAのプチプラファッションをメインに扱うハワイ発セレクトショップ。パンクテイストを取り入れたストリートスタイルが若いロコガールたちに支持されている。

Map 別冊P.15-C·D2,28　アラモアナ

1450 Ala Moana Blvd. アラモアナセンター3Fエヴァウイング海側　808-388-7016
10:00～20:00（日11:00～19:00）※変動あり　休無休　Card A.D.J.M.V.
URL shophomecominghonolulu.com

フロントボタンのパンツ$68

セクシーなスリップドレス$48

落ち着いたグリーンカラーのロンパー$158

上質素材と手染めの風合いを楽しむ

at Dawn O'ahu
アットドーン・オアフ

Ward

東京やオーストラリアのファッション業界で経験を積んだ日本人デザイナー・エリコさんが設立。バリ島の家族経営の工場による手染めのテキスタイル服が注目を浴びている。

Map 別冊P.14-B3　ワード

1108 Auahi St. アナハ1F　808-946-7837
11:00～18:00（金・土～19:00、日～17:00）
休無休　Card A.D.J.M.V.　URL theatdawn.com

ストライプのキャミソール$138

世界の独立レーベルをセレクト

Here.
ヒア

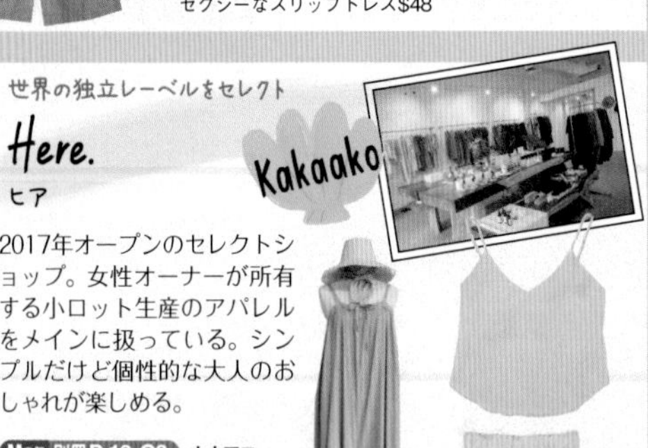

2017年オープンのセレクトショップ。女性オーナーが所有する小ロット生産のアパレルをメインに扱っている。シンプルだけど個性的な大人のおしゃれが楽しめる。

Map 別冊P.13-C3　カカアコ

685 Auahi St. ソルトアットアワーカカアコ1F　808-369-2991　10:00～17:30　休無休　Card A.D.J.M.V.
URL here-shop-here.com

大人リゾートのコーディネートの参考にしたいディスプレイ

カリフォルニア発ブランド・オズマのキャミ$154とショーツ$182

セレブ御用達セレクトショップ

We Are Iconic
ウィーアーアイコニック

Ward

日本人オーナーのシエさんがヨーロッパ、LA、NYから買いつけたアパレルを扱っている。スタイリッシュで都会的なアイテムが多く、ハイセンスなロコに人気。

Map 別冊P.14-B3　ワード

1108 Auahi St. アナハ1F
808-462-4575
11:00～19:00（日～17:00）
休無休　Card A.D.J.M.V.
URL shopweareiconic.com

イラン人デザイナー、マリアム・ナシール・ザデーの型押しクロコのミュール$386

LAブランド・キセレナのニット$295

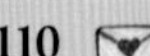
エンジェルズ・バイザシーのキッズ用ドレスがとても優秀です。家族お揃いもあります。（北海道・双子ママ）

BOHOシックがハワイ上陸

Johnny Was ジョニーワズ

Ala Moana from LA

流行のボヘミアン×ソーホーのBOHOシックブランド。民族調ファッションに都会的要素をミックスしたスタイルで、日本のファッショニスタからも注目を集めている。

Map 別冊P.15-C·D2,27 アラモアナ

1450 Ala Moana Blvd. アラモアナセンター2Fエヴァウイング山側 808-638-2027 10:00～20:00 休無休 Card A.J.M.V. URL johnnywas.com

日本未上陸のLA発ブランド

ハワイ限定エブリデイトート $155

繊細な刺繍レースのミニドレス $388

レインボーアドニアチュニック$350

レインボーリザパンツ $295

お待ちしてま～す

Waikiki from LA

ワイキキの中心にある人気店

Turquoise ターコイズ

カリフォルニアのマンハッタン・ビーチ発のセレクトショップ。ハワイブランドとのコラボアイテムやおみやげなどが揃い、ワンストップでいろいろショッピングできる。

Map 別冊P.10-B2 ワイキキ

333 Seaside Ave. 808-922-5893 10:00～18:30（変動あり。公式Instagramで要チェック） 休不定休 Card A.D.J.M.V. turquoisehawaii

LA発ソルエンジェルスのTシャツ$75

アポリスのジュートトート$62

Waikiki from Philadelphia

日本未上陸のアパレルグループ

公式オンラインショップはオープンしたものの実店舗は日本未上陸の人気ブランドグループ。ハワイの実店舗はロコにとって欠かせないファッションアドレスとなっている。

グループのメインブランド

Urban Outfitters アーバンアウトフィッターズ

1970年にペンシルバニア州フィラデルフィアで創業。ティーンから30代のヤングアダルトをターゲットとしたライフスタイルショップとして全米とヨーロッパで店舗展開している。

Map 別冊P.11-C2 ワイキキ

2424 Kalakaua Ave. ワイキキ・ビーチ・ウォーク アトリウム・ショップス1・2F 808-922-7970 10:00～20:00（金・土～21:00） 休無休 Card A.D.J.M.V. URL urbanoutfitters.com

ブランドの原点が復活

Free People フリーピープル

アーバンアウトフィッターズ創業当時の店名で、2002年にオリジナルラインとしてブランド名が復活。アパレル、シューズ、バッグ、アクセサリーなど取り扱いアイテムは幅広い。

Map 別冊P.10-B2,30 ワイキキ

2330 Kalakaua Ave. インターナショナル マーケットプレイス2F 808-800-3610 10:00～21:00（日11:00～） 休無休 Card A.D.J.M.V. URL freepeople.com

大人かわいいに出会える

Anthropologie アンソロポロジー

アーバンアウトフィッターズの大人ブランドとして1992年にスタート。30代以上の個性的に人生やファッションを楽しむ女性をターゲットにしたラインアップになっている。

Map 別冊P.10-B2,30 ワイキキ

2330 Kalakaua Ave. インターナショナル マーケットプレイス2F 808-975-9460 10:00～21:00 休無休 Card A.D.J.M.V. URL anthropologie.com 他アラモアナセンター

アンソロポロジーはインテリア雑貨や食器がおしゃれで充実していることでも知られる。

Bikini

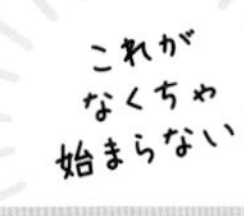

ビキニ＆ビーサンはワイキキの専門店でGet！

南米コロンビア発の大人ビキニ

OndadeMar
オンダデマー

ワイキキに直営店がオープンして以来、ロコガールから絶大な人気を集めるスイムウエアブランド。シンプルデザインでもプリントや素材でラグジュアリーな印象に。

Map 別冊P.10-B2,30　ワイキキ

🏠2330 Kalakaua Ave. インターナショナルマーケットプレイス2F ☎808-377-6563 🕘10:00～23:00 休無休 Card A.D.J.M.V. URL ondademar.com

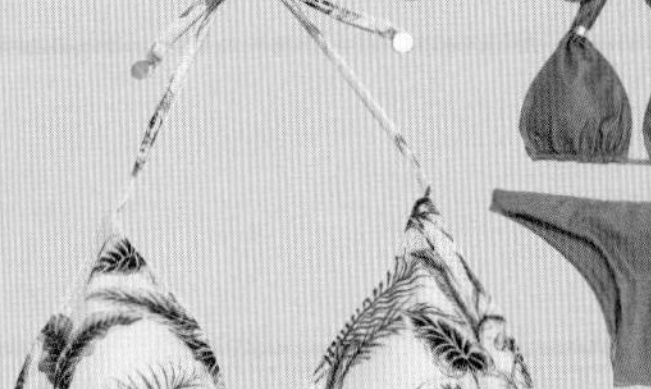

光沢素材のビキニ。上$110、下$105

大人っぽいモノトーンビキニ。上$100、下$88

パレオ $220

熱帯植物をプリントしたビキニ。上$110、下$105、ショーツ$170

目の覚めるような赤のワンピース $200

鮮やかなビタミンカラーに挑戦

San Lorenzo Bikinis
サン・ロレンゾ・ビキニ

南米ペルー出身のデザイナーが20年以上前に設立。南米とハワイのビキニスタイルの融合を目指し、現在はハワイでデザインされている。小さめで大胆なカットが主流。

リバーシブルのビキニ。上$95、下$75

Map 別冊P.10-B2　ワイキキ

🏠2365 Kalakaua Ave. モアナサーフライダー ウェイスティン リゾート&スパ内 ☎808-237-2591 🕘9:00～22:00 休無休 Card A.D.J.M.V. URL sanlorenzohawaii.com 🏠アラモアナセンターほか

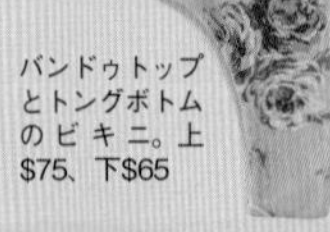

バンドゥトップとトングボトムのビキニ。上$75、下$65

新作もどんどん登場する

クロップトップとスカート風ボトム。上$58、下$46

幅広い世代が着られるスイムウエアを扱っている

トライしやすいデザインが人気

Loco Boutique
ロコブティック

1978年にスタートしたハワイのスイムウエアブランド。体形をカバーしてくれる機能的なデザインが多く、日本人にも親しみやすい。タンキニやラッシュガードも充実。

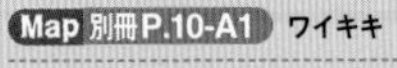

Map 別冊P.10-A1　ワイキキ

🏠358 Royal Hawaiian Ave. ワイキキマリア内 ☎808-200-4117 🕘10:00～21:00 休無休 Card A.D.J.M.V. URL locoboutique.com 🏠アラモアナほか

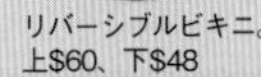

リバーシブルビキニ。上$60、下$48

ロコブティックで購入したビキニがとても体形に合っていたので、早く ハワイ旅行に行って新作を買いたいです！（愛知県・木南）

Slippers

リゾートで必要不可欠な2大アイテムはハワイ到着日に手に入れたい！
ワイキキ・ビーチデビュー（再デビューも！）にふさわしいアイテムはここでチェック☆

ブラジル発ハワイアナスのビーサンはデザインも種類も豊富。$30

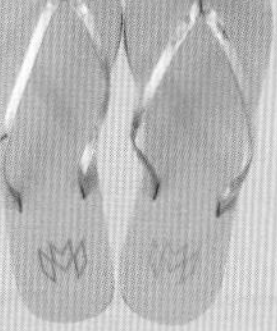
ヨガマットを利用したサヌーク。$42

カナダ発マルヴァドスのビーサン $30

ハワイ限定デザインもあります

ハワイ発オルカイはレザー素材。$94

ロンドン発
フィットフロップのグリッターサンダル$84

プチプラからハイブランドまで幅広い

南カリフォルニアブランドのリーフ。$32

世界中のビーチサンダルが集結

Flip Flop Shops
フリップ・フロップ・ショップス

世界の人気ブランドからハワイのロコブランドまで90以上のブランドを扱う専門店。新作もどんどん入荷するのでいろいろ試して自分にぴったりの一足を選ぼう。

Map 別冊P.10-B2,30　ワイキキ

住2330 Kalakaua Ave. インターナショナル マーケットプレイス2F
電808-377-6561　営10:00～23:00　休無休　Card A.D.J.M.V.
URL flipflopshops.com
カポレイ

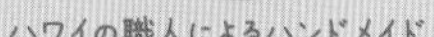

ヒールがありスタイルアップしてくれるビーチタウンシリーズ各$114.95

ハワイの職人によるハンドメイド

Island Slipper
アイランドスリッパ

日本から移民として渡ったファミリーが1946年に創業したハワイの老舗ブランド。全工程ハンドメイドで作られるスリッパは、快適さと耐久性を兼ね備えた逸品。

Map 別冊P.10-A・B2,29　ワイキキ

住2201 Kalakaua Blvd. ロイヤル・ハワイアン・センターA館2F
電808-923-2222　営11:00～21:00　休無休　Card A.D.J.M.V.
URL shop.islandslipper.com
アラモアナセンター

履き心地抜群のクラシックシリーズ。スエードストラップ$124.95、レザーストラップ$129.95

ALA MOANA CENTER

アラモアナセンター 目的別☆弾丸ショッピング！

WOW!!

話題の新店が続々登場し、いつ訪れても新鮮なハワイ最大のショッピングモール。広い館内で効率よく欲しいモノをゲットするため、目的別おすすめショップをピックアップ！

フロアマップ Map 別冊P.26～28

買うわよ♪

← ワード(西)側　山側　ワイキキ(東)側 →

マウカウィング　エヴァウイング　センターコート　ダイヤモンドヘッドウイング　海側

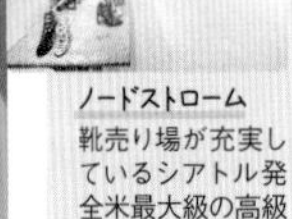

2･3F：ターゲット
1F：サックス・フィフス・アベニュー・オフ・フィフス

メイシーズ
手頃な価格帯の庶民派デパート。
🕘9:30～20:00（金・土～21:00、日10:00～19:00）

ノードストローム
靴売り場が充実しているシアトル発全米最大級の高級デパート。
🕘10:00～21:00（日～20:00）

ブルーミングデールズ
ブルーミーの愛称で知られるおしゃれ女子御用達のNY発デパート。🕘11:00～20:00（日～18:00）

ニーマン・マーカス
トレンドに敏感な高級デパート。
🕘11:00～18:00（金・土～19:00、日12:00～18:00）

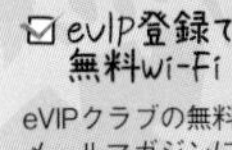

ワイキキからのアクセス

★ワイキキトロリー
ピンクラインが約15分間隔で巡回。1階海側の停留所に発着。パスなしの場合は片道$2（P.182、別冊P.22）

★ザ・バス
クヒオ通りから8･13･20･23･42番が運行。山側または海側の停留所に発着。片道$3（P.180、別冊P.24）

★タクシー
タクシー乗り場は1階山側トランジットセンターと1階海側バス停付近にある。料金は$10前後+チップ（P.182）

★レンタカー
無料の巨大駐車場を完備。アラモアナ通り、ピイコイ通り、コナ通り、ケアモク通りからアクセスできる（P.183）

目指せ！マスターofアラモアナセンター

☑ eVIP登録で無料Wi-Fi
登録もラクラク
eVIPクラブの無料メールマガジンに登録するとネットもサクサク！

☑ SNSで最新情報ゲット
instagramなどで耳寄り情報を発信中。訪れる前にしておこう！

☑ 無料イベントをチェック
センタコートのステージでは毎日17時から20分間フラショーを開催。

ヤシの木を配した南国らしい雰囲気のメガモール

アラモアナセンター Ala Moana Center

4つのデパートと約100のグルメスポットを含む350以上の店舗が集結。ハイブランドからファストファッション、ハワイ雑貨、コンビニまでバリエ豊富で買い物好きにはたまらない。年に数回行われるセールにも要注目！

Map 別冊P.15-C･D2,26～28
アラモアナ

🏠1450 Ala Moana Blvd.
☎808-955-9517　🕘10:00～20:00
＊異なる場合はテナントデータに明記
休 無休　Card 店舗により異なる
URL www.alamoanacenter.jp

✉ ヒルトン・ハワイアン・ビレッジに宿泊していたので、アラモアナセンターまでは徒歩15分くらいでした。（千葉県･佳奈）

目的1 話題の新店をチェック！

コロナ禍にオープンしたショップは真っ先にチェックしたい。ロコも注目する話題店はこちら！

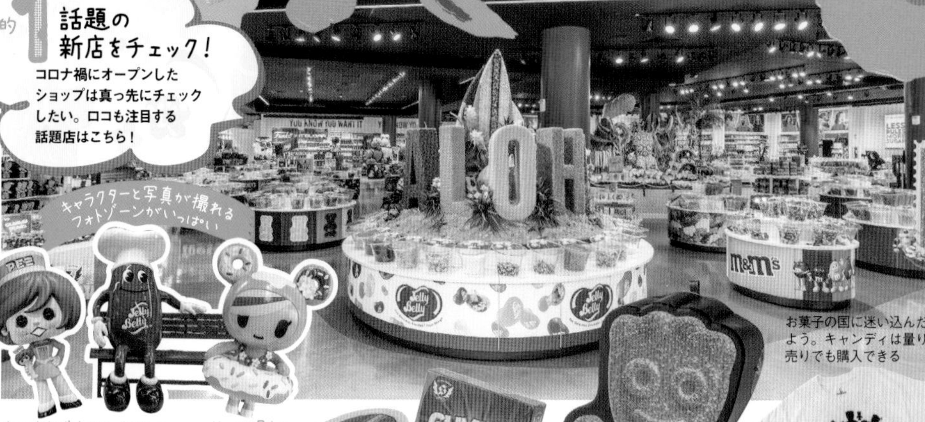

キャラクターと写真が撮れるフォトゾーンがいっぱい

オーストリア生まれのペッツガール

ミスター・ジェリーベリー

ドーナツ星人のドナテラ♡

お菓子の国に迷い込んだよう。キャンディは量り売りでも購入できる

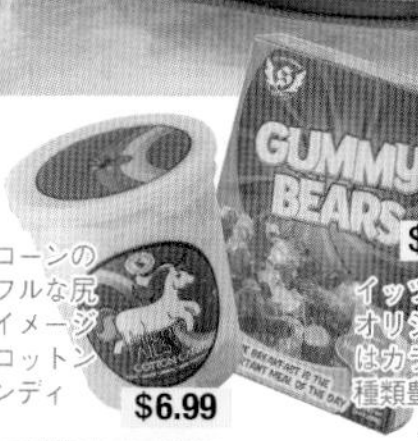

3F マウカウイング

世界最大のキャンディ専門店が初上陸！

イッツシュガー It'Sugar

全米展開しているキャンディ専門店の記念すべき100店舗目としてオープン。広い店内はカラフルなお菓子とノベルティグッズに埋め尽くされワクワクが止まらない！

Map 別冊P.28

11:00〜20:00（金・土10:00〜21:00、日11:00〜18:00） URL itsugar.com

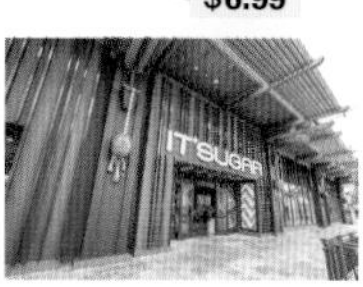

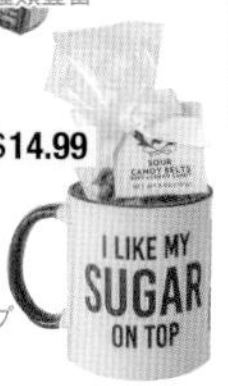

ユニコーンのカラフルな尻尾をイメージしたコットンキャンディ $6.99

イッツシュガーオリジナルグミはカラーも形も種類豊富 $14.99

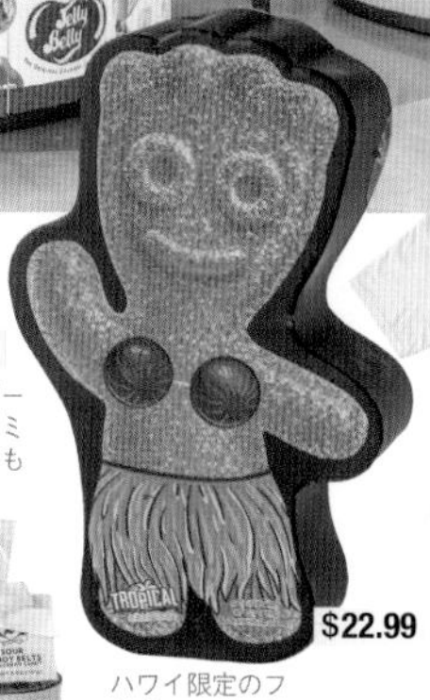

$22.99 ハワイ限定のフラガールボックスに入ったサワーパッチ

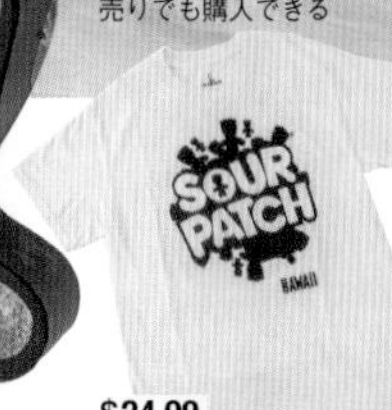

$24.99 サワーパッチのハワイ限定Tシャツ

$14.99 かわいいマグカップ付きのベルトグミ

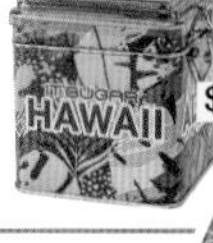

量り売りのお菓子を入れるハワイ限定ティン缶 $19.99

壁紙や紙ナプキンもオレオ尽くし！

$9.99 パイナップルゴールデンスノークリーム

各$29.99 ハワイ限定オレオロングスリーブTシャツ

各$14.99 オレオの甘い香りが漂うキャンドル

オレオカフェもオープン！

世界で2店舗目となるオレオ公式カフェがイッツシュガーの一角にオープン。オレオを使ったシェイクやサンデー、シェイブアイスが楽しめる。斬新な公式グッズも見逃せない！

各$5〜 いろんなシーンで使えるおしゃれなカードが充実している

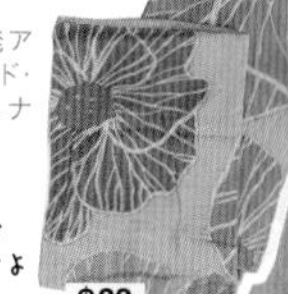

マウイ島発アートブランド・パラダイスナウのパレオ $33

おみやげが見つかりますよ

日本人スタッフのサキさん

モンステラの葉をかたどったキーリング

ロコガールのトレンドに注目 $16

$32 ハワイアンサンの空き缶をアップサイクル利用したソイキャンドル

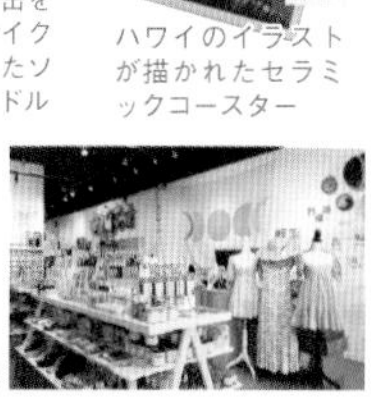

$5 ハワイのイラストが描かれたセラミックコースター

3F エヴァウイング海側

ハワイの"かわいい"が集まっている

シュガーシュガーハワイ Sugar Sugar Hawaii

ロコガールが自身の手作りアクセを販売する店としてスタート。アラモアナセンターに本店をオープンしてからは、ローカルベースのトレンド雑貨やアパレルも扱っている。

Map 別冊P.28

9:30〜20:30 URL sugarsugarhi.com

目的2 レアなグルメみやげを買う

アラモアナセンターには、ここでしか買えないグルメみやげも。買い忘れのないよう要注意！

$6
ハワイアンブリューとのコラボパンケーキミックス

$16
ハワイ島コナ産の豆を100%使用したインスタントコーヒー

ビッグアイランド・キャンディーズとのコラボショートブレッドクッキーはロゴと同じ蝶の形

$16

3F ニーマン・マーカス

セレブデパート×ハワイグルメ
エピキュア Epicure

ニーマン・マーカスがセレクトした厳選ギフトを販売するショップ。注目はローカル企業とのコラボグルメ。デパート専用パケの限定品はここでしか手に入らない。

Map 別冊P.28

11:00～18:00（金・土～19:00、日12:00～18:00） URL neimanmarcushawaii.com

シグネチャーのショートブレッドクッキー。チョコディップやナッツなどがある

各10個$9.25～

1F センターコート

老舗クッキーのオアフ島唯一の店舗
ビッグアイランド・キャンディーズ Big Island Candies

1977年にハワイ島ヒロで創業。現在もヒロの工場で手作りされる素朴な味のショートブレッドクッキーが長年ロコに愛されている。ワイキキでは買えない貴重なおみやげ。

Map 別冊P.26

URL bigislandcandies.com

目的3 自然派&プチプラボディケア製品

高クオリティと高コスパというタイプの異なるボディケアブランドへ。どちらも欲しい！

$19
マンゴーネクターリュクスクリームソープ。リッチな泡が高い保湿力を発揮

$36
植物由来のエッセンシャルオイルをブレンドしたバスソルト

3F エヴァウイング山側

カウアイ島生まれのオーガニック
マリエオーガニクス Malie Organics

ハワイを代表するナチュラルボディケアブランド。ハワイの天然植物を主原料にオーガニックにこだわる製品を作り続けている。トロピカルな香りにも癒やされる。

Map 別冊P.28 URL malie.com

2F ダイヤモンドヘッドウイング山側

香りが楽しいプチプラブランド
バス&ボディワークス Bath & Body Works

バス用品やボディケアアイテムを販売。約100種類の香りのバリエーションがあり、好みのものを探すのが楽しい。まとめ買いでお得になるセールを頻繁に行っている。

ラメ入りのフレグランスミスト
$16.95

Map 別冊P.27

URL bathandbodyworks.com

各$8.95
ハンドクリームは3個まとめ買いすると1個無料でプレゼント

目的4 未上陸と限定はハズせない

お買い物満足度がアップする日本未上陸ブランド&ハワイ限定アイテムをチェックしよう！

日本未上陸

3F センターコート海側

NY発シンプルカジュアル
ジェイクルー J. Crew

カジュアルだけどハイクオリティ。アラモアナセンター内で移転再オープン。

Map 別冊P.28 URL jcrew.com

2F エヴァウイング海側

ジェイクルーの妹ブランド
メイドウェル Madewell

2006年に誕生したデニムを中心としたカジュアルブランド。ジェイクルーより価格帯は低め。

Map 別冊P.27 URL madewell.com

Check more
日本未上陸
- アンソロポロジー 3F センターコート山側
- ヴィクトリアズ・シークレット 2F エヴァウイング山側
- オールド・ネイビー 1F エヴァウイング海側
- ホームカミング・ホノルル →P.110
- ジョニーワズ →P.111

2・3F エヴァウイング海側

ローカル企業とコラボ
ユニクロ Uniqlo

ライオンコーヒーやハワイのファミリーレストラン・ジッピーズとのコラボUTやトートを販売。

Map 別冊P.27・28 URL uniqlo.com

ハワイ限定

ムーミンファミリーのキーリング
各$15

$20

ハワイの虹（アヌエヌエ）とムーミンのマグ

3F エヴァウイング山側

ハワイ仕様のムーミン
ムーミンショップ・ハワイ Moomin Shop Hawaii

日本でも大人気のムーミン公式ショップ。ハワイらしさ満点のムーミンを日本にお持ち帰りしたい。

Map 別冊P.28

URL moominshophawaii.com

エルヴェシャプリエでダイヤモンドヘッドのイラストのハワイ限定トートを買いました。（群馬県・洋子）

目的5 ディスカウントストアで爆買い

ロコの日常に欠かせない激安店が優秀すぎ！ 滞在中の必需品からおみやげまで一気に揃う。

$1.77
ハワイ産のリーヒングミベア

$2.29
ハワイ産のリーヒンあられ

$2.29
水を注ぐだけでハワイアンアイスティーが完成

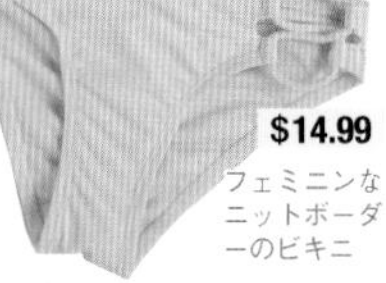

$22.99

$14.99
フェミニンなニットボーダーのビキニ

$2.99
パイナップルのワインコースター

$9.90
炭酸飲料フレーバーのリップバームセット

$12.49
ビタミンC＆Eで髪と肌と爪を美しく保つサプリメントグミ

2·3F マウカウイング

何から何までお手頃プライス！

ターゲット Target

2フロアにわたって食品から生活雑貨、アパレルまで揃うディスカウントスーパー。アラモアナセンター店はツーリスト向けのハワイみやげも充実している。

$12.99
オレンジのトングがかわいい高見えサンダル

Map 別冊P.27·28

8:00〜22:00
URL target.com

$29.99
着心地のよいジャンプスーツが激安

ロコアーティストのクリス・ゴトウの壁画にも注目

$5.99
パイナップル＆バンブーリーフのアロマキャンドル

$17.59
100%ビーガンの肌にも環境にも優しいサンスクリーン

Check more ディスカウントストア

ロスドレスフォーレス
1F エヴァウイング海側

マーシャルズ →P.120

サックス・フィフス・アベニュー・オフ・フィフス →P.121

Check more スーパーマーケット

ニジヤマーケット
1F エヴァウイング海側

ロングスドラッグス
2F エヴァウイング山側

フードランドファームズ →P.28

目的6 ハイブランドが勢揃い

憧れの一流ブランドブティックは2階に集中。日本ではレアなアイテムに出会えるかも。

ブランド大好き！

エルメス
2F エヴァウイング海側

カルティエ
2F センターコート海側

グッチ
2F センターコート海側

サンローラン
2F エヴァウイング山側

シャネル
2F センターコート山側

セリーヌ
2F エヴァウイング海側

ディオール
2F エヴァウイング山側

ティファニー
2F センターコート山側

プラダ
2F エヴァウイング海側

ルイ・ヴィトン
2F センターコート山側

and more

フードコートで時短グルメ

軽食からフルサービスのダイニングまでさまざまなグルメスポットがあるけれど、お買い物途中にサクッと食事をしたいときはここへ！

1F センターコート海側

150席以上の大型スポット

マカイ・マーケット・フードコート Makai Market Food Court

約30店舗が並ぶ。プレートランチやハンバーガー、ドリンクなど休憩スポットとして大活躍。

Map 別冊P.26 店舗によって異なる

天井の一部がガラス張りになった明るい空間

店内席のほかテラス席もある

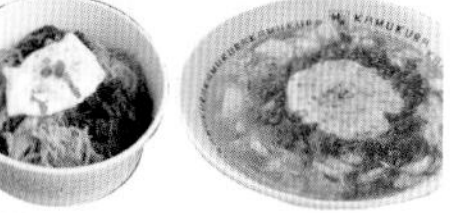

2F ダイヤモンドヘッドウイング山側

落ち着いた雰囲気が人気

ラナイ@アラモアナセンター The Lanai @Ala Moana Center

マカイ・マーケットに比べると小規模だけど、ラーメンやビビンパなどほっとするグルメが充実。

Map 別冊P.27 店舗によって異なる

ラナイ@アラモアナセンター内の本格バー・アガヴェ＆ヴァインでは毎週木曜にカクテルが$2割引のイベントを開催。

ホテルから歩いてすぐ行ける♡ カラカウア通り ショッピングモールMAP

朝から夜までにぎわうワイキキのメインストリート・カラカウア通り。通り沿いには魅力的なショッピングモールが軒を連ね、お買い物熱がぐんぐん上昇。アクティビティやビーチで遊んだあとでも気軽に繰り出せるのがいい！

ハワイらしさを感じる個性派モール

① Waikiki Beach Walk
ワイキキ・ビーチ・ウォーク

開放的なストリート型モール。通りを挟んだ2棟に個性的なショップやレストランがあり、芝生エリアでは無料ライブも開催する。

Map 別冊P.10-A2,31 ワイキキ

226/227 Lewers St. ☎808-389-1312
休店舗による URL jp.waikikibeachwalk.com

1F アロハ&リゾート雑貨の宝庫
ソーハリビング
Soha Living

海辺のライフスタイルがテーマのおしゃれ雑貨店。センスのいいホームグッズやステーショナリーが並び、お部屋づくりのヒントが満載！

Map 別冊P.31

☎808-240-5040 10:00～21:00 休無休 Card A.D.J.M.V. URL sohaliving.com 🏠カハラ、カイルアほか

1. 写真やイラスト、素材も種類豊富なコースター各$3.80～ 2. 繰り返し使えるアロハラップ$8.80 3. ジュートバッグ付きルームディフューザー$56.8

コスメ好きなら見逃せないスポット

② Waikiki Shopping Plaza
ワイキキ・ショッピング・プラザ

全日空やJCBラウンジがあるスタイリッシュなビル。店舗数は多くないけれど、人気レストランやコスメショップが入店。

Map 別冊P.10-B2 ワイキキ

2250 Kalakaua Ave.
☎808-923-1191 休店舗による
URL waikikishoppingplaza.com

1・2F 美を引き出すランジェリー専門店
ヴィクトリアズ・シークレット
Victoria's Secret

ヴィクシーの愛称で知られる。デザインも機能もサイズも多彩で、すべての人にぴったりの一着が見つかる。姉妹ブランドのピンクにも注目。

☎808-922-6565 10:00～21:00 休無休 Card A.J.M.V. URL www.victoriassecret.com 🏠アラモアナセンター、カポレイほか

フレグランスも展開。シグネチャーのボムシェル$59.95

1. リーヒン味のベアグミ$7.99 2. 肌の上で溶けるリップパウダー$25

B館1F ミニマルな暮らしを提案する雑貨店
ブルームストリート・ジェネラルストア
Broome Street General Store

ハリウッドなどで人気のおしゃれ雑貨店がハワイに初上陸。上質なホームグッズやコスメ、メイドインハワイのグルメなどを扱っている。

Map 別冊P.29

☎808-752-8499 10:00～21:00 休無休
Card A.J.M.V. URL broomestgeneral.com

B館1F 限定豊富なグルメセレクトショップ
ディーン&デルーカ Dean & Deluca

おしゃれなセレクションが日本でも大人気。ハワイ限定トートやロゴグッズ、グルメみやげなど見逃せないアイテムばかり。カフェも併設。

Map 別冊P.29

☎808-492-1015
7:00～21:00 休無休 Card A.D.J.M.V.
URL www.deandeluca-hawaii.com 🏠ワイキキ

1. ハイビスカス柄をあしらったトート$75とミニトート$38 2. 蓋付きのステンレスタンブラー$25

ワイキキ最多の店舗数をラインアップ

③ Royal Hawaiian Center
ロイヤル・ハワイアン・センター

カラカウア通りの3ブロックにわたるワイキキのランドマーク。ハイブランドからおみやげ店、レストランまで何でも揃う。無料イベントも随時開催されている。

Map 別冊P.10-A・B2,29

2201/2233/2301 Kalakaua Ave. ☎808-922-2299
休店舗による URL jp.royalhawaiiancenter.com

インターナショナルマーケットプレイスの中庭のチェア近くにはスマホの充電装置があって便利です。（神奈川県・リオ）

緑豊かな憩いのショッピングスポット

4 International Market Place

インターナショナル マーケットプレイス

カラカウア通りとクヒオ通りをつなぐ通路に樹齢100余年のバニヤンツリーが立つ。アパレルからスーパーまでバラエティ豊かな店が並んでいる。

Map 別冊P.10-B2,30

2330 Kalakaua Ave. 808-921-0537 休店舗による URL ja.shopinternationalmarketplace.com

きれいな虹カラー

ハワイの和菓子メーカーによるココナッツ風味の焼き菓子$6.90

2F カリフォルニア発日系スーパー

ミツワマーケットプレイス
Mitsuwa Marketplace

日本人ツーリストのツボをおさえたハワイみやげの品揃えに定評がある。日本の薬や生理用品なども扱っているので困ったときの強い味方。

Map 別冊P.30

808-489-9020 11:00～21:00 休無休 Card A.J.M.V. URL mitsuwa.com/hw

4ホテルの一大ショッピングゾーン

5 Collections of Waikiki

コレクションズ・オブ・ワイキキ

ロイヤル ハワイアン、シェラトン・ワイキキ、モアナ サーフライダー、プリンセス・カイウラニのリテールスペースの総称。個性的なショップが魅力。

Map 別冊P.10-B2

休店舗による URL jp.collectionsofwaikiki.com

ビーチの必需品

機能性に優れたフーディラッシュ$60とキャップ$28

ロイヤル ハワイアン ラグジュアリー コレクション リゾート内

インストラクター着用アイテム

ワイキキビーチボーイ Waikiki Beachboy

ワイキキ・ビーチでアクティビティサービスを行う会社の直営。インストラクターも着用する水着やラッシュガードなどビーチの必需品を販売。

Map 別冊P.10-B2 ワイキキ

2259 Kalakaua Ave. ロイヤル ハワイアン ラグジュアリー コレクション リゾート内 808-953-9436 10:00～21:00 休無休 Card A.J.M.V. URL www.waikikibeachservices.com/waikiki-beach-boy-store

モアナ サーフライダー ウェスティン リゾート&スパ内

サーファーサンタに会える!

ワイキキ・クリスマスストア
Waikiki Christmas Store

クリスマスオーナメントの専門店。海パン姿のサンタやフラダンサーなどクリスマスツリーをハワイ仕様に変身させるユニーク商品がずらり!

Map 別冊P.10-B2 ワイキキ

2377 Kalakaua Ave. 808-923-1225 9:00～21:00 休無休 Card A.M.V. URL santaspen.com ワイキキほか

1年中クリスマス! オーナメント$6.95～

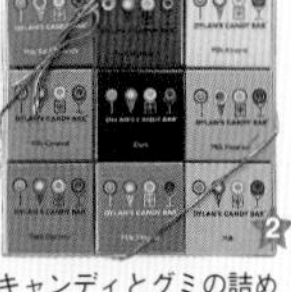

1. キャンディとグミの詰め合わせボックス$28 2. 9種類のチョコのギフトボックス$24 3. 中も容器もパイナップル形のグミ$12

1F NY生まれのキャンディバー

ディランズキャンディバー
Dylan's Candy Bar

映画『チャーリーとチョコレート工場』をイメージした店づくりで夢のような楽しい空間が広がる。アメリカンなおみやげ探しにぴったり!

DATA → P.87

パイナップル味

滝の流れるオアシス系モール

6 Pualeilani Atrium Shops

プアレイラニ・アトリウム・ショップス

ハイアット リージェンシー内にあるショッピングゾーン。中庭に滝と熱帯植物が配されてリゾートムード満点。注目ショップは1階に集中。

Map 別冊P.11-C2 ワイキキ

2424 Kalakaua Ave. 808-237-6341 休店舗による URL www.pualeilaniatriumshops.com

コロナの影響でクローズしていた免税店DFSワイキキが2023年7月にソフトオープン。2023年9月にグランドオープンした。

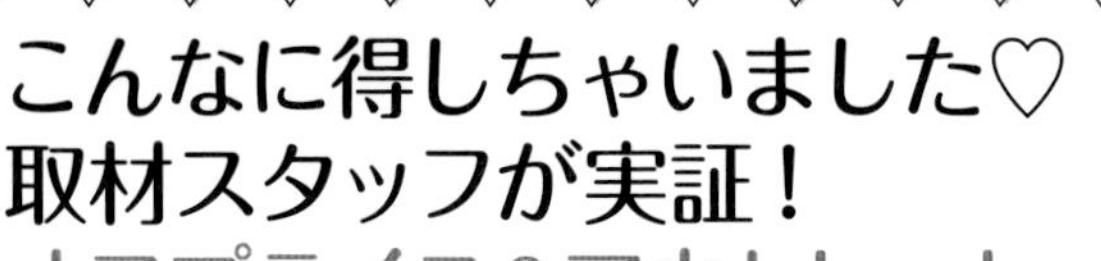

こんなに得しちゃいました♡ 取材スタッフが実証！ オフプライス&アウトレット

憧れのブランドアイテムを格安でゲットできるオフプライス&アウトレットストアでは、お得大好き♡のarucoスタッフもしばしばリアル買い♪購入アイテムとお得総額を大公開します！

Off Price

世界で1400店舗以上を展開するチェーンだけに商品の充実度が違う！

ライターN 総額 $938の得！
憧れのバッグの欲しかったカラーをゲットできて幸せ

Stella McCartneyのバッグ
リバーシブルで使えるラグジュアリートート
$1375→$899.99

Joreのワンピース
モノクロの花柄なので派手になりすぎず◎
$348→$59.99

Theoryのパンツ
伸縮性のある美脚スタイルに一目惚れ
$275→$99.99

T.J. MAXX
一流ブランドも半額以下！

T.J. マックス

デパート価格に比べて最大70%オフという破格のプライスが魅力。毎週1万点以上入荷するという。ハイブランドを集めた「ザ・ランウェイ」コーナーに注目！

Map 別冊P.14-B3 ワード

1170 Auahi St. ワードビレッジ内
808-593-1820　9:30～21:30（日10:00～20:00）　休無休
Card A.J.M.V.　URL tjmaxx.tjx.com
パールシティほか

Ross Dress For Less
ワイキキで激安ショッピング

ロスドレスフォーレス

全米で展開する大型店。2フロアの店内でアパレルから雑貨まで網羅し、ほとんどが半額以下。レディス人気ブランドが充実で週に2～3回は新商品が入荷！

Map 別冊P.10-B2 ワイキキ

333 Seaside Ave.
808-922-2984　8:00～23:00（金～日～22:00）
休無休　Card A.D.J.M.V.
URL rossstores.com
アラモアナセンターほか

CALVIN KLEINのドレス
エレガントなレースのワンピはベルト付き
$119→$34.99

TOMMY HILFIGERのブラウス
愛らしいドット柄もシンプルフォルムで上品に
$69.50→$24.99

JANSPORTのバックパック
軽くてたっぷり入るバッグは使い勝手バツグン！
$45→$22.99

COACHのサンダル
コーデしやすいコンビカラーで活躍頻度高め
$157→$79.99

編集S 総額 $228の得！
ワイキキにあるから滞在中何度も通っちゃいます

とってもお得

お得感はT.J.マックス以上！

マーシャルズ Marshalls

クリアランス&ファイナルセールが狙い目

T.J.マックスの姉妹チェーン。ボディケアやコスメ、キッチン用品が充実している。通常値札のほか、クリアランス、ファイナルと値下げされる値札は要チェック！

Map 別冊P.15-C・D2,26 アラモアナ

1450 Ala Moana Blvd. アラモアナセンター1 Fエヴァウイング山側　808-955-1488　9:30～21:30（日10:00～20:00）
休無休　Card A.J.M.V.　URL marshalls.com　カポレイ

ロスドレスフォーレスの2階の生活雑貨コーナーでベッドシーツを購入。半額以下になっていて超ラッキー♪（神奈川県・MK）

Outlets

こんなに得♡ オフプライス&アウトレット

オフプライスとは？

メーカーやデパート、専門店などがシーズン途中に在庫処分した商品をバイヤーが直接交渉して現金で買いつけるため、旬のアイテムが低価格で店頭に！

アウトレットとは？

売れ残りやサンプル品、キズ物のほか、アウトレット専用商品を作っているところも。それでもブランドの名に恥じない品質だからお得感バツグン！

高品質のアイテムが勢揃い

Nordstrom Rack ノードストローム・ラック

アラモアナセンターにある高級デパート、ノードストローム（P.114）のアウトレット。商品の回転率がよく新作の入荷ペースが早い。靴の品揃えが秀逸！

Map 別冊P.10-B1 ワイキキ

2255 Kuhio Ave. ☎808-275-2555 10:00～21:00（木～18:00） 休無休 Card A.D.J.M.V. URL nordstromrack.com ワード

800以上のブランドが大幅割引

Saks Off 5th

サックス・フィフス・アベニュー・オフ・フィフス

NY発の高級デパートのアウトレット。直営だからハイブランドも最大70%オフと驚きの割引率！ 商品がゆったり陳列されているので、ショッピングしやすい。

Map 別冊P.15-C・D2,26 アラモアナ

1450 Ala Moana Blvd. アラモアナセンター1Fマウカウイング ☎808-450-3785 10:00～20:00（日～19:00） 休無休 Card A.D.J.M.V. URL saksoff5th.com ワイケレ

ブランドゲッターの聖地！

50店舗以上が集結するアウトレットモール

マイケルコースやケイト・スペードといった人気ブランドからカジュアル、スポーツブランドまで常時65～25%オフ。無料のVIPメンバーに登録するとさらにお得に！

ワイケレ・プレミアム・アウトレット Waikele Premium Outlets

Map 別冊P.19-C2 ワイケレ

94-790 Lumiaina St. Waipahu ☎808-676-5656 10:00～19:00（金・土～20:00、日11:00～18:00） 休無休 URL premiumoutlets.com/outlet/waikele 図 レンタカー：H1の7番出口を下りてすぐ。ワイキキから約45分 ロバーツハワイのシャトルバス：水・金に往・復路各2本 料往復$38.50 ☎808-954-8637 URL jp.robertshawaii.com

ワイケレのVIPメンバーはウェブでも申し込み可能。メンバー専用の割引クーポンをプリントして持参しよう。

品揃え抜群のいち押し店舗！

ABCストア38号店

ABC Stores #38

おみやげ、ビーチグッズなどの基本的なアイテムに加え、店内に本格的なデリもあって、グルメ充実度が群を抜く"使える"店舗。ワインからカクテルまでアルコールの品揃えも秀逸！

Map 別冊P.10-A2 ワイキキ

205 Lewers St. 808-926-1811 6:30〜23:00
無休 Card A.D.J.M.V. URL abcstores.com
カラカウア通り、ロイヤル・ハワイアン・センター、アラモアナセンターほか

1軒でなんでも揃っちゃう！ 最強コンビニ☆ABCストア 使いこなしテクニック

ワイキキの数ブロックごとに店舗があるおなじみのABCストア。便利すぎるとうわさのコンビニで何が買えるのか徹底調査。欲しいものがなんでも揃うツーリスト御用達ショップをトコトン活用しよう！

早朝から深夜までオープン

テクニック① ビーチアイテムを調達！

ビーチで必要なアイテムは日本よりもバリエ豊富でお手頃。ビキニからゴザ、エアマットなど、手ぶらでも大丈夫なくらい充実！

くるくる丸めて収納できる折りたたみ式ウオーターボトル。飲みやすいプッシュキャップで冷凍もOK！ $3.99

折りたためるゴザはビーチの必需品。持ち運びもラクラクなデザインが◎で丸めるタイプも。$2.99〜

激安でデザイン豊富なエアマットレス。海やプールに浮かべてプカプカしよう！ $4.99〜

かわいい格安ビキニ $39.99

ぬれた水着やタオルも入れられるメッシュバッグ。巾着式でたっぷり入れても持ちやすい。$5.99

化学成分不使用で珊瑚礁や海にも優しい100%ナチュラルな日焼け止め$38.59

ハワイ気分が上がるプルメリアのヘアアクセ。海でもプールでも着けられるウオータープルーフタイプ。各$4.99

テクニック② ABCグルメを味わう！

意外と侮れないのがABCグルメ。特にデリを揃えた38号店では総菜からプレートランチまで網羅。ロコの名物スイーツも！

デリのショーケースにはポケやサラダなど、作りたての総菜もいっぱい。どれもおいしそう！

ガラスポットに入れて8時間発酵させるフランスの伝統レシピで作られたヨーグルト$3.29

本格的なパンケーキも提供。イチゴとバナナのほか、紫色のウベパンケーキもスタート！ $8.99

ドール・プランテーション名物ドールホイップがABCでも味わえる。濃厚パインが♡ $3.99

オーダーを受けてから焼き上げるテイクアウトのステーキプレート$13.99は、焼き加減をリクエストできる本格派

 ABCストアにはハイチュウのリリコイ味などハワイ限定フレーバーがあります。バラマキみやげにぴったり♪（鹿児島県・りん）

テクニック③ ビューティアイテムを買う！

自然派スキンケアやネイル用品などキレイを磨くアイテムが揃っていることも魅力。バカンス中も自分ケアには手を抜かない！

肌に貼るだけで効果を発揮する画期的なサプリ。美白、ダイエットなど目的別に揃う。各$37.99

ハチミツが原料の自然派コスメ「ハニーガールオーガニクス」のギフトセット$27.99

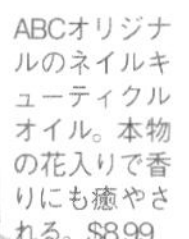

ABCオリジナルのネイルキューティクルオイル。本物の花入りで香りにも癒やされる。$8.99

乾燥肌に潤いとハリを与えるコラーゲンプレミアムスキンクリーム$10.99

乾燥や日焼け後のクールダウンなど肌のニーズに合わせてケアができるフェイスマスク。各$2.99

蜜蝋ベースの肌に優しいスキンケア5点セット。唇から足先まで全身しっとり！ $14.99

フライトや歩き疲れてむくんだ脚をスッキリ引き締めるフットクリーム。不快感とはサヨナラして自慢の美脚に♪ $37

海中で使える10m防水のスマホケース。マリンアクティビティがもっと楽しくなる。$19.99

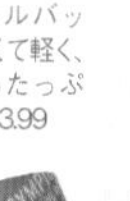

お買い物して荷物が増えたときに重宝するホイールバッグ。安くて軽く、容量もたっぷり。$13.99

テクニック⑤ 困った……もコレで解決！

旅行中は快適でいたいから、ちょっとしたトラブルも即解決したい。あると助かるお役立ちアイテムもABCなら全部おまかせ！

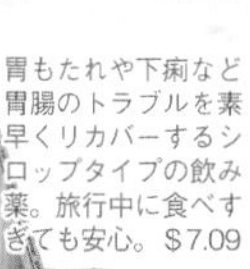

胃もたれや下痢など胃腸のトラブルを素早くリカバーするシロップタイプの飲み薬。旅行中に食べすぎても安心。$7.09

耳に数滴垂らすだけで水抜きができる便利アイテム。外耳炎などのトラブルも防止できる。$6.25

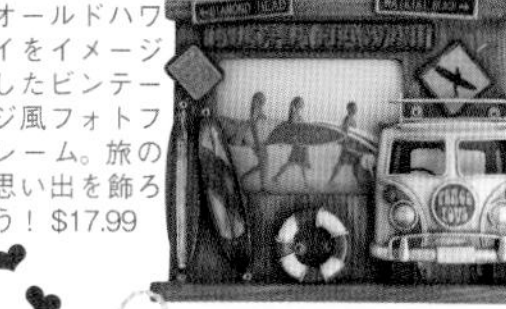

10%コナコーヒーをブレンドした4種セット。バニラやチョコなどフレーバー入りも。$10.99

マウイ島で手作りされるプルメリアやマンゴーなど天然の香りのソープ5個セット$11.50

オールドハワイをイメージしたビンテージ風フォトフレーム。旅の思い出を飾ろう！ $17.99

チョコチップとマカダミアナッツが入ったクッキーはハワイらしいパケ入り。$9.99

テクニック④ おみやげもおまかせ！

プチプラ系から本気ギフトまで多彩なおみやげが勢揃い。バラマキ用のお得なパック売りもあり、最終日の駆け込みにも便利！

新鮮フルーツを上質なチョコで包んだハワイアンホーストのトロピカルフルーツバイツ$6.49

ヤシの木、パイナップルなどハワイがモチーフのクッションカバー。各$14.99、2枚で$28

ABCストア使いこなしテクニック

最強コンビニのグルメな姉妹店2スポット

ABCストアではグルメに特化した別業態店を展開。ひとつはフルサービスレストランを備えるデュークスレーン・マーケット&イータリー。もうひとつがデリ併設のアイランド・カントリー・マーケット。2スポットともショッピングと本格グルメが楽しめるので足を運んでみて！

デュークスレーン・マーケット&イータリー
Dukes Lane Market & Eatery

Map 別冊P.10-B1 ワイキキ

2255 Kuhio Ave. 808-923-5692
7:00～23:00（レストランやバーは店舗により異なる） 無休 Card A.D.J.M.V.
URL dukeslanehawaii.com

カジュアルフードを提供するスピットファイヤーのバーガー&チップス$11.99～

アイランド・カントリー・マーケット
Island Country Markets

Map 別冊P.10-A1 ワイキキ

383 Kalaimoku St. ザ・リッツ・カールトン・レジデンス ワイキキビーチ内 808-466-4022 6:30～23:00（デリ～21:00） 無休 Card A.D.J.M.V. URL islandcountrymarkets.com コオリナ

スパイシーアヒなどポケは5種類。ボウル$9.99～で楽しめる

ABCストアで買い物したレシートを14日以内に$100分以上集めるとギフトがもらえる！

aruco調査隊が行く!! ⑤

みんなが喜ぶおみやげなら大人気のハワイ

日本へのお持ち帰りハワイグルメをarucoが徹底リサーチ！「買い！」の決め手

Chocolate

ちょっとプレミアムな大人チョコが
arucoスタッフの新定番セレクション

$10.79 $3.99

マノアチョコレート

ハワイ産プレミアムチョコの定番。通常サイズに加えミニサイズ登場。カイルアのアーティスト・パンキーアロハのパケも高ポイント！

ホールフーズ・マーケット → P.29

aruco info

チョコの概念を変える味に感動！カイルアの工房（P.55）ならたくさんあるフレーバーを試食しながら選べる

$8.99

ワイアルアエステートチョコレート

ノースショアで育てた希少なカカオを100%使用。ほのかなフルーツの香りとビロードのような質感が楽しめるグルメチョコ

フードランドファームズ → P.28

$13.99

ロノハナチョコレート

ノースショアの農園で栽培、ホノルルの工場で製造されるハンドクラフトチョコ。家族経営でカカアコに直営店（P.146）もある

ホールフーズ・マーケット → P.29

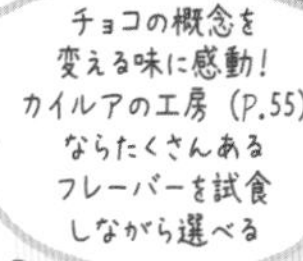

$15.50

ビッグアイランド・キャンディーズブラウニー

クラッシュマカナッツ入りのブラウニー。クッキーで有名な同ブランドの隠れた名品。一度食べたらリピ確定のおいしさ！

ビッグアイランド・キャンディーズ → P.116

各$3.49

タイニーアイルチョコレートトリュフ

カウアイ島で製造するソフトチョコ。カカオバターに生アガベ、カウアイバニラ、コナシーソルトをブレンド。濃厚で食べ応えあり

ダウントゥアース → P.30

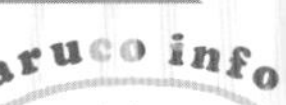

各$6.99

ハワイアンホーストチョコバー

老舗チョコレートメーカーの新作。かわいいパッケージと異なるフレーバー全種購入で食べ比べたい！

フードランドファームズ → P.28

マッシュルームチョコレート

ハワイ島発の変わり種。スーパーフードとして人気の8種のマッシュルームパウダー入り。味にキノコ感はゼロ。話題性は十分♪

ハウス・オブ・マナアップ → P.102

$5.80

aruco info

オアフ島産カカオ、ハワイ島産ハニー、モロカイ島産シーソルトとハワイの至宝が集結。高い香りと深い味わいに驚く

$34

コホチョコレート

ドーム形のボンボンショコラ。最高級素材と職人の技が調和した宝石のように美しいチョコは大切な人に贈りたい逸品

コホ → P.124

ブティックのようなチョコストア

コホ Koho

世界で初めてマカダミアナッツチョコを製造販売したハワイアンホーストの高級チョコレートブランド。宝石店のようなたたずまい。

Map 別冊P.10-B2 ワイキキ

住 2335 Kalakaua Ave. アウトリガー・ワイキキ・ビーチ・リゾート内 ☎808-966-8119 ◷10:00～21:00 休無休 Card A.J.M.V. ◎kohochocolates

$11.99

マドレチョコレート

ハワイ各島産のカカオを使い小ロット製造するビーントゥバーチョコ。エキゾチックな味が特徴で、国際的な受賞歴多数

フードランドファームズ → P.28

エド&ドンズマカチョコ

大粒のナッツが入った安定の味。折りたたみ式アロハシャツパッケージに2個ずつ入ってばらまきみやげとして大ブレーク

ABCストア → P.122

$14.99

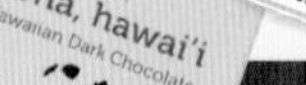

ビッグアイランド・キャンディーズはギフトパケが豊富。シグ・ゼーンのデザインがお気に入りです。（埼玉県・クルミ）

グルメで決まり！ でも、いったいどれを買ったらいいの？

になる情報満載で、失敗しない商品選びをお助けします！

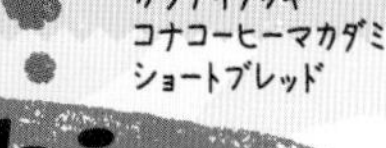

Cookie

クッキー専門店やスーパーで販売
予算や目的でチョイスして

$4.49

カウアイクッキー コナコーヒーマカダミアショートブレッド

カウアイ島を代表するショートブレッド。コーヒーの香りとナッツの歯応えが絶妙。フレーバーも多彩で高コスパなのが魅力

ロングスドラッグス→P.30

$17.50

ビッグアイランド・キャンディーズタロショートブレッド

人気ショートブレッドシリーズのタロフレーバー。ほんのり紫とホワイトチョコのコントラストがきれい。甘さ控えめ

ビッグアイランド・キャンディーズ→P.116

$12.69

オハナヌイ パニオロクッキー

パニオロ（カウボーイ）からインスピレーションを得たというクッキー。大きめのクラッシュナッツが重厚感を醸し出している

フードランドファームズ→P.28

1個$1.20

aruco info

おみやげは新作パケ、自宅用はフレーバーを選べて割安になるソフトボックス。30個買うと約$7お得になる！

$7.95

ホノルル・クッキー・カンパニー パイナップルシェイプクッキー

パイナップル形のかわいいクッキー。25周年の2023年は限定も含め25フレーバーを発売。パケの種類も豊富！

ホノルル・クッキー・カンパニー→P.125

ハマクア マカダミアナッツバタートフィー

マカナッツ入りバターで作るトフィー。チョコとココナッツのトッピングも絶妙でクッキーとは違うおいしさにハマる！

$15.50

ブルームストリート・ジェネラルストア→P.118

ピアカパイナップルショートケーキ

ドールプランテーション（P.60）のパイナップルを使ったフィリング入りソフトクッキー。キュートなパケが目を引く

ロングスドラッグス→P.30

$7.49

$6.29

ダイヤモンドベーカリー リリコイショートブレッド

ハワイ初のベーカリー。長年愛されるショートブレッドはリリコイのほか、グァバ、ウベなどハワイらしいフレーバーが揃う

ABCストア→P.122

$23.50

ビッグアイランド・キャンディーズ ハワイアンソルトクッキー

料理研究家の栗原はるみさん監修。甘さ控えめのサクサク食感にハワイアンシーソルトのアクセントがワンランク上の味わい

ビッグアイランド・キャンディーズ→P.116

aruco info

ひと口で食べられるバイトサイズの8種入りアソート缶$18は食べ比べに最適。レトロなハイビス缶もいい感じ

ザ・クッキーコーナー オリジナルクッキー

無骨な形のクッキーのザクザク食感がクセになる。チョコチップ、ウォルナッツ、ピーナッツバターなどフレーバーは8種

ザ・クッキーコーナー→P.125

$33.50

ホームメイドスタイルの素朴な味

ザ・クッキー・コーナー

The Cookie Corner

1981年にダウンタウンで創業。アメリカの家庭で作るような素朴な焼き菓子が人気。クッキーのほか、フルーツバーやビスコッティも販売。

Map 別冊P.10-B2 ワイキキ

🏠2255 Kalakaua Ave. シェラトン・ワイキキ内 ☎808-926-8100 🕘10:00～21:00 休無休 Card A.D.J.M.V. URL www.cookiecorner.com 🏠アラモアナ、カハラほか

買わずに帰れないグルメなクッキー

ホノルル・クッキー・カンパニー

Honolulu Cookie Company

ハワイのグルメみやげの代表格。滞在中に限定フレーバーに出会えたらさらにラッキー。ワイキキとアラモアナセンターに計9店舗ある。

Map 別冊P.10-A・B2,29 ワイキキ

🏠2233 Kalakaua Ave. ロイヤル・ハワイアン・センターB館1F ☎808-931-3330 🕘10:00～21:00 休無休 Card A.J.M.V. URL www.honolulucookie.com 🏠ワイキキ、アラモアナ

みんなが喜ぶおみやげなら大人気のハワイグルメ

ホノルル・クッキー・カンパニーでは購入$5ごとにスタンプがもらえ、貯まるとギフトと交換できる

Coffee

ハワイはアメリカ唯一のコーヒーの産地
希少価値とフレーバーに注目

**アロハアイナ10%
コナコヒーブレンド**

ABCストア限定のギフトセット。フレーバーの異なるコナブレンド4種をお得に飲み比べできる人気商品

ABCストア→P.122

**ホノルル・コーヒー・カンパニー
100%ピーベリー**

農場とカフェを運営しモットーはファームトゥカップ。コナ最高品種のなかでも風味が凝縮された希少なピーベリーにトライ

ホノルル・コーヒー・カンパニー→P.143

aruco info

世界3大コーヒーのひとつであるコナの真髄を堪能するなら最高品質の100%エクストラファンシーがおすすめ

ビッグアイランドコーヒーロースターエスプレッソバイツ

100%ハワイ産の食べるコーヒー。そのままかじっても溶かして飲んでもOK。ハワイ島とマウイ島の豆の違いも味わえる

ハウス・オブ・マナアップ→P.102

**アイランド・ヴィンテージ・コーヒー
100%コナコーヒー**

ハワイでも最高品質とされるハワイ島コナ地区で栽培。甘味とうま味のバランスがよく、南国フルーツの芳醇な香りも漂う

アイランド・ヴィンテージ・コーヒー→P.73

ビーンアバウトタウンコーヒー

カイムキのカフェ・ビーンアバウトタウン（P.151）セレクト。オアフ島唯一のコーヒー農園・ワイアルアエステートも扱う

フードランドファームズ→P.28

**カウアイコーヒー
シングルオリジンコーヒー**

カウアイ島唯一のコーヒーカンパニーで全米最大の農園面積と収穫量を誇る。豆やロースト、フレーバーの種類が多彩

ロングスドラッグス→P.30

アイカネプランテーション100%カウコーヒー

ハワイ島カウ地区で栽培される希少なコーヒー。世界的に高い評価を得ていて、オバマ大統領の就任パーティで採用

KCCファーマーズマーケット
ワイキキ・ファーマーズマーケット
マヒク・ファーマーズマーケット
P.36~37

**ハワイコーヒーロースターズカンパニー
トロピカルヘーゼルナッツ**

リーズナブルなブレンドコーヒーカンパニーのフレーバーシリーズ。値段以上のおいしさに驚く。レトロパケが印象的

ターゲット→P.117

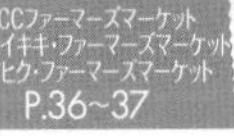

**ビッグアイランドコーヒーロースターズ
ハワイアンハーモニー**

火山の麓にあるハワイ島プナ地区の農園で栽培している。バタースコッチ、ココア、ナツメグを思わせ口当たりはクリーミー

ハウス・オブ・マナアップ→P.102

aruco info

とにかくフレーバーが豊富！ ココナッツやマカダミアなど香りだけでハワイ気分に。セール対象になることが多い

**ライオンコーヒー
チョコレートマカダミア**

ハワイ好きにはおなじみのコーヒーの王様。コナの最高品質からリーズナブルなフレーバーまで数十種類を展開する

ロングスドラッグス→P.30

**ディーン&デルーカ
シングルオリジンコーヒー**

世界的に有名なコナ、繊細なアロマのカウ、ほんのり甘くスパイシーなマウイモカのハワイ3地区のコーヒー

ディーン&デルーカ→P.118

**マイカイ10%
コナコーヒーブレンド**

PBのブレンドコーヒー。マックナッツにバニラやココナッツの香りをプラス。疲れたときの癒やしにぴったり

フードランドファームズ→P.28

 ロングスの特売で激安だったライオンコーヒーをまとめ買いしました。（京都府・モモ）

Spread&Honey

自然の恵みをぎゅっと凝縮
満足度の高い逸品だけを厳選

$9.50

ディップイントゥ パラダイスグァバジャム

ファーマーズマーケットで人気のジャムがアラモアナセンターでいつでも購入できるように。素朴な味わいが好評

ノエアウ・デザイナーズ →P.103

$13.99

ハワイアンサン テイストオブハワイ

ハワイアンサンのスプレッドセット。グァバジャムやマカナッツバターなど6種類入って食べ比べにもばらまきにも◎

ABCストア →P.122

$18

バナンマカダミアナッツハニーバター

バナン（P.85）の商品。砂糖不使用で硬めのテクスチャー。女優のサラ・ジェシカ・パーカーも自身のインスタに掲載

ハウス・オブ・マナアップ →P.102

aruco info

パンケーキやトーストにのせるだけでハワイ風味に早変わり。肉や魚のソテーにも合う万能調味料としても活躍

$5.99

マイカイリリコイバター

トロピカルフルーツの芳醇な香りまでしっかり閉じ込めた濃厚な味。高品質でリーズナブルだからまとめ買いにぴったり

フードランドファームズ →P.28

$13

カフクファームリリコイバター

カフクファーム（P.55）で収穫製造。パウチパックなので風味が損なわれにくく持ち帰りも便利。濃厚なのにあと味すっきり

ハウス・オブ・マナアップ →P.102

$10.49

アロハベイクハウスピーナッツバター

ワードの隠れ家カフェが製造。スタンダードのほか、コーヒーやバナナ、ナッツミックスがある。クリーミーな食感

ABCストア →P.122

$9

オヒアレフアハワイアンハニー

ハワイの悲しい伝説をもつ花オヒアレフア。乾燥した溶岩地でも育つ赤い花のイメージ通り華やかな香りと豊かな甘味が特徴

ディーン&デルーカ →P.118

$11.59

マイカイハニーベア

かわいいベアボトル入りはおみやげにぴったり。特に異なる種類のミニボトルセットならいろんなフレーバーを楽しめてお得

フードランドファームズ →P.28

$22

ブライトランドカウアイハニー

深い琥珀色が特徴。ハイビスカス、ユーカリ、パパイヤ、リリコイ、グァバなどカウアイ島のワイルドフラワーから採れる

ブルームストリート・ジェネラルストア →P.118

aruco info

幻の白いハニーとよばれ、ナショナルジオグラフィック誌が最高ランクと賞賛。ミニサイズも登場してさらに人気

ハワイアンレインボービーズマカダミアハニー

レストラン向けに出荷するカンパニーのパウチパック。マカダミアの花から採れるハニーはエッジのきいた風味が楽しめる

ホールフーズ・マーケット →P.29

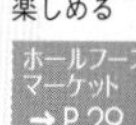

$6.99

レアハワイアンキアベハニー

ハワイ島の単一森林のキアベの花から採れる希少なハニー。自然に白く結晶化する特徴があり繊細な風味が長持ちする

ホールフーズ・マーケット →P.29

$9.99

RARE HAWAIIAN
NET WT 3 OZ (85 g)

カイルアハニージンジャーレモン

カイルアのベンダーが製造。お湯に溶かすだけでフレーバー入りハニードリンクができるユニークなラインアップに注目

クラシックウエイブス →P.58

$14.50

みんなが喜ぶおみやげなら大人気のハワイグルメ

緑のUSDA ORGANICはアメリカ農務省が認証したオーガニック商品。

Pancake Mix

フルーツやナッツ入りも
手軽にハワイアンパンケーキを再現

aruco info

自宅で作っても
パケの見本のような
きれいな紫色に完成！
甘さ控えめなので
シロップやフルーツとも
相性抜群

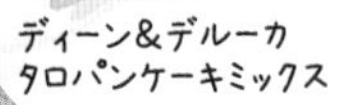

ディーン&デルーカ タロパンケーキミックス

$14

ハワイで流行中の紫色のタロパンケーキが作れる。ハワイ柄のかわいい巾着袋もおしゃれ。バターミルクと抹茶ミックスも販売

ディーン&デルーカ→P.118

カフクファーム パンケーキミックス

$9.99

カフクファーム（P.55）がプロデュース。自社農園製造のフルーツスプレッドとの相性抜群。一緒にゲットしたい

ワイキキマーケット→P.14

マルバディグルメ パンケーキミックス

$4.99

南国らしいココナッツの香りのパンケーキが作れる。ほんのり塩気がきいているのがポイント。バナナやグァバ風味もある

セーフウェイ→P.30

ブーツ&キモズ パンケーキミックス

$8.99

ハワイで絶対食べたいパンケーキのひとつといえばここ。自宅で名店の味を再現する強い味方をゲットして帰ろう！

ブーツ&キモズ→P.19

ハワイセレクション プレミアム パンケーキミックス

$7.29

ローカル企業と日本人スタッフが日本人のテイストに合うよう開発したシリーズ。多彩なフレーバーが揃っている

ミツワマーケットプレイス→P.119

フラガールコナ コーヒーチョコチップ パンケーキミックス

$5.99

コナコーヒーとチョコチップが入ったパンケーキミックス。焼くとチョコが程よく溶け、カフェモカのような風味

ドン・キホーテ→P.145

バサルトチャコール パンケーキミックス

$8

デュークスレーン（P.123）内のバサルト（P.69）の名物メニューが再現できる。ココナッツ殻炭入りで見た目に反して優しい味

ABCストア→P.122

ハワイアンサン リリコイパンケーキミックス

$4.99

フルーツネクターで知られるハワイアンサンの商品。ほのかな酸味と芳醇な甘味でパンケーキでもネクターの味を感じる

ABCストア→P.122

タロブランド タロパンケーキミックス

$7.99

タロが原料のハワイ伝統料理・ポイを販売するカンパニーの商品。仕上がりの紫色は薄めだけどモチモチ食感は高レベル

セーフウェイ→P.30

エッグスンシングス バターミルクパンケーキミックス

$20.95 / $7.95

人気店のオリジナルアイテム。注目は日本未発売のパンケーキミックス。ホイップクリームをのせて自宅で完コピ！

エッグスンシングス→P.143

アイランド・ヴィンテージ・コーヒー マカダミアナッツワッフル&パンケーキミックス

$6.95

コーヒー専門店の高コスパミックスは日本未発売。バナナ、ココナッツ、タロのほか、グルテンフリーもある

アイランド・ヴィンテージ・コーヒー→P.73

aruco info

水を加えて焼くだけで
期待以上のふわもち
食感に仕上がる。
生地自体の味はシンプル
だからアレンジし放題

マイカイパンケーキミックス

各$5.69

ハワイ産の素材で生産されている。ロコも日頃から愛用しているだけあって値段もリーズナブル。パケのイラストがツボ♡

フードランドファームズ→P.28

エッグスンシングスでパンケーキミックスとハニーのセットを買いました。（青森県・未知）

Seasoning

いつもの料理をランクアップ
技ありグルメみやげの陰の主役

$11

ハパハワイアンソルト

職人が6時間かけてローストするハンドクラフトソルト。ガーリック、ハワイ産唐辛子、コショウをミックスしたピリ辛味

ブルームストリート・ジェネラルストア→P.118

各$5.99

マイカイフリカケ

ハワイのプレートランチのご飯にかかっているふりかけのイメージ。オーガニックの柚子や梅など厳選素材を使用

フードランド ファームズ→P.28

$8.29

ビッグアロハポケソース

ネイティブハワイアンにルーツをもつシェフが考案。醤油、ゴマ、唐辛子、ナッツなどさまざまな素材をブレンド

フードランド ファームズ→P.28

$8.29

オノハワイアンシーズニング

「オノ」はハワイ語でおいしいの意味。ガーリック、ジンジャー、ペッパーをミックスしたハワイアンソルトはまさにオノ！

フードランド ファームズ→P.28

$2.99

S&Bエダマメシーズニング

日本のS&B食品がアメリカで販売しているシーズニング。ゆでた枝豆に加えるだけで完成。ハワイのビールと一緒に味わいたい！

Hマート→P.19

各$8.50

aruco info

通常の食卓塩よりナトリウム含有量が33%少なく健康的。塩辛すぎず素材のよさを引き出してくれるのも特徴

$24

シーソルトオブハワイ

ハワイの深海から採取した塩にスパイスやハーブをミックス。おしゃれなボトルとバリエ豊富なフレーバーで大人気

ハウス・オブ・マナアップ→P.102

$3.19

ハワイセレクションガーリックシュリンプミックス

ローカル企業と日本人スタッフが日本人のテイストに合うよう開発。パウダー状だから食材になじみやすく便利。ピリ辛味☆

ミツワマーケットプレイス→P.119

ノーフーズポケミックス

ポケには欠かせない海藻オゴ入りミックス。唐辛子入りのピリ辛テイストで、マグロやサーモンのほか、タコ、豆腐にも推奨

Hマート→P.19

$4.99

aruco info

ひと粒の結晶が大きくまろやかな味わい。赤やピンク、黒、琥珀などきれいな色で仕上げに使うと料理が華やかに

$7.49

各$7.99

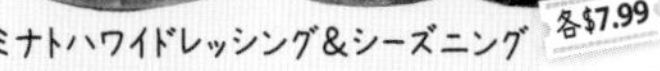

ミナトハワイドレッシング＆シーズニング

料理が苦手な人でも手軽にローカルグルメが作れる調味料。ポケはソースとシーズニングの2種類で異なる味わい

ABCストア→P.122

$8.69

ノーフーズカルアポークシーズニング

カルアポークのレシピは肉のうま味を引き出す塩の役割が重要。この燻製塩があれば限りなく本場に近づけそう

フードランド ファームズ→P.28

各$10

ディーン＆デルーカハワイアンシーソルト

ハワイの海で採取され手作業で製塩した全7種類。各島の貴重な素材や食材をミックスしたオールスターに仕上がっている

ディーン&デルーカ→P.118

ハワイ語で塩はPaakai（パアカイ）という。paaは固まる、kaiは海を意味する。

ラグジュアリーホテルのロゴグッズ

ひとめで恋する特別なギフト

自分用のお持ち帰りはコレ♡
憧れのホテルのブティックで
ちょっと贅沢なロゴ入りをゲット。

Halekulani

エレガントなオーキッドマーク

ハレクラニ ブティック

Halekulani Boutique

オーキッド（蘭）のロゴをあしらったグッズが揃う。お部屋で使いたい癒やし系や外出時に携帯できるコスメなど1日中一緒にいられる。◷9:00〜21:00

ハレクラニ → P.170

ブルーのリボンの箱入りミニキャンドル。お部屋でリラックスしたいときに使いたい。$25

マンゴーマイタイ、パイナップルコラーダ、ストロベリーシャンパーニュ3種類のオリジナルリップバーム各$10

熱烈なファンが多いランドリーソープ。ホテルのリネンと同じ香りに包まれる。$26

The Royal Hawaiian, a Luxury Collection Resort

ココロ躍るピンクに囲まれる幸せ

TRHインスパイアード

TRH Inspired

太平洋のピンクパレスのギフトはどれもピンク尽くし。色がもつハッピーパワーを手に入れよう。館内の「アクセンツ」でもロゴグッズを扱う。

◷9:00〜21:00

ロイヤルハワイアン → P.170

ロコアーティストのトルディ・ガレラによるピンクパレスのイラストトート$35

フロリダ生まれのコークシル社製のロゴタンブラー$52

ホワイトガーデニアの香りのボディローション$19

ホテルで使われているのと同じバスローブ。外側はサッカー地で軽くて着心地がいい。$165

ピンクのアロハを着たバニーぬいぐるみとキーチェーン(小)。左から$42、$24、$14

Moana Surfrider, A Westin Resort & Spa

南国の太陽の香りをイメージしたロールオンフレグランス$28

バニヤンツリーが描かれたロゴマグ$28

グッズにも貴婦人の風格を感じる

モアナ・バイ・デザイン

Moana by Design

モアナブルーと呼ばれる優雅でさわやかなカラーが特徴。ホテルの中庭に立つ樹齢100年超のバニヤンツリーのイラストにも注目したい。

◷11:00〜19:00

モアナサーフライダー → P.170

モアナのバニーはブルーのアロハ。ロイヤルハワイアンのピンクと並べて飾りたい♡ 右から$42、$24、$14

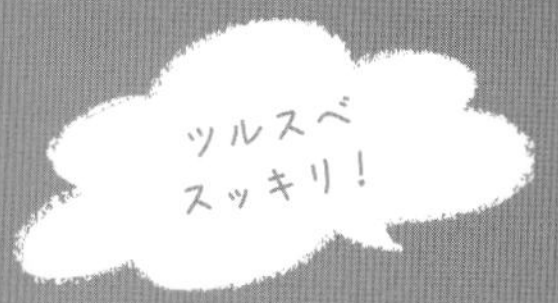

楽園が最強サポート とことんキレイに なって帰国しよう

ハワイにいるだけでリラックスできるけれど、そんなときこそ
ビューティアップのチャンス！ ゴッドハンドに身を委ねて
カラダとココロのケア。ハワイメイドのコスメをたっぷり
持ち帰ってセルフケア。気づけば周囲の視線が変わっているはず。

楽園の究極リラックス
世界のVIPをトリコにするホテルスパ

世界のVIPも利用する憧れホテルでは、最高レベルのラグジュアリースパがお待ちかね。最新設備と一流のサービスを調えているから、施術後はお肌も心もピッカピカ♪

Spa menu
- アバサハーモニー50分 $180
- ロミロミ50分$175
- ポハク（ホットストーン）マッサージ80分$245ほか

1. 極上のトリートメントにうっとり 2. ピンクパレスの静寂に包まれた空間
3・4. ショップではスパオリジナルのコスメも販売している

ワイキキ唯一のガーデンスパ

アバサ・ワイキキ・スパ Abhasa Waikiki Spa

熱帯の植物が茂るピンクパレスの中庭に面したスパ。庭のカバナでトリートメントが受けられるのはココならでは。リゾート気分を思いっきり満喫して。

Map 別冊P.10-B2 ワイキキ

住2259 Kalakaua Ave. ロイヤル ハワイアン ラグジュアリー コレクション リゾート内 電808-922-8200 営10:00～18:00 休無休 Card A.D.J.M.V. 予必要 URL abhasa.com

トランプ前大統領の娘イヴァンカがプロデュース

ザ・スパ・アット・トランプ The Spa at Trump

女性の視点で監修されたラグジュアリースパでは、パイナップルスクラブなどハワイらしいメニューが人気。ホテルのロゴアイテムはおみやげにぴったり。

Map 別冊P.10-A2 ワイキキ

住223 Saratoga Rd. トランプ・インターナショナル・ホテル・ワイキキ内 電808-683-7466 営10:00～17:00 休月・火 予必要 Card A.D.J.M.V. URL www.trumphotels.com/waikiki

1. 2人用スパルームにはジェットバスも完備 2. ゲストに合わせたメニューで施術

Spa menu
- トランプ・カスタマイズドマッサージ 60分 $175～
- ロミロミマッサージ60分$175～
- インターナショナル・アロマテラピーマッサージ60分$180ほか

1. ロミロミはチャント（祈り）から始まる
2. スパロビーの窓の外も海

波音を聴きながら至福のひととき

モアナラニ・スパ Moana Lani Spa

ビーチが目前のオーシャンフロントスパ。波の音をBGMに、癒やしのメニューが体験できる。伝統メソッドにこだわるロミロミがおすすめ。

Spa menu
- ヘブンリースパ・シグネチャーマッサージ50$190
- ロミ・ホオキパ50分$200
- ポハク・オラ50分$205ほか

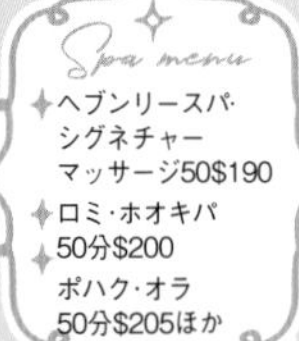

Map 別冊P.10-B2 ワイキキ

住2365 Kalakaua Ave. モアナ サーフライダー ウェスティン リゾート&スパ内 電808-237-2535 営9:00～18:00 休無休 Card A.D.J.M.V. 予必要 URL www.moanalanispa.com/jp

ホテルスパは施術のクオリティの高さはもちろん、シチュエーションも最高！ セレブな気分を味わえます。（青森県・みと）

マイレの香りに包まれて至福のひとときを満喫

スパハレクラニ Spa Halekulani

聖地カヴェヘヴェへに面した癒やしパワーの強いスパ。すべての施術は体の血行を促進する足のマッサージから始まり、日頃の疲れをたちまち解消してくれる。

Map 別冊P.10-A2 ワイキキ

住 2199 Kalia Rd. ハレクラニ内
☎808-923-2311 営9:00～18:00
休無休 Card A.D.J.M.V. 予必要
URL www.halekulani.jp

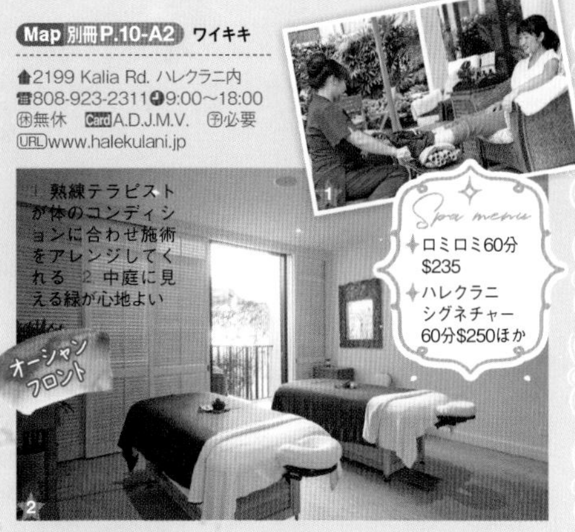

1. 熟練テラピストが体のコンディションに合わせ施術をアレンジしてくれる 2. 中庭に見える緑が心地よい

オーシャンフロント

Spa menu
- ロミロミ60分 $235
- ハレクラニ シグネチャー 60分$250ほか

ガーデンスパ

ガーデン付きの個室で施術

ザ・カハラ・スパ The Kahala Spa

セレブ御用達ホテル、ザ・カハラ内にある。ガーデン付きの広々とした個室でトリートメントを受けられるのが特徴。天然木を使ったマッサージが人気。

Spa menu
- ホオラハナホウ 90分 $305
- ロミロミ120分 $370ほか

1. スパ・スイートの深いバスタブでリラックス 2. ウッド調の広いテラピールームの外にガーデンが

Map 別冊P.7-D1 カハラ

住 5000 Kahala Ave. ザ・カハラ・ホテル&リゾート内 ☎808-739-8938
営9:00～17:00 休無休 Card A.D.J.M.V. 予必要
URL jp.kahalaresort.com

ハワイの自然の恵みを全身で享受

ナイオブリススパ Naio Bliss Spa

アイナ（土地）とカイ（海）の要素に基づき心身のバランスを整える伝統施術が好評。トリートメントに使うノニやココナッツオイルはすべてハワイの天然素材。

Map 別冊P.8-B2 ワイキキ

住 100 Holomoana St. プリンスワイキキ内 ☎808-201-0767 営9:00～18:00 休無休 Card A.D.J.M.V. 予必要 URL naio-bliss.com

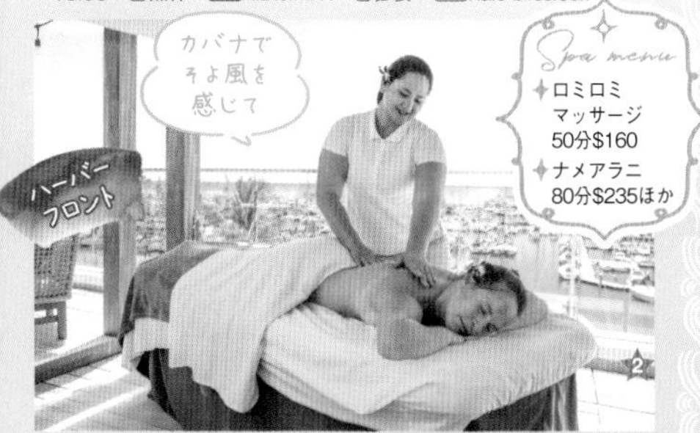

カバナでそよ風を感じて

ハーバーフロント

Spa menu
- ロミロミ マッサージ 50分$160
- ナメアラニ 80分$235ほか

アラワイ・ヨットハーバーに面したカバナで施術を受けることができる

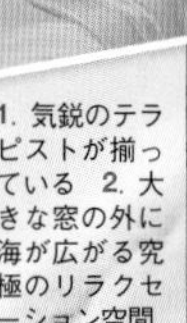

オーシャンフロント

1. 気鋭のテラピストが揃っている 2. 大きな窓の外に海が広がる究極のリラクセーション空間

海が望める豪華スパ

ナホオラスパ Nā Hōʻola Spa

ホテルの2フロアを贅沢に使ったゴージャススパ。豪華な設備とテラピストの技術の高さが自慢。ワイキキ・ビーチを眺めながら心も体もリフレッシュしよう。

Spa menu
- ハワイアンロミロミ 50分 $185
- ホットストーン マッサージ 50分$195ほか

Map 別冊P.11-C2 ワイキキ

住 2424 Kalakaua Ave. ハイアット リージェンシー ワイキキ ビーチ リゾート&スパ内 ☎808-237-6330 営9:00～17:00 休無休 Card A.D.J.M.V. 予必要 URL jp.nahoolaspawaikiki.com

ハワイのスパマナー

予約は？

予約なしでも施術が受けられることもあるが、基本的には要予約。できれば渡航前に予約を入れると安心だ。ウェブで予約ができるスパも多い。女性テラピストにお願いしたいなどリクエストがあれば予約時に伝えておこう。

スパ当日は？

食事は施術の1時間前、飲酒は8時間前には済ませておきたい。着替えなどの準備があるので15～30分前には到着するようにしよう。リラクセーションルームやプールのあるスパなら早めに出かけてリラックスするのもおすすめ。

チップは？

施術料金の15～20%が目安。クレジットカードで支払う場合はチップをプラスした金額を記入してサインすればOK。現金の場合は施術後に直接スタッフに渡そう。スパによってはチップ込みの料金を提示することもあるので確認を。

ロミロミは古代ハワイの神官カフナが医療行為として行ったのが起源。今も伝統的ロミロミでは祈りの儀式を行う。

ハワイ伝統のロミロミに癒やされる？ 学んじゃう？

ロミロミってエステや普通のマッサージとは何が違うの？ どんな効果があるの？ そんな興味がわいてきたら即実行。癒やしの島の神業を体験しにいこう！

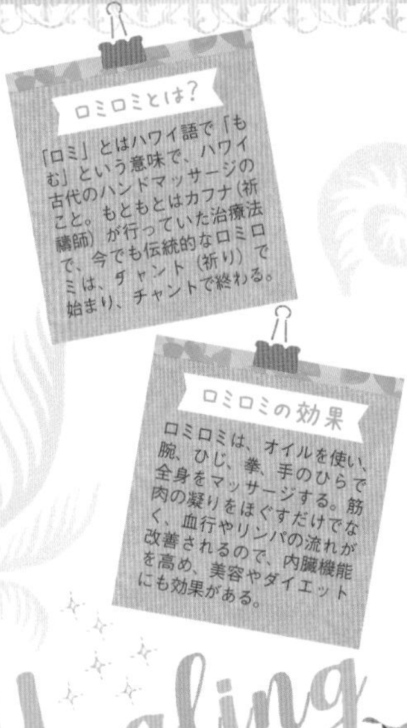

日本人オーナーのエリさん。施術後は驚くほどすっきり

オバマ前大統領御用達の隠れ家

ロミロミハナリマ

Lomilomi Hana Lima

充実の設備を誇り、ハワイとアジアが融合した独特の雰囲気をもつサロン。オバマ夫妻がハワイ滞在時に必ず指名するテラピスト、エリさんのゴッドハンドに癒やされよう。

Map 別冊P.4-A1 カイルア

住315 Uluniu St. カイルアスクエア2F 電808-263-0303 営9:00〜17:00 休日 料60分$119〜 Card M.V. 日 予望ましい URL www.lomilomihanalima.com

Healing

ゴッドハンドを体感

ロミロミ初体験には入りやすい独立型サロンがおすすめ。日本語が通じてセレブも通う人気サロンはこちら！

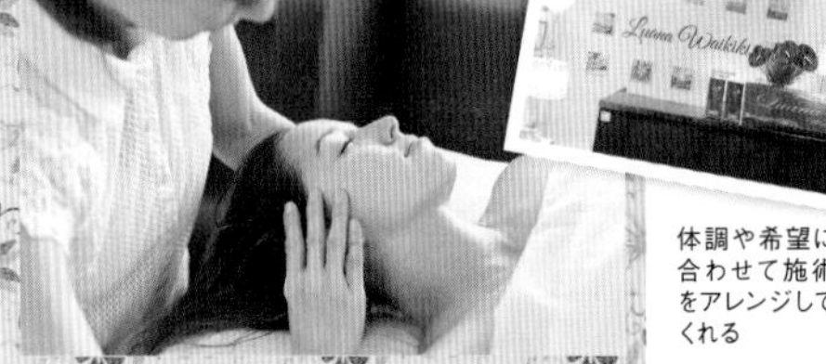

体調や希望に合わせて施術をアレンジしてくれる

お買い物の合間にリラックス

ルアナワイキキ ハワイアン ロミロミ マッサージ&スパ

Luana Waikiki Hawaiian Lomi Lomi Massage & Spa

ワイキキの中心にある便利な立地。2003年創業。マッサージ&エステメニューを提供し、両方の組み合わせも可能。経験豊富な日本人テラピストだから安心。

Map 別冊P.10-A2 ワイキキ

住2222 Kalakaua Ave. #716 ワイキキ・ギャラリア・タワー7F 電808-926-7773 営9:00〜18:00（最終予約受付17:00、週末は完全予約制） 休感謝祭、クリスマス、大晦日、元日 料60分$95〜 Card A.M.V. 日 予望ましい URL www.luana-waikiki.com

短時間でサクッとリフレッシュ

ポポキマッサージ Popoki Massage

アラモアナセンターにあるコスパの高いサロン。ロミロミを中心に指圧やフットマッサージが受けられ、要望に応じてカスタマイズOK。マッサージチェアも利用できる。

Map 別冊P.15-C・D2,26 アラモアナ

住1450 Ala Moana Blvd. アラモアナセンター1F ダイヤモンドヘッドウイング海側 電808-304-8038 営10:00〜20:00（日曜〜19:00） 休無休 料30分$45〜 Card A.D.J.M.V. 日 予望ましい URL www.popokimassage.com

30分のメニューもあるので時間がないときでも気軽に受けられる

ハワイのロミロミはメールやラインで予約できるので安心です。フライト疲れと時差ボケ解消のため初日に予約します。（千葉県・ぽぽ）

お部屋でロミロミ

ハワイにはなんとロミロミの出張サービスも！人目を気にせずじっくり体験したい人におすすめ。

テラピストは全員ハワイ州公認ライセンスをもつ日本人女性なので安心

宿泊ルームがサロンに早変わり

ロミノハワイ Lomino Hawaii

テラピストが宿泊中のホテルの部屋に来てくれる。天然の植物オイルを使い施術を行ってくれる。施術後に身支度する必要がなく、終了後はそのまま寝ちゃってもOK！

☎808-741-3534 ⏰9:00～22:30（最終予約時間） 休無休 予必要 料60分$85～（早割あり） Card J.M.V. 日 URL lominohawaii.com

ロミロミ実習生が施術を担当

ハワイ・マッサージクリニック

Hawaii Massage Clinic

ハワイ州公認のマッサージスクールが運営。ライセンス取得直前のインターン生が行うため、激安価格でロミロミが受けられる。気軽に試したい人にピッタリ。

Map 別冊P.10-B2 ワイキキ

🏠334 Seaside Ave. ☎808-551-3973 ⏰10:00～17:00（土はプロフェッショナルマッサージのみ予約可） 休日 料60分$41～ Card M.V. 日 予必要 URL lominoclinic.com

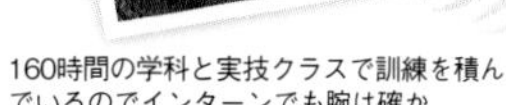

160時間の学科と実技クラスで訓練を積んでいるのでインターンでも腕は確か

格安ロミロミの裏技

ロミロミは受けてみたいけど出費は抑えたい……。本場ハワイには超お得に体験できる裏技が。

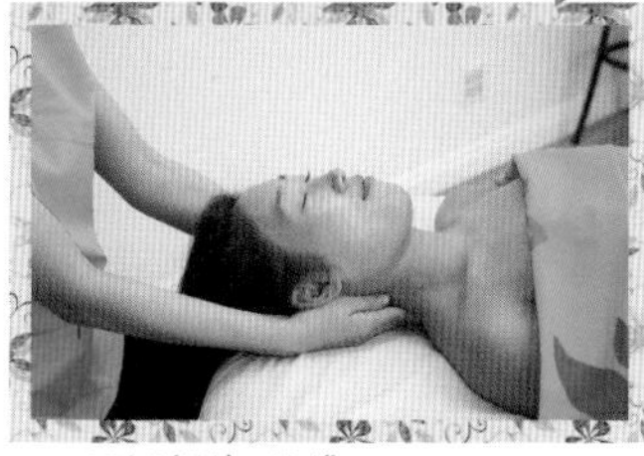

ライセンス保持者のテラピストの施術ではハワイ最安値。予想以上の満足度と評判

ハワイ州公認校と提携したサロン

ファーストステップマッサージ

First Step Massage

ライセンスを取得したての新人がスキルアップすることを目的に、格安でロミロミを提供。経験値は低くても勉強熱心なテラピストが揃い、お得感満載。

Map 別冊P.10-B2 ワイキキ

🏠334 Seaside Ave. ☎808-722-5456 ⏰9:00～17:00 休日 料60分$65～ Card M.V. 日 予必要 URL firststephawaii.com

ロミロミ技術を習得

新しいロミロミ体験にチャレンジしたいならプチ留学気分のワークショップに参加してみよう。

最短3時間で受講後に修了証発行

ロミノハワイマッサージスクール

Lomino Hawaii Massage School

ロミロミマッサージを3時間～5日間で習得できるワークショップが人気。日本語で指導してくれるのでわかりやすく、修了証も発行してくれる。カップルや友人と参加すると費用もお得に。

定員6名の少人数制だからじっくり学べて基礎が身に付く。修了証がもらえて達成感あり！

Workshop Menus

プラン	費用
フットロミロミ体験プラン（3時間）	$210（ペア参加は1名$185）
手足ロミロミ体験プラン（6時間）	$380（ペア参加は1名$355）
背面ロミロミ体験プラン3日間（9時間）	$565（ペア参加は1名$540）
全身ロミロミ体験プラン5日間（15時間）	$920（ペア参加は1名$895）

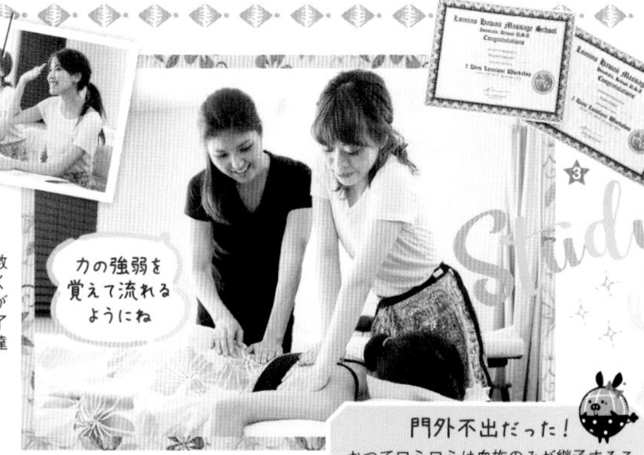

Map 別冊P.10-B2 ワイキキ

🏠334 Seaside Ave. ☎808-469-6266（月～金9:00～15:00） Card M.V. 日 予必要 URL www.lomilomiworkshop.com

門外不出だった！

かつてロミロミは血族のみが継承することができるハワイアンだけの秘技だった。その掟が変わったのが1970年代。人間国宝の称号をもつアンティ・マーガレットがハワイ島にロミロミスクールを設立。批判を受けながらもアロハスピリットを世界に広め現在のロミロミへと発展した。

ロミロミを受ける前はアルコールやカフェインを控え、食事も軽めにしておくと、より効果が出やすい。

セルフビューティの強い味方！ハワイメイドのコスメブランド Best 20

ロコが愛用するコスメはハワイの恵みたっぷりで環境に優しいナチュラル系が主流。肌本来の美しさを引き出しキレイに磨きをかけるハワイ発ブランド20選をお届け！

Best 1 Malie Organics

マリエオーガニクス

ハワイの花や果実を原料に自然治癒力を高めるコスメが揃うカウアイ島発ブランド

マリエオーガニクス→P.136
アラモアナセンター店→P.116

ボディポリッシュ

ミネラル豊富なハワイアンシュガーに植物オイルをブレンド。フレッシュマンゴーの香りで、肌の輝きと潤いがアップ！$29

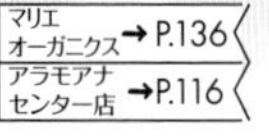

ボタニービューティ

スキンケアシリーズのトニック。100%ピュアなジャスミンとローズのアロマに、自然由来のエッセンスをブレンド。$45

ボディクリーム

アロエベラをベースに、ククイナッツオイルなどを配合した保湿効果の高いクリーム。プルメリアの優雅で甘い香り。$33.50

ピンクパレスにある優雅なブティック

マリエオーガニクス

Malie Organics

マリエはハワイ語で「穏やか」という意味。ラグジュアリーホテルの中庭にある店舗はブランドイメージどおり。

Map 別冊P.10-B2 ワイキキ

2259 Kalakaua Ave. ロイヤル ハワイアン ラグジュアリー コレクション リゾート内 ☎808-922-2216
10:00～21:00 休無休 Card A.D.J.M.V.
URL malie.com アラモアナセンター

Best 2 Honey Girl Organics

ハニーガールオーガニクス

ノースショア発祥ブランド。自社の養蜂場で採れたハニーを使ったアイテムが豊富

フェイシャルトナー

プロポリス、ローズオイル、ネロリオイルなどを配合した、99%オーガニックのフェイシャルトナー。使いやすいスプレータイプ。$33.99

ホールフーズ・マーケット→P.29

フェイス&アイクリーム

91%がオーガニック原料で抗酸化成分たっぷりのクリーム。シワやたるみを改善し、肌バリアを高めてくれる。$32.49

ホールフーズ・マーケット→P.29
ABCストア→P.122

フェイシャルケアセット

クレンザー、トナー、クリーム、リップバームのトラベルセット。初めて使う人におすすめ。ポーチ付きで$31.99

ホールフーズ・マーケット→P.29
ABCストア→P.122

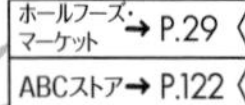

Best 3 Kapa Nui

カパヌイ

ハワイ島で誕生した無臭無害ネイル。有害な化学物質を排除し人体と環境に安全な製品を開発

ネイルポリッシュ&リムーバー

妊婦、子供、闘病中の患者でも使えることがモットー。もちろん爪にも優しい。ハワイ島をイメージした約50色を展開。各$9.99～

フードランド ファームズ→P.28
ハウス・オブ・マナアップ→P.102

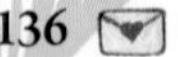
ハワイアンバス&ボディのコーヒースクラブソープは男性へのおみやげにおすすめ。（埼玉県・かれん）

Best 4 Lanikai Bath and Body

ラニカイバス&ボディ

天然素材にこだわった
カイルア生まれのナチュラル
コスメ。トロピカルな香り
にウットリ♪

ラニカイバス&ボディ→P.58

ボディローション

ノニ、ククイ、マカダミアオイルを配合し、抗酸化成分とビタミンが豊富。軽いテクスチャーで使いやすい。$18

リップバーム

有機蜜蝋とココナッツオイルを注入した天然シアバター配合。潤いながら栄養を与える。ハワイらしい香りも♡ 各$3.95

リコ

脂肪の分解を促進し、脂質の吸収を抑える成分を豊富に含んだスリミングクリーム。植物由来成分だから安心。$49

Best 5 Hawaiian Botanicals

ハワイアンボタニカルズ

コスメ専門店ベルヴィーの
オリジナルシリーズ。ハワイ産の植物
エキスを原料にドクターが開発。
肌の悩み別に多彩なアイテムを展開

ベルヴィー→P.137

ムア

ビタミンCの125倍という高い美白効果をもつ最新美容成分フラーレンを配合。朝（白）と夜（黒）セットで$150

Best 8 Puna Noni

プナノニ

オールドハワイアンの知恵を
取り入れ、奇跡の植物ともいわれる
ノニを使用したコスメ

ローション

アンチエイジング効果と優れた殺菌作用をもつ奇跡のフルーツ・ノニを使いカイルアで手作りする。$19.99～

ホールフーズ・マーケット→P.29
ベルヴィー→P.137

Best 6 O laTropical Apothecary

オーラトロピカルアポセカリ

ハワイ伝統の植物療法を
継承するオーガニックブランド。
人間本来の自然治癒力を
呼び覚ますのがテーマ

ホールフーズ・マーケット→P.29

ボディミスト

コナ沖の海洋深層水とハワイウオーターを使用。パッションフルーツのビタミンCでみずみずしい肌になる。$19.99

ボディローション

保湿効果抜群だけどベタつかず乳液のようなつけ心地。ボディだけでなくフェイスケアにも使える。$15.95～

ホールフーズ・マーケット→P.29
ノースショア・ソープファクトリー→P.63
ベルヴィー→P.137

Best 7 Hawaiian Bath & Body

ハワイアンバス&ボディ

ワイアルアに工房がある
ノースショア発ブランド。
オールナチュラル&
ハンドメイドが人気の秘密

最旬コスメがバラエティ豊富に揃う
ベルヴィー
Belle Vie

美容フリーク御用達ショップ。日本では入手困難なドクターズ系からオリジナルコスメまで幅広くラインアップ。

Map 別冊P.10-B2 ワイキキ

2250 Kalakaua Ave. ワイキキ・ショッピング・プラザ1F ☎808-926-7850 10:00～21:00 休無休 Card A.D.J.M.V. URL www.belle-vie.com

Best 9 Hanalei

ハナレイ

カウアイ島ハナレイで創業。
栄養価の高いハワイ産の植物を
主原料にした自然派

ハウス・オブ・マナアップ→P.102

シュガーリップスクラブ

サトウキビのブラウンシュガーで角質を取り除き、ククイナッツオイルで栄養を与え、シアバターで保湿。$25

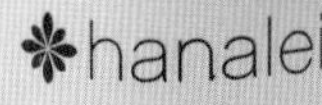

Best 10 Little Hands Hawaii

リトルハンズハワイ

海を愛するロコ女性が
自身の娘たちのために考案した
オーガニックのサンケアブランド。
100%天然で敏感肌でも安心

サンスクリーンスティック

ココナッツオイルや蜜蝋などオーガニック原料を配合。赤ちゃんにも使える優しい日焼け止め$28～

フードランドファームズ→P.28
ハウス・オブ・マナアップ→P.102

ハワイメイドのコスメブランドBest 20

ハワイでは珊瑚礁保全のため化学物質を含む日焼け止めの販売が禁止。日本からの持ち込み制限はないが、現地購入がおすすめ。

ブライトニング＆ファーミングセラム

スーパーフードと粉末水晶を配合。日焼けによるシミ、シワ、たるみを改善してワントーン明るい肌へ促す。$65～

Best 11

O'o Hawaii
オオハワイ

皮膚科医や植物研究家と共同開発。ノースショア在住の創業者はヨガや食事心理学にも精通

ベルヴィー→P.137

Island Soap & Candle Works
アイランドソープ＆キャンドルワークス

カウアイ島発手作りのソープとキャンドルの老舗。スキンケアシリーズも人気

Best 12

ホールフーズ・マーケット→P.29
ABCストア→P.122
ベルヴィー→P.137

サーファーズサルブ

スキンケアから虫刺されまでケアする万能バーム。天然成分が日焼けあとや乾燥肌を緩和。$14.29～

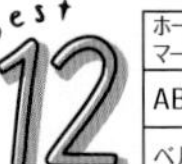

Best 13

ボディローション

保湿効果の高い成分を豊富に使用。プルメリアネクターやココナッツミルクなど、ハワイの香りが揃う。各$16

Aloha 'Āina
アロハアイナ

マウイソープカンパニーのスキンケアシリーズ。原材料を描いたボトルデザインも人気

シュガーシュガーハワイ→P.115

Best 14

Oils of Aloha
オイルズオブアロハ

オーガニックのククイナッツから搾油したオイルが主原料のスキンケアブランド

ココナッツオイル

肌にも髪にも使えるココナッツオイル。抗炎症作用が高く、日焼け後の肌や皮膚炎にも効果が。香りも◎ $11.99

ABCストア→P.122

ローラーパフュームオイル

自然の優しい香りのロールオン香水。保湿オイルとしての効果もあり、肌と潤いと栄養を与える。$24

Best 15

Ua Body
ウアボディ

母の製法を娘が引き継ぐハワイ島のスキンケアブランド。日本にも根強いファンをもつ

ハウス・オブ・マナアップ→P.102
ベルヴィー→P.137

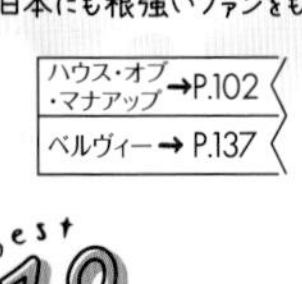

Best 16

バイタルCクレンザー

化学物質を排除した洗顔料。シミ、シワ、くすみを軽減し肌の質感を改善してくれる。$19.95

Kona Skin Care
アロハアイナ

創業者が自身の皮膚がんを機に開発。超敏感肌に使えるスキンケアとして注目

シュガーシュガーハワイ→P.115

Best 17

Moea Hawaii
モエアハワイ

有名なクムフラがプロデュース。皮膚科医と薬剤師の協力を得てセルフケア製品を展開

ノエアウ・デザイナーズ→P.103

ボディミルクミスト

アロエ、ココナッツミルク、ホホバオイル配合の超微細なミスト。潤いと栄養を与えつつ香りで癒やす。$20.49

Best 18

Maui Excellent
マウイエクセレント

セラピストがプロデュースするマウイ島発ブランド。痛みにフォーカスした製品に力を入れる

ダウントゥアース→P.30

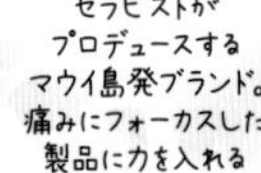
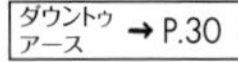

ボルケーノオイル

オーガニックのマッサージオイル。鎮痛治療用ブレンドで筋肉の痛みを和らげ肌も活性化される。$17

フェイスマスク

肌にたっぷり潤いを補給してくれるモイスチャーフェイスマスク。トロピカルフラワーの香りに癒やされる。3枚セット各$5.99

Best 19

Forever Florals
フォーエバーフローラルズ

30年以上の歴史をもつホノルル発スキンケアブランド。プルメリア、ピカケなどハワイの花々が主原料

ABCストア→P.122

Best 20

Maui Moisture
マウイモイスチャー

アロエベラジュースをベースにしたビーガンヘアケア。髪質に合わせて選べるのが魅力

ヘアマスク

アガベやパイナップルなどを配合したマスクはダメージヘアに効果大。シリコンフリーでも髪サラサラに！ $8.99

ロングスドラッグス→P.30
ターゲット→P.117
ウォルマート→P.145

ククイオイルはヘアオイルとしても完璧！ つややかな髪になります。（東京都・舞）

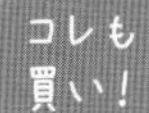

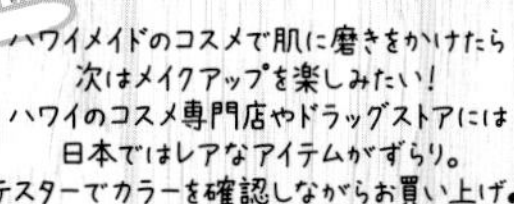

ハワイメイドのコスメで肌に磨きをかけたら
次はメイクアップを楽しみたい！
ハワイのコスメ専門店やドラッグストアには
日本ではレアなアイテムがずらり。
テスターでカラーを確認しながらお買い上げ♪

Fenty Beauty
リキッドファンデーション
$36
軽やかなつけ心地なのに乾燥知らずのテクスチャーが秀逸。全22色で自分の肌に合ったカラーが選べる
セフォラ→P.139

Kaja
チークスタンプ
$26
スタンプを押すようにポンポンと肌にのせるだけで簡単に血色感のある肌に。濃度の調節も簡単
セフォラ→P.139

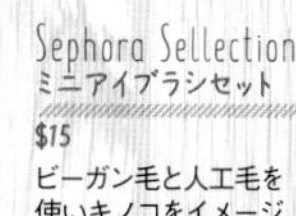

Milk
リップ＆チークとハイライター
各$24
自然派素材ブランドのヒット商品。スティックタイプでサッと肌の上に滑らせるだけで均一に仕上がる
セフォラ→P.139

Sephora Sellection
ミニアイブラシセット
$15
ビーガン毛と人工毛を使いキノコをイメージしたミニブラシ4本。目元に微妙なニュアンスを描ける
セフォラ→P.139

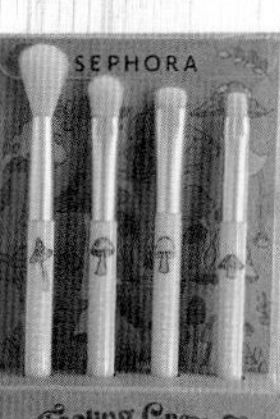

Soap & Glory
ブースティングカクテル
$17.99
メイク前に肌にのせるとパールの粒が弾けて明るく輝く肌に早変わり。ビタミンC配合で栄養も補給
セフォラ→P.139

e.l.f.
プライマー
$8
ニキビ予防にも効果のあるブレミッシュコントロールプライマー。ティーツリーやビタミンEで肌を元気に
ウォルマート→P.145

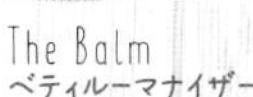

Moroccanoil
カラーディポッジッティングマスク
各$8
期間限定で髪色メイクができるヘアカラートリートメント。ナチュラルからビビッドの全9色
ターゲット→P.117

The Balm
ベティルーマナイザー
$24
微粒子パウダーが肌にフィットして輝きと立体感を演出。ブロンザー、アイシャドーなどマルチに使える万能アイテム！
ウォルマート→P.145

Kaja
ビューティベントー
$26
セフォラと韓国コスメブランドが共同開発。同系色のアイシャドーが3段に。ネーミングがユニーク
セフォラ→P.139

NYX
シャドーパレット
$17.99
16カラーを揃えたアイシャドーパレット。マットからサテン、メタリックまで、さまざまな仕上がりが楽しめる
ターゲット→P.117

Milani
リップグロス
$8.99
光を反射し、キラキラと輝くホログラフィックリップグロス。なめらかなテクスチャーでセクシーなツヤ唇を演出
ターゲット→P.117

L.A.Girl
アイライナー
$7.50
ゲル状でスムーズにラインが引ける発色のよいアイライナー。目元がにじむことなく、長時間シャープなラインをキープ
ロングスドラッグス→P.30

日本未上陸コスメセレクトショップ
セフォラ Sephora

フランス・パリで創業。世界27ヵ国に店舗があり、オアフ島に6店舗ある。最旬ブランドのほかオリジナルアイテムを展開している。

Map 別冊P.10-B2 ワイキキ

2250 Kalakaua Ave. ワイキキ・ショッピング・プラザ1F ☎808-923-3301 10:00～22:00 休 無休 Card A.D.J.M.V. URL sephora.com 他 アラモアナセンター、カハラモールほか

Rimmel
マスカラ
$7
アルガンオイルを配合し、栄養を与えながらまつ毛をボリュームアップ。ウオータープルーフでカールが続く！
ウォルマート→P.145

セフォラの無料会員に登録すれば誕生日月の来店時にフリーギフトがもらえる。会員登録はウェブまたは店頭でOK！

プルメリアの香りには鎮静作用がある

恋愛運UPに効果があるブーゲンビリア

ワイキキの癒やしの水

カヴェヘヴェヘ
Kawehewehe

左／そこだけサンゴが繁殖せず水がクリア　右／ボード形の解説が目印

ハレクラニ前の海は淡水が湧き出るポイント。ヒーリング効果があり古代ハワイアンは病気やけがをこの場所で癒やしていたという。

Map 別冊P.10-A3　ワイキキ

自然のエナジーでリセット

癒やしの島のヒーリングスポット

神話と伝説に彩られたハワイは不思議なエネルギーに満ちている。訪れるだけでココロを癒やして元気をチャージできるスポットへご案内！

大地のパワーと癒やしの花

生命力を感じる巨大サボテン

ココクレーター・ボタニカルガーデン
Koko Crater Botanical Garden

1万年前に噴火を繰り返していた火山のクレーターにある植物園。4～10月には色とりどりのプルメリアが咲き誇る。

Map 別冊P.5-D3　サウスショア

7491 Kokonani St. 808-768-7135 日の出～日没 休無休 料無料 URL www.honolulu.gov/parks/hbg

パワーを秘めた4つの石

ワイキキの魔法の石
Wizard Stones

悪いエネルギーを吸い取るといわれている

かつてタヒチから4人の祈禱師がハワイを訪れ癒やしや治療を提供。島を離れる際、それぞれの霊力を石に込めたという。 Map 別冊P.11-C2　ワイキキ

圧倒的な力をたたえる山

ダイヤモンドヘッド
Diamond Head

悩みやストレスを浄化してくれる

火の神ペレがキラウエア火山を永住の地とする前に立ち寄ったとされるスポット。内側のクレーターにパワーがあふれてる！

DATA → P.52

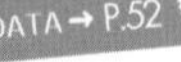
頂上から見たクレーター。最も磁場が強いといわれる

心の平安が得られる

ホオマルヒア・ボタニカルガーデン
Hoomaluhia Botanical Garden

コオラウ山脈の麓にあり、平和で穏やかな場所を意味する広大な植物園。さまざまな植物が生い茂り、ヒーリング効果たっぷり。

Map 別冊P.4-B1　カネオへ

45-680 Luluku Rd. Kaneohe 808-233-7323 9:00～16:00 休無休 料無料 URL www.honolulu.gov/parks/hbg

山肌がすがすがしい。SNSで話題となった一本道は現在撮影禁止なので注意

1. 元日は初詣客でにぎわう
2.幸運お守りとハイビスカス&モンステラの旅行安全お守り各$8

ハワイ仕様のお守りをゲット！

日系移民のために1906年に建てられた出雲大社の分院であるハワイ出雲大社。お守りがかわいいと話題で、旅行者にも人気！

ハワイ出雲大社
Izumo Taishakyo Mission of Hawaii

Map 別冊P.16-A1　ダウンタウン

215 N.Kukui St. 808-538-7778 8:00～17:00（社務所8:30～）休無休 URL www.izumotaishahawaii.com

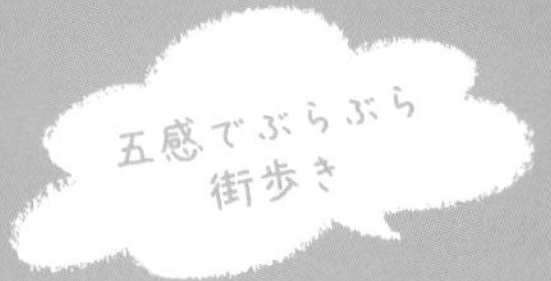

素顔のハワイを求めて
ホロホロ♪
エリア別おさんぽプラン

同じハワイでも、タウンが変われば風景も音も香りさえもぜんぜん違う。
それぞれに個性があって、その一つひとつにココロが惹きつけられて
無性に恋しくなってくる。ワイキキからスタートしたら
赴くままにホロホロ（ハワイ語でぶらぶら、散歩の意味）を楽しんで。

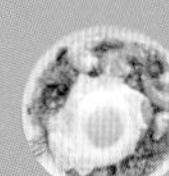

陽気でハッピーなビーチリゾート ワイキキで鉄板アクティビティと ヒストリカル観光のイイトコ取り！

ワイキキ最大のお楽しみといえば何といってもアクティビティ満載のビーチ！
思う存分遊んだらビーチ沿いをてくてく歩いてハワイの歴史さんぽも楽しんで。

TOTAL 約8時間

ワイキキおさんぽ1

TIME TABLE

10:00 ワイキキ・ビーチ
↓ 徒歩
13:00 ベアフットビーチカフェ
↓ 徒歩約3分
14:00 カピオラニ公園
↓ 徒歩約15分
15:00 プリンス・クヒオ像＆デューク・カハナモク像
↓ 徒歩約3分
16:00 ホノルル・コーヒー・カンパニー
↓ 徒歩約10分
17:00 マヒナ＆サンズ

ALOHA～♪

Beach

Kuhio Beach

堤防に囲まれ、波が穏やかなビーチ。のんびりするのに最適

1 10:00 地球イチ楽しいビーチ ワイキキ・ビーチ

Waikiki Beach

約3kmにわたるワイキキの象徴。エリアごとに名称の異なるビーチが連なり、その総称がワイキキ・ビーチ。マリンアクティビティも充実。

Map 別冊P.10～11

Duke Kahanamoku Beach

Fort De Russy Beach

Kaimana Beach

Queen's Surf Beach

1. ヒルトン前に位置し、ビーチとラグーンの両方が楽しめる　2. 中心部から近いわりに日本人率が低い穴場　3. 東端にあるこぢんまりした静かなビーチ　4. カピオラニ公園前に広がり、芝生でくつろげるのが魅力

Activity

Outrigger Canoe

Kayak

Catamaran

Aqua Cycle

Stand Up Paddle

Surfing

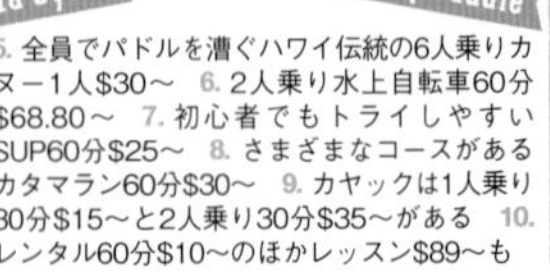

5. 全員でパドルを漕ぐハワイ伝統の6人乗りカヌー1人$30～　6. 2人乗り水上自転車60分$68.80～　7. 初心者でもトライしやすいSUP60分$25～　8. さまざまなコースがあるカタマラン60分$30～　9. カヤックは1人乗り30分$15～と2人乗り30分$35～がある　10. レンタル60分$10～のほかレッスン$89～も

ワイキキ大好き♡

1. がっつり系からビーガンまでメニュー豊富　2. オープンエアが気持ちい

2 海が望める景勝カフェ ベアフットビーチカフェ 13:00

Barefoot Beach Cafe

海遊びあとのランチはクイーンズサーフ・ビーチ前のアウトドアカフェで。格安のプレートランチやポキ丼などが楽しめて眺めも最高！ 毎日ライブも行っている。

Map 別冊P.11-D3

2699 Kalakaua Ave.　☎808-924-2233　8:00～L.O.20:30　休無休　Card A.J.M.V.　URL barefootbeachcafe.com

マリオットホテル前付近のPacific Island Beach boysのレンタル代はほかのビーチサービスより安かったです。（千葉県・Kai）

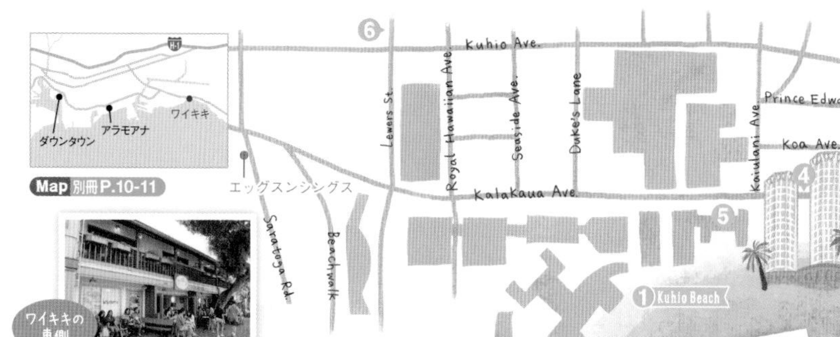

Map 別冊P.10-11

ワイキキの東側

限定オリジナルグッズをゲット！

日本でも大人気のエッグスンシングスの本店。常に行列だけど、狙い目はオリジナルグッズ。トートやウオーターボトルのほか、ハワイ限定のパンケーキミックスなどがある。

エッグスンシングス Eggs'n Things

Map 別冊P.10-A2

339 Saratoga Rd. ☎808-923-3447 7:00～14:00 休無休 Card A.J.M.V. URL eggsnthings.com ワイキキ、アラモアナほか

1. 1871～1922年。クヒオ王子生誕日の3月26日はハワイの祝日 2. 1890～1968年。オリンピック競泳で金メダル3個、銀メダル2個獲得

サーフィンの父とよばれる

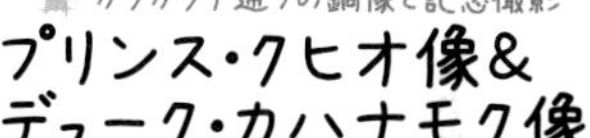

3 14:00

ホノルル市民の憩いの場

カピオラニ公園

Kapiolani Park

ランチ後はカラカウア王が築いたハワイ最古の公園をのんびり散策。ダイヤモンドヘッドが一望でき園内には王の愛妻カピオラニの銅像も。

Map 別冊P.11-D2

1. カピオラニ王妃像はベアフットビーチカフェの近く 2. ダイヤモンドヘッドが一望できるベンチはテニスコートより少し南にある

4 15:00

カラカウア通りの銅像と記念撮影

プリンス・クヒオ像＆デューク・カハナモク像

Prince Kuhio Statue & Duke Kahanamoku Statue

プリンス・クヒオはカウアイ島最後の王のひ孫でカピオラニ王妃の養子。準州時代にハワイアン初のアメリカ下院議員となり、ハワイのために尽力。デューク・カハナモクはハワイアン初のオリンピック金メダリストでサーフィンの神様。 Map 別冊P.11-C2

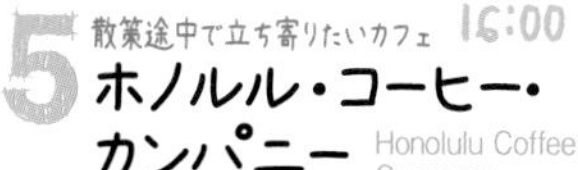

5 16:00

散策途中で立ち寄りたいカフェ

ホノルル・コーヒー・カンパニー

Honolulu Coffee Company

モアナサーフライダーのエントランス脇にあるハワイを代表するコーヒーカンパニー。ハワイ島コナの自社農園で収穫したコーヒーを提供する。

Map 別冊P.10-B2

2365 Kalakaua Ave. モアナ サーフライダー ウェスティン リゾート&スパ内 ☎808-926-6162 6:00～18:00 休無休 Card A.J.M.V. URL honolulucoffee.com ワイキキ、アラモアナセンターほか

ブルーベリーどっさり♪

1. イメージカラーのグリーンを基調とした店内 2. 丸いロゴが目印 3. アーモンドバター入りのハワイアンアサイ$16とハワイアンラテ$6.35～

6 17:00

ラストはおしゃれホテルのダイニング

マヒナ＆サンズ

Mahina & Sun's

デザインホテルのプールサイドにある。朝食からディナーまで通しで営業していて、ハッピアワーはカクテルやビールがお得。さらに12時～17時半にはお得なフードメニューもある。

Map 別冊P.10-A1

412 Lewers St. 星野リゾート サーフジャックハワイ内 ☎808-924-5810 8:00～22:00 ハッピーアワー 8:00～17:30 休無休 予$20～ Card A.J.M.V. URL mahinaandsuns.com

1. ディナーメニューのアボカドタコス$12 2. プールサイドのラナイ席 3. ハッピーアワーはカクテルが$8

月・木曜9時～10時半にワイキキの史跡を日本人ガイドと巡る歴史街道ツアー（$25）がある。URL hawaii-historic-tour.com

巨大モールだけじゃない！アラモアナ～ワードはツウ気取りで遊び尽くす

ワイキキのお隣タウンはロコも日常で通うエリア。
アラモアナセンターを中心に、ワイキキより地元感が味わえるビーチやショッッピング＆グルメスポットが点在。

TOTAL 約8時間

アラモアナおさんぽ

TIME TABLE

10:00 アラモアナ・ビーチパーク
↓ 徒歩約13分
11:00 ワードビレッジ
↓ 徒歩約7分
12:30 ハナ・コア・ブリューイング・カンパニー
↓ 徒歩約17分
14:00 ウォルマート
↓ 徒歩約2分
15:00 マル
↓ 徒歩約7分
16:00 ドン・キホーテ
↓ 徒歩約12分
17:00 マリポサ

1 ローカル度の高い遠浅のビーチ 10:00
アラモアナ・ビーチパーク Ala Moana Beach Park

ドラマチックなサンセットを堪能
アラモアナ・ビーチ東端の人工の半島マジック・アイランドは夕日スポットとして有名。遮るものは何もなく水平線に沈む太陽は感動的。
Map 別冊P.15-D3

アラモアナセンターのすぐ目の前。BBQやジョギングコース設備などが調ったロコファミリー御用達ビーチ。ワイキキよりのどかな雰囲気。

Map 別冊P.14～15 アラモアナ

2 最旬ショッピングスポットへ 11:00
ワードビレッジ Ward Village

外壁デザインにも注目！

サウスショア・マーケットの外壁デザインはアロハのデザイナー、シグ・ゼーンが担当

70年代からあったショッピングエリアが再開発され誕生した複合施設の総称。巨大映画館やアウトレット、スーパーなど複数の建物がある。いち押しは個性的なショップが集まるサウスショア・マーケット。

Map 別冊P.14-A·B3 ワード

住電営休店舗により異なる URL www.wardvillage.com

ユニセックスデザイン

オリジナルTシャツ$52～

サルベージ・パブリック Salvage Public

サウスショア・マーケット1F

ロコボーイが立ち上げたブランド。アトリエを構えるカイムキから見たダイヤモンドヘッドがロゴになっている。

☎808-589-0500 営12:00～17:00 休無休 Card A.J.M.V. URL salvagepublic.com

デンマーク製のマッチ箱に入った人形$36

ラ・ミューズ La Muse

レディスとキッズのアパレル、生活雑貨を扱うセレクトショップ。ハワイではレアなアイテムが多い。

サウスショア・マーケット1F

☎808-589-0818 営11:00～17:00 休無休 Card A.J.M.V. @lamusehawaii

3 ビール好き激推しブリュワリー 12:30
ハナ・コア・ブリューイング・カンパニー Hana Koa Brewing Co.

倉庫を改装した醸造所兼レストラン。毎月新作ビールがリリースされ、フレッシュな味わいはオアフ島1、2のおいしさと評判。フードメニューも充実しているので、ビールとランチを楽しもう。

Map 別冊P.14-A2 ワード

住962 Kawaiahao St. ☎808-591-2337 営12:00～22:00（金・土11:00～23:00、日10:00～21:00）休月 Card A.J.M.V. Wi-Fi ○ URL hanakoabrewing.com

1. 100席ほどある広い店内 2. 常時約20種のタップビール5オンス$2～が楽しめる 3. 豚骨ラーメン$16はロコに人気のメニュー 4. カウンター裏の醸造庫で土曜13時からブリュワリーツアー（1時間$15）も開催

無料＆予約不要！ ウクレレのファクトリーツアー

ハワイを代表するウクレレメーカーの工房。製造工程を見学できる無料ツアーは平日の13時から開催されている。ウクレレの世界に触れるチャンス！

コアロハウクレレ KoAloha Ukulele

Map 別冊P.14-B2 アラモアナ

住1234 Kona St. ☎808-847-4911 営9:00～16:30 休土・日 URL koaloha.com

ドン・キホーテはマカチョコやクッキー、マジックソープなどハワイみやげがかなり安いのでおすすめ！（茨城県・ピカケ）

Map 別冊P.13-15

ワイキキトロリーのピンクラインで約15～20分。ザ・バス8・13・20・23・42番などで約15～25分

1. 巨大倉庫のような広い店内 2. PBのサンドイッチ用ジッパーは100枚入りで$2.24 3. マカダミアナッツ3缶入りで$17.98

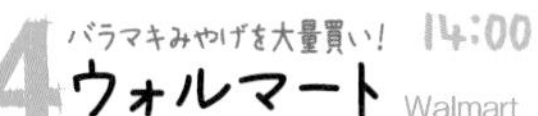

バラマキみやげを大量買い！ 14:00

4 ウォルマート Walmart

生活必需品を幅広く扱う世界最大のディカウントストアチェーン。地域最安値を掲げ、ロコにも重宝されている。ハワイみやげも豊富に揃い、特に箱買いは激安！

Map 別冊P.15-C1 アラモアナ

700 Keeaumoku St. 808-955-8441 6:00～23:00 休無休 Card A.J.M.V. URL www.walmart.com ダウンタウンほか

アラモアナ～ワード

15:00

韓国カフェでひと休み

5 マル Malu

ウォルマート付近は韓国系ショップが多いことでも知られる。ピンクのこのカフェも韓国風デザートとキムパが有名。フォトジェニックでかわいいもの好きのロコに人気。

Map 別冊P.15-C1 アラモアナ

661 Keeaumoku St. サムソンプラザ内 808-600-7104 11:00～20:00 休水 Card A.M.V. Wi-Fi ○ URL maluhonolulu.com

1. 店内はピンク一色 2. キムパはビーフやツナなど4種類。$8～ 3. ソフトサーブ$6.50～はいろいろなトッピングを追加できる

日本でおなじみの激安スーパー 16:00

6 ドン・キホーテ Don Quijote

日本同様何でも安く揃い、ロコからの支持も厚い。食品や雑貨とともに、定番のハワイみやげも扱っているうえ、最安値で販売されていることが多い。24時間営業なのも便利！

Map 別冊P15-D1 アラモアナ

801 Kaheka St. 808-973-4800 24時間 休無休 Card A.J.M.V. URL donquijotehawaii.com パールシティ、ワイパフ

次はどのお店に行く？

韓国人経営の店が点在している

コアロハウクレレ

Keeaumoku St. / Kapiolani Blvd. / Kona St. / ALA MOANA / Queen St. / Kamakee St. / Piikoi St. / Ward Ave. / Auahi St. / Alamoana Blvd. / Ala Moana Beach Park / Kewalo Boat Harbor / Magic Island マジック・アイランド

スポーツフィッシングのボートが出航するハーバー

1. 絶景が目の前に広がる 2. チルドキングクラブサラダ$35 3. ステーキ$35～も味わえる

ラストはとっておきの絶景レストラン 17:00

7 マリポサ Mariposa

アラモアナセンターの高級デパート内にあり、海を眺めながら食事ができる。特におすすめはサンセット・ラウンジ。美食とともにアラモアナ・ビーチと夕日を堪能できる。

Map 別冊P.15-C・D2,28 アラモアナ

1450 Ala Moana Blvd. アラモアナセンター ニーマン・マーカス3F 808-951-8887 11:30～18:00（16:30最終着席）、木～土11:30～16:00※サンセット・ラウンジ水・木・土16:00～18:30、金16:00～19:00 休無休 料$50～ Card A.D.J.M.V. 日 URL jp.neimanmarcushawaii.com

ドン・キホーテの隣には韓国系スーパーのパラマ マーケットがあり、キムチなど韓国総菜がおいしい。

オアフで最も歩きたい街 路上アートを巡るカカアコの立ち寄りスポットはここ！

ウオールアートが通りを埋め尽くすカカアコ最大の楽しみはおさんぽ。P.38〜39で紹介したアートマップも参考にしてショッピングやグルメも楽しめるルートを作ってみて。

TOTAL 約8時間

カカアコおさんぽ

TIME TABLE

11:00 ソルトアットアワーカカカコ
↓ 徒歩
12:30 タコアコ
↓ 徒歩約3分
14:00 フィッシャーハワイ
↓ 徒歩約5分
15:00 ニオスノーアイス&ティー
↓ 徒歩約12分
17:00 オフィスマックス
↓ 徒歩約5分
18:00 ヴェイン・アット・カカアコ

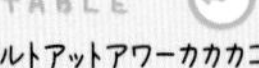

中庭や外壁のウオールアートを探して

1 街歩きの拠点となる複合施設 11:00
ソルトアットアワーカカカコ

Salt at Our Kakakako

かつてカカアコに塩田があったことから名づけられた。2フロアに約40軒の高感度なショップやカフェ、レストランがある。ソルトの壁もアートに彩られ、建物自体が見どころ。

Map 別冊P.13-C3

住電営休店舗により異なる URL saltatkakaako.com

10種類のチョコを扱う。各$16

ロノハナ・エステート・チョコレート

Lonohana Estate Chocolate

ホールフーズなどでも取り扱うクラフトチョコレートの直売店。試食しながらお気に入りを探せる。

1F 電808-260-1151 営10:00〜17:00(金〜日〜18:30) 休無休 Card A.J.M.V. URL www.lonohana.com

オリジナルTシャツ$32

ミロ Milo

メンズを中心にクールなサーフ系アパレルを扱うブティック。彼へのおみやげ探しにおすすめ。

1F 電808-369-1888 営10:00〜17:30 休無休 Card A.J.M.V. @milohawaii

1. フォトグラファーのブランド・クワイエットライフのトート$32 2. ロモグラフィーのインスタントカメラ$209

ツリーハウス Treehouse

カメラ専門店。カメラやフィルム、クリエイティブなアートキットを扱う。普段使いにも最適な雑貨がおしゃれ。

2F 電808-597-8733 営10:00〜18:00(日11:00〜17:00) 休無休 Card A.J.M.V. URL treehouse-shop.com

パイコ Paiko

ボタニカルブティック。植物は持ち帰れないけれど、おしゃれなプランターカバーや鉢をチェック！

花と緑があふれる店内は植物との暮らしのアイデアが満載

1F 電808-988-2165 営10:00〜17:30(日〜16:30) 休無休 Card A.J.M.V. URL paikobotanicals.com

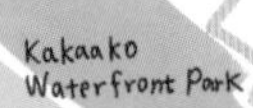

 ソルトの中庭や建物を一周するだけでもかなりのウオールアートがありました。(宮城県・DD)

Map 別冊P.13-C3

ザ・バス20・42番などで約30分

2 タコアコ Taco'ako

サクッとランチもソルトで 12:30

ソルトはどこで食べるか迷ってしまうほどランチスポットが大充実。高コスパで軽めに食べるならタコスがおすすめ。1個$5～6でおなかのすき具合でオーダーできるのがいい。

Map 別冊P.13-C3

675 Auahi St. ソルトアットアワーカカアコ1F ☎808-594-7445 11:00～14:30 休日・月 Card A.J.M.V. URL tacoako.com

ランチにぴったり♡

1. ビーフやポーク、エビなどタコスは8種類。メキシコの焼きトウモロコシ・エロテ$7も絶品！ 2. お隣にあるバー・ベヴィーの経営

3 フィッシャーハワイ Fisher Hawaii

倉庫型ステーショナリーストアへ 14:00

宝探し気分でお買い物

オフィスの必需品探しやロコの新学期には欠かせないスポット。ウオールアートが描かれた倉庫の内部には天井まで箱が積み上げられている。ばらまきみやげ探しにもおすすめ。

Map 別冊P.13-C3

690 Pohukaina St. ☎808-356-1800 8:30～18:00（土～17:00、日10:00～15:00） 休無休 Card A.J.M.V. URL fisherhawaii.net ダウンタウンほか

1. 迷路のような店内に商品がずらりと並ぶ 2,3. カード$3.40と実用的な付箋セット$2.78

カカアコ

4 ニオスノーアイス&ティー Nio Snow Ice & Tea

ひんやりスイーツでエネルギー補充 15:00

あらかじめミルクやフルーツで作ったアイスブロックを削って作る濃厚シェイブアイスが絶品！ ボバティーのほか、フレーバーティーやスムージーなどドリンクの種類も豊富。

1. 雪のようにふんわり削ったストロベリースノーアイス$9.95 2. ストロベリー抹茶ラテ$6.25とタイガーアンバーボバティー$5.85

Map 別冊P.17-D2

550 Halekauwila St. ☎808-548-2431 11:00～18:00 休無休 Card A.J.M.V. Wi-Fi ○ URL nio-bubble-tea-store.business.site

5 オフィスマックス Office Max

全米チェーンの文具店もチェック 17:00

カーディーラーが立ち並ぶ大通りにあるステーショナリーストアチェーン。PC用の周辺機器などフィッシャーハワイよりオフィス寄りアイテムが多い。デスクの便利グッズも充実。

1. 種類豊富なクリップは60個入り$7.29～ 2. アイデア商品も多く時間を忘れて長居しそう

Map 別冊P.13-C3

770 Ala Moana Blvd. ☎808-545-5177 8:00～21:00（土9:00～19:00、日10:00～18:00） 休無休 Card A.J.M.V. URL www.officedepot.com

6 ヴェインアットカカアコ Vein at Kakaako

ラストもソルトで絶品ディナー 18:00

地中海とアジアンをミックスしたフュージョンレストラン。ハワイの海の幸、山の幸をバランスよく使い、大胆な発想と繊細な味付けで楽しませてくれる。

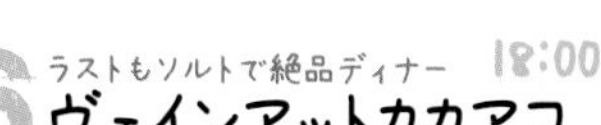

Map 別冊P.13-C3

685 Auahi St. ソルトアットアワーカカアコ1F ☎808-376-4800 11:00～14:00、16:30～22:00（20:30着席） ハッピーアワー 16:30～18:00 休日～水のランチ、水・日のディナー 予$30～ Card A.J.M.V. URL www.veinatkakaako.com

ワインとの相性バッチリ

1. ブレッドプディング$12 2. ハワイアン航空ファーストクラスの機内食を担当したこともある総料理長のバルデス氏 3. 16時半～18時はワインに合うバーメニュー$8～も 4. リゾットと一緒にいただくブランドポークの煮込み・オッソブーコ$36（手前）とスペイン産タコのグリル・ハワイ産ワラビ添え$27.50

セレブもトリコ♡

オバマ元大統領来店のレストラン

和牛ステーキとシーフード両方が味わえる。元大統領も夫人と一緒に来店し料理を堪能。予約したほうが確実だけど、早めの時間のバーカウンターなら利用できる可能性も。

ヤヤズ・チョップハウス&シーフード Ya-Ya's Chophouse & Seafood

1. プライムトマホーク$139.95とオーシャンタワー$109.95（2人分） 2. おしゃれなバーカウンター 3. 店内にはクリス・ゴトウのアートが描かれている

Map 別冊P.13-C3

508 Keawe St. ☎808-725-4187 17:00～22:00 休無休 予$80～ Card A.J.M.V. 予必要 URL yayaschophouse.com

ソルトアットアワーカカコではヨガやナイトマーケットなどのイベントを不定期で開催。instagramでチェックしよう。

歴史地区と多国籍が隣り合わせ カオスなロコの遊び場 ダウンタウンクルーズ

文化の発信基地！

公的機関やビジネスビルが並ぶ政治・経済の中心ダウンタウン。州都歴史地区に指定され、さらにはチャイナタウンまで擁しているハワイのあれこれを凝縮したような濃〜い街に興味津々。

TOTAL 約5時間

ダウンタウン おさんぽ

TIME TABLE

- 11:00 セント・アンドリュース大聖堂
- ↓ 徒歩約10分
- 12:00 ジョリーンズマーケット
- ↓ 徒歩約2分
- 13:00 ロイヤルキッチン
- ↓ 徒歩約7分
- 14:00 マウナケア マーケットプレイス
- ↓ 徒歩約3分
- 15:00 ハワイシアター
- ↓ 徒歩約1分
- 15:30 ジンジャー73

1 荘厳な大聖堂から街歩きスタート 11:00
セント・アンドリュース大聖堂
The Cathedral of St. Andrew

完成までに約90年を要したフレンチゴシック様式。見どころは美しいステンドグラス。天に昇る姿がサーフィンをしているように見えるとうわさのキリストもハワイならでは。

Map 別冊P.17-C1

229 Queen Emma Square ☎808-524-2822 8:00〜16:00（結婚式などのイベントが行われている場合は入場不可）㊡無休 URL www.cathedralhawaii.org

左上にイエス様が

1. ハワイウエディングの教会としても人気 2. 右下にはカメハメハ4世、クイーンエマ、アルバート王子やハワイの島々も描かれている

2 チャイナタウンで最旬ロール 12:00
ジョリーンズマーケット
Jolene's Market

ランチはチャイナタウンのロブスターロールが評判の店へ。自家製パンにぷりぷりのロブスターがずっしり。なますやパクチーなどアジア風の味付けが最高。

アジア風の味付けが◎

おいしいですよ

ロブスターロール$22とチャウダーフライ$13

Map 別冊P.16-B1

100 N. Beretania St. チャイナタウン・カルチュラル・プラザ1F ☎808-540-1000 10:00〜L.O.19:45（月〜L.O.16:45）㊡無休 ㊮$15〜 Card A.J.M.V. URL www.joleneshawaii.com 他カネオヘほか

1. 1974年の創業以来ロコに愛されている 2. マナプア1個$2.29

3 おなかいっぱいでもトライしたい！ 13:00
ロイヤルキッチン
Royal Kitchen

同じくチャイナタウンにあるパクつきグルメの人気店。マナプアと呼ばれるハワイ版肉まんが食べられる。具はチャーシュー、カルアポーク、ココナッツなど11種類。

Map 別冊P.16-B1

100 N. Beretania St. チャイナタウン・カルチュラル・プラザ1F ☎808-524-4461 5:30〜14:00（土・日6:30〜）㊡火 Card J.M.V. URL royalkitchenhawaii.com

4 ディープなマーケットを探検 14:00
マウナケアマーケットプレイス
Maunakea Marketplace

各地で開催されるファーマーズマーケットと違い、ロコが通うリアルな生鮮市場。併設のフードコートではフィリピン、ラオス、シンガポールなどアジアのグルメが楽しめる。

Map 別冊P.16-B2

1120 Maunakea St. ☎808-201-2288 8:00〜15:00（店舗により多少異なる）㊡無休 Card 店舗により異なる

多国籍言語が飛び交う

1. 薄暗い建物の中で魚介類や珍しい野菜が売られている 2. 建物の雰囲気がエキゾチック 3. ショーケースの料理を見て回るだけでも楽しい

マウナケアマーケットプレイスで初めてマレーシアの麺料理ラクサを食べました。クセになる味です。（兵庫県・アリサ）

Map 別冊P.16-17

ザ・バス2・13・20・42番などで約30〜40分

5 ノスタルジックなフォトスポット ハワイシアター 15:00

Hawaii Theatre

1922年に完成。太平洋の至宝と呼ばれ、1978年に歴史的建造物に指定された。現在も現役で、ミュージカルや演劇、コンサートなどが上演されている。

Map 別冊P.16-B2

🏠1130 Bethel St. URL www.hawaiitheatre.com

100年超の歴史を誇る美しい外観。正面のHAWAIIの文字が印象的

ダウンタウン

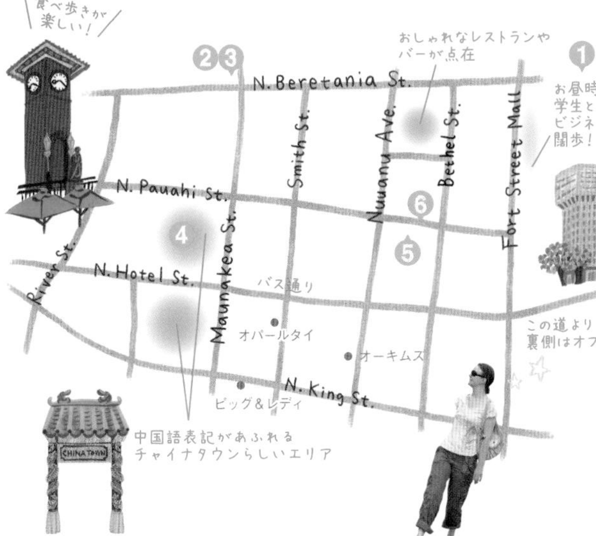

6 自然モチーフの手作りアクセ ジンジャー13 15:30

Ginger13

店内にあるアトリエで手作りする個性的なアクセサリーを販売。天然石やシェルを取り入れた大ぶりのピアスは楽園コーデのアクセントに活躍！

Map 別冊P.16-B1

🏠22 S. Pauahi St. ☎808-531-5311 🕘11:00〜17:00（土〜16:00） 休日 Card A.D.M.V. URL www.ginger13.com

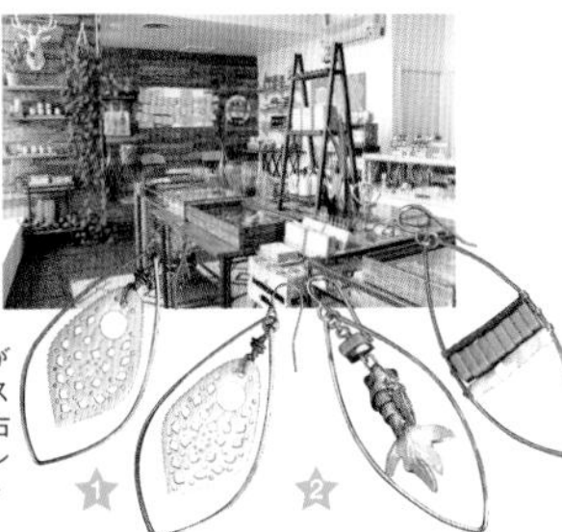

おしゃれロコデザイン

1. プルメリアが刻まれたピアス＄48〜 2. 左右異なるデザインのピアス＄70〜

食通が通う街

レベルの高いアジアングルメリスト

ダウンタウンはホノルルきってのグルメタウンとしても有名。高感度レストランが切磋琢磨するなかでも特に注目度の高いアジアンレストランをピックアップ！

ランチ限定のフォーフレンチディップバインミー$18。12時間ローストした牛肉はやわらか

ベトナム

ピッグ＆レディ The Pig & The Lady

日本にも進出したモダンベトナミーズ。ファーマーズマーケットからスタートし、たちまち食通たちをトリコに。フレンチ出身のシェフが作る料理は独創的。

Map 別冊P.16-B2

🏠83 N. King St. ☎808-585-8255 🕘11:30〜14:30、17:30〜21:30（20:45着席） 休日・月 予$30〜 予望ましい Card A.J.M.V. URL thepigandthelady.com 🏠ピギースモールズ（姉妹店）

タイ

オパールタイ Opal Thai

店内に入るとシェフが食べ物の好みや知っているタイ料理などを質問。それに合わせてシェフおまかせメニューを提供してくれる。どれも高レベル！

Map 別冊P.16-B2

🏠1030 Smith St. ☎808-381-8091 🕘11:00〜15:00、17:00〜22:00 休日・月 予$20〜 Card J.M.V. URL opalthai.has.restaurant

豆腐やラムを使ったメニューは1品$6.95〜$15.95とリーズナブル

コチュジャンソースのチキン$16.95とカルビステーキ$21.95

韓国

オーキムズ O'kims

いま韓国で流行しているコンテンポラリースタイルの料理を提供する、ハワイでも最もイケてる韓国レストラン。おしゃれKフードに高感度ロコも夢中。

Map 別冊P.16-B2

🏠1028 Nuuanu Ave. ☎808-537-3787 🕘11:00〜15:00、17:00〜21:00 休日 予$20〜 Card A.J.M.V. URL www.okimshawaii.com

ダウンタウンの日中はオフィスも多く人通りが多いが、夜は人影もまばら。遅くなるときは躊躇せずタクシーで帰ろう。

TOTAL 約3時間

カパフル通り、モンサラット通り、カイムキは、ワイキキとはちょっと違うのんびりとした雰囲気が魅力。それぞれの街で、おさんぽしながら地元の人気店を巡ってみよう。

Kapahulu カパフル通り

access
徒歩約15〜30分。
ザ・バス13番などで約5分

11:00

1 一度は食べたい絶品マラサダ レナーズ Leonard's

これを食べるのがカパフルさんぽいちばんの目的！オリジナルグッズもチェックして。

DATA→P.45

1.マラサダ$1.85〜
2.トート$20

徒歩約3分

11:30

2 特別なポストカードを探そう サウスショアペーパリー South Shore Paperie

ハワイの100店以上で扱うステーショナリーブランドの直営店。洗練されたデザインで特別な日に送りたいカードが見つかる。

Map 別冊P.6-B2 カパフル通り

1016 Kapahulu Ave. #160 808-466-5881 10:00〜15:00 休土・日 Card A.J.M.V. URL bradleyandlily.com

1.店内に工房も併設 2.フードランドファームズ（P.28）で販売されていたカード各$4 3.レタープレスカード6枚セット$14

徒歩約15分

12:00

3 カパフルのスヌーピに会いにいこう スヌーピーズサーフショップ Snoopy's Surf Shop

ハレイワ店に続く2店舗として2020年オープン。サーファースヌーピーやダイヤモンドヘッドとコラボしたアイテムは見逃せない！

Map 別冊P.6-B2 カパフル通り

3302 Campbell Ave. 808-734-3011 10:00〜16:00 休無休 Card A.J.M.V. URL snoopysurf.com ハレイワ

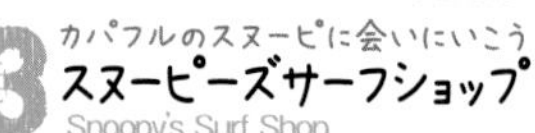

1.店舗限定アイテムもある
2.リップバーム各$6

徒歩約5分

12:30

4 ランチはロコに人気のスライダー グロウラーハワイ Growler Hawaii

ワイキキに近いのにローカル感漂うビアレストラン。数十種類のタップビアを揃えている。ビールに合うププが豊富で、特にスライダーは絶品！

Map 別冊P.6-B2 カパフル通り

449 Kapahulu Ave. 808-600-5869 11:00〜22:00（金・土〜24:00）休無休 Card A.J.M.V. URL growlerhawaii.com

1.カルアポークスライダー$13。ブラウンビール5オンス$3.50〜との相性抜群 2.カウンター前にビールタップがずらり

TOTAL 約2時間

Monsarrat モンサラット通り

access
徒歩約15〜30分。
ザ・バス23番などで約10分

8:00

1 ウオーキングを兼ねた朝食に最適 サニーデイズ Sunny Days

日本人に人気の朝食レストラン。フルーツがのったスフレパンケーキやエッグベネディクト、アサイボウルでパワーチャージしよう。

Map 別冊P.7-C3 モンサラット通り

3045 Monsarrat Ave. 8:00〜L.O.14:30 休木 Card A.J.M.V. URL www.sunnydays-monsarrat.com

1.ベリーベリーパンケーキ$18 2.かわいい店内

徒歩約1分

9:00

2 朝食候補のレストランはもう一軒 カフェモーリーズ Cafe Morey's

同じくモンサラット通りで人気の朝食レストラン。朝食が無理でもドリンクやロゴグッズを買いに立ち寄りたい。

1.ロゴ入りトート$15
2.一番人気のフライドライス$13.50〜はガーリックシュリンプ+$8.50や目玉焼き+$1.95のトッピングが追加できる

Map 別冊P.7-C3 モンサラット通り

3106 Monsarrat Ave. 808-200-1995 8:00〜L.O.13:00 休無休 Card A.J.M.V. URL cafe-moreys.com

徒歩約1分

9:30

3 ハワイ発優秀ビキニをチェック プアラニハワイ Pualani Hawaii

ハワイ在住の女性サーファーがデザイン。四方に伸縮する生地のビキニは、波にもまれてもずれないと評判。

Map 別冊P.7-C3 モンサラット通り

3118 Monsarrat Ave. 808-200-5282 9:00〜16:00（土・日〜15:00）休月 Card A.J.M.V. URL pualanibeachwearus.com

デザインもサイズも種類豊富。トップ$46〜、ボトム$41〜

モンサラット通りは緩やかな上り坂でワイキキから歩くと程よくおなかがすきます（笑）。（大分県・まりん）

近くのスモールタウンさんぽ

TOTAL 約2時間

Kaimuki
カイムキ

access
車で約10分。
ザ・バス13番
+1番などで約30分

カイムキに遊びにきて

13:00

1 コーヒーがおいしいおしゃれカフェ
ビーンアバウトタウン
Bean About Town

ロンドンでカフェを経営するフランス人オーナーがオープン。ヨーロピアンスタイルの本格コーヒーが楽しめる。コーヒーも販売している。

Map 別冊P.7-C1 カイムキ

1.右がオーナーのオリヴィエさん 2.駐車場の一角にある隠れ家的カフェ 3.ラテ$4.25～とカヌレ$3

3538 Waialae Ave. 808-673-8300
7:00～14:00 休無休 Card A.M.V. 日 Wi-Fi ◯
URL beanabouttown.com

徒歩約1分

2 13:30 ウオークインOKのヨガスタジオ
プラントベースパラダイス
Plant Based Paradise

オープンエアの中庭でヨガクラスを開催。毎日7回ほど開催されビジターも1回$22で参加できる。スケジュールは URL yogaunderthepalms.comで確認を。

1.おさんぽ途中に立ち寄りたいすてきな空間 2.ビーガンカフェとショップを併設。ヨガウエアやロゴグッズなどを販売 3.コスメやヨガグッズを販売

DATA→P.74

カパフル通り・モンサラット通り・カイムキ

徒歩約2分

14:00

3 ハワイメイドの雑貨がザクザク!
シュガーケイン Sugarcane

楽園をモチーフにしたビーチシックなアイテムが揃うショップ。ホームウエアやジュエリーなど種類豊富。状態のいい古着も扱う。

Map 別冊P.7-C1 カイムキ

1137 11th Ave. 808-739-2263
10:00～16:00 休無休 Card A.D.J.M.V.
sugarcanehawaii

1. リリコイ&グァバの香りのキャンドル$16 2. パイン柄テーブルナプキン$24

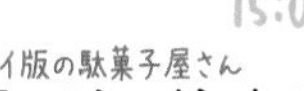

4 14:30 地元で愛されるスイーツ店へ
チョコレート+バニラベーカリー
Chocolate + Vanilla Bakery

落ち着いた住宅街のカイムキらしい素朴な店。スコーンやカップケーキがおいしいと評判で、特にウベを使ったスイーツに注目!

Map 別冊P.7-C1 カイムキ

1115 12th Ave. 808-737-2462 10:00～18:00 (土～17:00、日～15:00) 休月・水・木 Card M.V. chocolateandvanilla808

1. ウベソフトクリーム$4.99～
2. ウベ、ブルーベリー、ストロベリーのスコーン各$3.25～

徒歩約3分

徒歩約2分

15:00

5 ハワイ版の駄菓子屋さん
クラックシードストア
Crack Seed Store

人気NO.1は粒の大きいジャンボリーヒンムイ4分の1ポンド$7.75～

Map 別冊P.7-C1 カイムキ

1156 Koko Head Ave. 808-737-1022
9:00～17:00 休無休 Card A.M.V.
URL crackseedstorehawaii.com

リーヒンムイやドライマンゴー、おかきなどの量り売り店。150種類以上を扱い、品揃えの豊富さとリーズナブルな値段でロコ御用達。

ワイキキからザ・バスでカイムキへ行く場合、13番に乗りKapiolani Bl.+ Waialae Ave.で1番に乗り換える。

カハラ・マノアの住宅街へも足を延ばしてみよう

ホノルルいちの高級住宅街カハラ、虹の街と呼ばれるマノア。どちらもおさんぽしたくなる魅力がいっぱい。

TOTAL 約3時間

Kahala カハラ

access
車で約15分。
ザ・バス23番などで約20分

デパートのメイシーズやオフプライスのロスドレスフォーレス、ロングスドラッグスなど店舗は意外と庶民派

オリジナルのパンケーキミックス $7.50

1 セレブ御用達ショッピングセンター カハラモール Kahala Mall 13:00

100店舗以上が入店。デパートやスーパー、雑貨店、レストラン、映画館などが揃う街のランドマーク。

Map 別冊P.7-D1 カハラ

☎4211 Waialae Ave. ☎808-732-7736 ◎㊡店舗により異なる URL www.kahalamallcenter.com

ホールフーズ・マーケット Whole Foods Market 1F
ハワイ1号店として2008年オープン。店舗限定トートなどをチェックしたい。
☎808-738-0820 ◎7:00〜22:00 ㊡無休 Card A.J.M.V. ⌂ワード、カイルア

コンプリートキッチン The Compleat Kitchen 1F
ハワイ発のキッチングッズと食品の専門店。ハワイらしいキッチンウエアやアイデアグッズがいっぱい。
☎808- 737-5827 ◎10:00〜21:00（日〜18:00）㊡無休 Card A.J.M.V.

→ 車で約7分

DATA → P.172

15:00

1. ロビーにはベネチアンガラスのシャンデリア 2. ホテルゲスト以外も参加可能なイルカと触れ合えるプログラムもある

2 誰もが憧れるハワイ屈指の極上ホテル ザ・カハラ・ホテル&リゾート The Kahala Hotel & Resort

国賓やセレブの宿泊先として知られるラグジュアリーリゾート。気品あるロビーやイルカが泳ぐラグーンなど非日常空間が広がる。

TOTAL 約2時間

Manoa マノア

access
車で約20分。ザ・バス13番+6番などで約40分

1 地元密着型のショッピングスポット マノア・マーケットプレイス Manoa Marketplace 11:00

中心部にあるショッピングセンター。セーフウェイやロングスドラッグスのほか、専門ショップも並ぶ。毎週火・木・日曜にはファーマーズマーケットも開催。

Map 別冊P.4-B2 マノア

⌂2752 Woodlawn Dr. ☎808-525-6692 ◎㊡店舗により異なる URL manoamarketplacehawaii.com

→ 徒歩約1分

スタバ好きにはマストスポット

2 フォトジェニックなスタバへ スターバックス Starbucks 12:00

SNSで話題の緑のスタバ。背後の山の緑と相まってノスタルジックな雰囲気を醸し出している。

Map 別冊P.4-B2 マノア

⌂2902 E Manoa Rd. ☎808-988-9295 ◎4:30〜19:30（土・日5:30〜19:00）㊡無休 Card A.J.M.V. ㊇○ ◎sbuxmv

3 ランチはスタバの隣のポケバー オフザフック・ポケマーケット Off The Hook Poke Market 12:15

毎朝競りで仕入れる鮮度抜群のマグロやタコのポケが地元で大人気。ほかとはちょっと違うオリジナルの味付けも新鮮。

Map 別冊P.4-B2 マノア

→ 徒歩約5秒

⌂2908 E Manoa Rd. ☎808-800-6865 ◎11:00〜18:00 ㊡日 Card A.J.M.V. URL offthehookpokemarket.com

コールドジンジャーやキラウエアファイヤーナドレギュラーメニューは8種類。単体4分の1ポンド$7.99〜、ポケボウル$15.99〜

→ 徒歩約1分

4 素材にこだわるグルメチョコ チョコレア Chocole'a 13:00

1. ダークチョコレートディップマンゴー$5.99 2. トリュフボックス9個入り$31.99

濃厚手作りチョコの工房兼ブティック。リリコイやグァバジェリーなど多彩なフレーバーのトリュフチョコが人気。水・金曜11時に有料の工房ツアー（要予約）開催。

Map 別冊P.4-B2 マノア

⌂2909 Lowrey Ave. ☎808-371-2234 ◎10:00〜17:00 ㊡日・月・水・金 Card A.J.M.V. URL chocolea.com

→ 徒歩約13分

5 留学生気分を味わってみよう ハワイ大学（マノア校） University of Hawaii 13:30

州立の総合大学。日本からの留学先としても人気。入場無料のアートギャラリーやカフェテリア、UNのロゴ入りグッズが買えるブックストアなどがある。

Map 別冊P.6-A1 マノア

⌂2500 Campus Rd. ☎808-956-8111 URL manoa.hawaii.edu

東京ドーム28個分の広さを誇る緑豊かなキャンパス

マノアに行ったとき雨が降ってきてスタバに避難。雨がやんだらきれいな虹が見られました。（北海道・Sato）

注目度上昇中の西のニュータウン カポレイ・コオリナ

新興タウンのカポレイ、高級リゾートのコオリナ。
西海岸のおしゃれエリアを探訪するならレンタカーがおすすめ。

TOTAL 約3時間

Kapolei カポレイ

access 車で約50分

1 パンケーキ好き注目の店で朝食 マイカフェ My Cafe 9:00

地元の人で早朝から混み合う朝食レストラン。フリーウエイ出口から近いショッピングセンター内にある。

Map 別冊P.18-B3 カポレイ

563 Farrington Hwy. Kapolei ☎808-200-5737 7:00～14:00 休無休 予$15～ Card A.M.V. URL mycafehi.com

1. リリコイ、タロ、バターのミニサイズ3種のフライトオブパンケーキ$16.50 2. マラサダスタイルパンケーキ$13.95

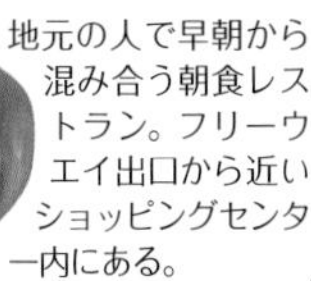

車で約10分

2 オアフ島西海岸のランドマーク カ・マカナ・アリイ Ka Makana A'lii 10:00

広いスペースに100店以上が集結。ワイキキやアラモアナセンターよりゆったり気分で買い物が楽しめる。

Map 別冊P.18-B3 カポレイ

091-5431 Kapolei Pkwy. Kapolei ☎808-628-4800 10:00～21:00（日～18:00）※店舗により多少異なる 休無休 URL www.kamakanaalii.com

モール名物のアンクルラニズ・ポイモチ12個$10。タロの揚げ餅で、外サクサク中モチモチ

1.ハワイの偉人がプリントされたハワイズファイネストのTシャツ$15 2.ハワイアン×ストリートがロコに人気のモロカイ島発ブランド

カハラ・マノア・カポレイ・コオリナ

TOTAL 約3時間

Ko Olina コオリナ

access 車で約50分

1 スーパーシェフの美食レストラン モンキーポッド・キッチン My Cafe 12:00

人気店を手がけるピーター・メリマン氏のレストラン。ハイレベルの料理とロケーションのすばらしさに感動！

Map 別冊P.18-A3 コオリナ

92-1048 Olani St. Kapolei コオリナセンター&ステーション内 ☎808-380-4086 11:00～22:00 ハッピーアワー15:30～17:00 休無休 予$50～ Card A.D.J.M.V. URL monkeypodkitchen.com ワイキキ

カウアイシュリンプとハマクアマッシュルームの餃子$19とガーリックトリュフオイルフライ$13

徒歩約10秒

ギフトや生活雑貨を扱うザ・プランテーションのパイナップル容器のキャンドル$36とパイナップル形ナプキン$9.95

2 コオリナのショッピングの拠点 コオリナセンター&ステーション Ko Olina Center & Station 13:30

オラニ通りを挟んで2ブロックに分かれるショッピングスポット。店舗数は多くないけれど、センスのいいおみやげが見つかる。

Map 別冊P.18-A3 カポレイ

92-10487/92-1048 Olani St. Kapolei 店舗により異なる 休無休 URL koolinashops.com

リゾートウエアのパイナップルブティック。ミニドレス$75～

徒歩約7分

3 南の島の夢の国にも立ち寄って アウラニ・ディズニー・リゾート&スパ コオリナ・ハワイ AULANI, A Disney Resort & Spa, in Ko Olina, Hawaii 14:30

ミッキーやミニーに会える楽園リゾート。宿泊していなくてもアクティビティに参加できたり、ショップで買い物が楽しめる。

DATA → P.171

コアの木のポストカード

機関車でコオリナまでの鉄道旅

週3回運行

1880年代に島で運行していた機関車に乗り、エヴァ～コオリナ間を走るライドツアー。ガイドによるハワイの歴史と西海岸の絶景が楽しめる。

コオリナ駅に入ってくるディーゼル機関車

ハワイアン・レイルウェイ・ソサエティ Hawaiian Railway Society

Map 別冊P.18-B3 エヴァ

91-1001 Renton Rd. Ewa ☎808-681-5461 出発：水13:00、土12:00・15:00、日13:00・15:00（所要約1時間半）料$18（2～12歳、62歳以上$13）Card A.M.V. URL www.hawaiianrailway.com

モンキーポッド・キッチンでは毎日ライブ演奏があり、テラス席からはのんびり走る機関車も見える。

ハワイ州最大のアート美術館

Honolulu Museum of Art

ホノルル美術館

1927年創立。印象派の作品から北斎や写楽の浮世絵、ハワイアンアートなど幅広く所蔵する総合美術館。庭園を囲むように展示室が配されている。カフェやショップを併設。

Map 別冊P.13-C2 ベレタニア通り

900 S. Beretania St. 808-532-8700 10:00〜18:00（金・土〜21:00）休月・火 料$20、18歳以下無料 URL honolulumuseum.org

★日本語ガイドによるハイライトツアー

金曜13:00〜（所要45〜60分）料無料 予不要 ※入館料支払い後フロントデスク前に集合

Cafe

オープンエアのカフェは入館料不要。金・土曜夜はピクニックバスケット、日曜昼はサンデイブランチも提供。11:00〜14:00、17:00〜L.O.19:30

知られざるハワイの魅力を発見！

美術館でアートが誘う知的さんぽ

世界的にも歴史的にも重要な作品を数多く所蔵するハワイの美術館。時空を超えるアート空間で豊かなひとときを過ごしてみよう。

1. 19世紀にシリアのダマスカスで造られた泉を配したシリアンルーム 2. 幾何学的なタイルと水路のあるムガール庭園

海に面したプールとプレイハウス

大富豪の邸宅で芸術鑑賞

Shangri La

シャングリラ

12歳で莫大な遺産を相続したドリス・デュークの邸宅。1937年建造で、イスラムアートの贅を尽くした芸術が見られる。ホノルル美術館主催のツアーのみで一般公開されている。

Map 別冊P.7-D2 カハラ

木〜土9:00、11:00、13:00、15:00（ホノルル美術館集合）約95分 料$25（ホノルル美術館当日入館料、送迎含む）予オンラインで必要 URL honolulumuseum.org/shangri-la

Photo:Elyse Butler, 2020

1. 20世紀以前は初代ロイヤルハワイアンホテルが立っていた場所 2. ハワイの芸術家の作品を幅広くラインアップ 3. 建物は1928年建造で1980年代に改修

歴史地区にある入館無料の美術館

Hawaii State Art Museum

ハワイ州立美術館

20世紀以降の現代アートを中心に展示するほか企画展も行う。国の歴史的文化財に指定されている美しい建物も一見の価値あり。

Map 別冊P.17-C1 ダウンタウン

250 S. Hotel St. 808-586-0900 10:00〜16:00 休日 料無料 URL hisam.hawaii.gov

カメハメハ
大王に会える？

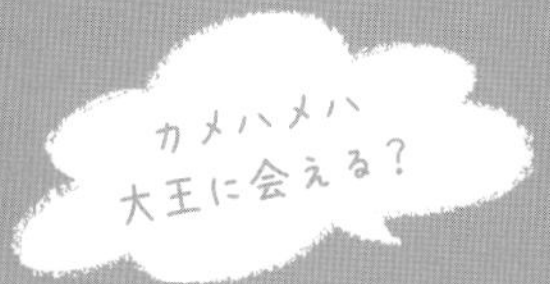

伝統文化に触れたり
大自然で遊んだり
ハワイの魅力は奥が深すぎ！

**ここではハワイのルーツへ迫る名所へご案内。きらびやかな
王朝時代やその頃から伝わるフラやハワイアンミュージック。
ワイキキを飛び出せば、昔ながらの自然に抱かれた非日常空間で
古代ポリネシアの遊びやダイナミックなアクティビティがお待ちかね！**

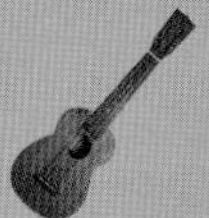

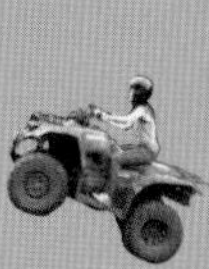

SIGHTS & ACTIVITY

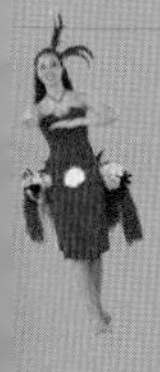

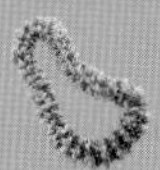

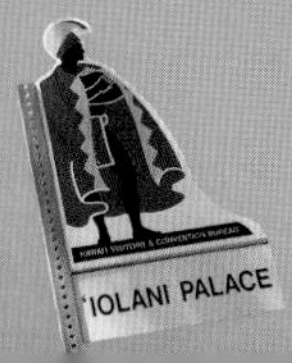

IOLANI PALACE

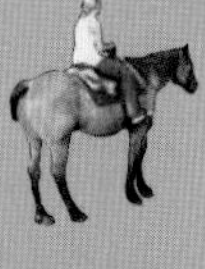

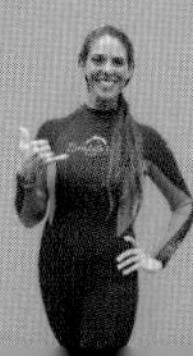

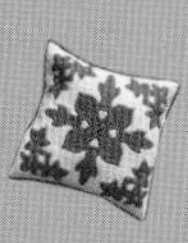

カメハメハ大王って、いったい何者？ハワイ王朝ちょこっとスタディ

カメハメハ大王にカラカウア王……。一度は聞いたことのある気になる名前。ハワイ王朝についてちょっと学べばいつものハワイがまた違った印象に！

ハワイ王朝を創った偉大な初代王

カメハメハ大王（I世）
King Kamehameha
〔1758-1819年〕
（生年は諸説あり）

ハワイ島で誕生し、身長が約2mもあったといわれるカリスマ。ハワイ諸島を初めて統一した人物で、1810年ハワイ王国を建国し、初代王に。

ハワイ王族ゆかりの地に行ってみよう！

ホントはこんなにイケメンじゃないよ～

ハワイ統一戦争の激戦地

ヌウアヌ・パリ展望台
Nuuanu Pali State Park

NUUANU PALI STATE PARK

カイルアやカネオヘを一望する断崖の展望台。カメハメハ大王がオアフ島を制圧したときに最後の激戦が繰り広げられた場所。風が強いので見学の際は要注意！

Map 別冊P.4-B2　ヌウアヌ

カメハメハ大王像
Map 別冊P.17-C2

イオラニ宮殿の前に立つ立派な像は、実は2代目。初代はパリからの輸送中に船が転覆、海の底に沈んでしまった。現在、その初代はハワイ島コハラにある。

KAMEHAMEHA I

王妃カアフマヌの別荘地に立つ

DATA → P.170

ロイヤル ハワイアン ラグジュアリー コレクション リゾート
The Royal Hawaiian, a Luxury Collection Resort

かつて王族の避暑地だった「ヘルモア」と呼ばれる土地に立つ老舗ホテル。カラカウア通りに面したロイヤル・グローブは当時の姿を再現した必見スポット。

王のマントなど貴重な資料が残る

ビショップ・ミュージアム
Bishop Museum

ハワイ州最大のミュージアムで、歴代の王の装飾品をはじめ、王室に関する展示が充実している。建物は溶岩を切り出し外壁を積み上げて造られている。

Map 別冊P.12-A1　カリヒ

住 1525 Bernice St.　電 808-847-8291
営 9:00～17:00　休 無休　料 $26.95（週末$28.95）、65歳以上$23.95（週末$25.95）、4～17歳$18.95（週末$20.95）、4歳未満無料
Card A.J.M.V.　URL www.bishopmuseum.org

ドラマ『HAWAII FIVE-O』で「本部」として登場する最高裁は大王像の隣！（東京都・ポキ太郎）

リホリホ
（カメハメハⅡ世）
Liholiho〔1797-1824年〕
ハワイ王国2代目の王。カプと呼ばれる伝統的タブーを廃止した

カウイケアオウリ
（カメハメハⅢ世）
Kauikeaouli〔1813-1854年〕
兄リホリホの死を受けて即位。1840年にハワイ語の憲法を制定

アレクサンダー・リホリホ
（カメハメハⅣ世）
Alexander Liholiho〔1834-1863年〕
カメハメハ大王の孫で20歳で即位。民衆のために病院などを建設

ロト・カプイワ
（カメハメハⅤ世）
Lot Kapuāiwa〔1830-1872年〕
カメハメハⅣ世の兄で、1864年憲法を公布。世継ぎを残さず他界

ウィリアム・チャールズ・ルナリロ
William Charles Lunalilo
〔1835-1874年〕
王国で初めて選挙によって選ばれたものの、わずか1年ほどで逝去

選挙によって選ばれた王。パーティなど華やかなことが大好きで、伝統文化への理解も深かったため、人々に愛された。現在ハワイの州歌になっている『ハワイ・ポノイ』の作詞もしている。

伝統文化を大切にし、キリスト教宣教師により禁止されたフラを復活させた功績も

カラカウア王
King Kalākaua
〔1836-1891年〕

カラカウア王像
Map 別冊P.9-D1

夫婦

カウアイ島の最後の王の娘として生まれ、カラカウア王の妃に。「最高のための努力を」をモットーに、産院（現カピオラニ病院）の設立などに貢献。イオラニ宮殿は彼女の住居として建てられた。

カピオラニ王妃
Queen Kapiolani
〔1834-1899年〕

王妃の名を冠したワイキキのカピオラニ公園にはクイーン・カピオラニの銅像が

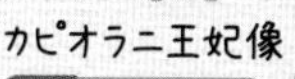

カピオラニ王妃像
Map 別冊P.11-D3

兄妹

叔父・姪

ハワイ王朝最後の女王。1895年の政変でイオラニ宮殿に幽閉され、王国は消滅。音楽の才能があり名曲『アロハ・オエ』を作曲したほか、ハワイアンジュエリーを最初に身に着けた人物としても有名。

カラカウア王の妹リケリケ王女を母に、スコットランド人を父にもち、美貌で知られた王女。イギリス留学中にハワイ王国が滅亡。王朝の復活のために尽くすものの、わずか23歳でこの世を去ってしまう。

カイウラニ王女像
Map 別冊P.10-B1

叔母・姪

リリウオカラニ女王
Lili'uokalani
〔1838-1917年〕

女王が8ヵ月にわたり幽閉されていたイオラニ宮殿。門にはハワイ王朝の紋章が

カイウラニ王女
Princess Ka'iulani
〔1875-1899年〕

王女が幼少時代を過ごした場所に立つホテル、シェラトン・プリンセス・カイウラニ

次は宮殿！

写真提供©Bishop Museum　ほか

リリウオカラニ女王像
Map 別冊P.17-C1

ハワイで最も権威のあるフラの祭典「メリー・モナーク・フェスティバル」は、フラを復興したカラカウア王の愛称を冠したもの。

アメリカ合衆国唯一の宮殿

イオラニ宮殿

Iolani Palace

ハワイ王朝の栄華を今に伝える歴史遺産。カラカウア王とカピオラニ王妃の住居として1882年に完成。ビクトリア様式風の壮麗な外観をはじめ、贅を尽くした装飾と設備で王の威厳を見せつけた。

王座の間
Throne room

公式行事や舞踏会などが催された王座の間は、赤い絨毯やシャンデリアが華やか！ 王の誕生日プレゼントが並べられたりしていた

Map 別冊P.17-C2 ダウンタウン

364 S King St.　808-522-0822　9:00～16:00（予約制）　㊡日・月
㊑ガイド付きツアー$32.95、13～17歳$29.95、5～12歳$14.95（日本語ガイドは水・木15:30～）／セルフオーディオツアー（日本語あり）$26.95、13～17歳$21.95、5～12歳$11.95ほか特別ツアーあり※いずれも5歳未満無料
URL www.iolanipalace.org

ミュージアムショップでは
ロゴアイテムもチェック♪

敷地内にあるふたつのショップも必見！ 館内装飾をモチーフにしたジュエリーやリリウオカラニ女王の曲が入ったCDなど、王室を知ることのできるアイテムがいっぱい。王室のロゴ入りトランプ（左）、リリウオカラニ女王のキルトのポストカード（右上）

セルフオーディオツアーは日本語ガイドを聴きながら自分のペースで回れるのでおすすめです。（千葉県・岬）

正餐の間
State Dining room

賓客をもてなした食堂には、地下の厨房から料理を運ぶエレベーターが。家具はボストンで作らせた特注品

大階段
Grand Hall room

ホール中央の大階段はハワイ産のコアウッドで造られたもの。壁の両側には王朝歴代の王＆王妃の肖像画を展示

王の書斎
King's Library

王の寝室に隣接した書斎には大きな机が。ここには電話や電球なども設置され、当時の最新設備を誇っていた

応接室
Meeting room

リリウオカラニ女王のお気に入りだったと伝えられる通称「青の間」。ここで女王が王位を退く決断をしたとか

リリウオカラニ女王ゆかりの品々も展示

ハワイアンジュエリーの元祖となる女王のバングル。Hoomanao Mau（永遠に忘れない）の文字が

女王が幽閉中に作り始めたとされるクレージーキルト。女王の名前なども刺繍されている

女王がイギリスでひとめ惚れして購入した蝶のブローチ。ダイヤなどがちりばめられている

ステキでしょ！

女王の肖像画。その姿からは、ハワイアンの女性特有の母性あふれる魅力が漂ってくる！

リリウオカラニ女王の幽霊を見た！という話は今もあとを絶たない。特に、2階のバルコニーを歩いていたという目撃談が……。

憧れのフラやウクレレを無料体験しちゃお！

ハワイの伝統文化をしっかりお稽古！しかもタダ!!

よろしく！

フラ・レッスン
Hula Lesson

ロイヤル・ハワイアン・センターの中央付近にある緑のオアシス「ロイヤルグローブ」でフラ・レッスンを開催。その場で参加でき、1時間のレッスンで1曲踊れるようになる！

ロイヤル・ハワイアン・センター
Map 別冊P.10-A・B2,29 ワイキキ

笑顔で！

ロイヤル・ハワイアン・センター、ロイヤルグローブ 火11:00～12:00 無料

レイメイキング・クラス
Lei Making Class

可憐な花々や葉っぱなどを美しく結び合わせたレイを、自分で手作りできる無料レッスン。花に糸を通したり、葉っぱを結んだりするだけの簡単な作業なので、不器用でも失敗はなし！

ロイヤル・ハワイアン・センター
Map 別冊P.10-A・B2,29 ワイキキ

ロイヤル・ハワイアン・センターC館2F 金12:00～13:00（先着24名限定） 無料

よく見てね！

みんなで楽しく腰をフリフリ～

高名なクムフラ、プアケアラ・マンさんによる人気のレッスン。意味を理解しながらフラのベーシックなポーズをひとつずつ覚え、最後に音楽に合わせて通しで踊る。混むので早めに行って！

楽しい！

まずはレイの材料の葉っぱを手に持って

2枚の葉っぱの端を互いに結び合わせる

さらに続けて何枚も葉っぱを結んでいく

ひも状になるまで編んでいって……

できあがり！

ボクが教えるよ

Next Step!

地元の人が通う本格フラ・レッスン
ワイキキ・コミュニティ・センターではクムフラのナラニさんのレッスンを開催。予約不要で旅行者も参加可能。

ワイキキ・コミュニティ・センター Waikiki Community Center
Map 別冊P.11-C1 ワイキキ

310 Paoakalani Ave. 808-923-1802 月9:00～10:15（中級）、水11:00～12:15（上級） 月$15、水$20 URL www.waikikicommunitycenter.org

Next Step!

レイ・デイ・セレブレーション
毎年5月1日。カピオラニ公園でフェスティバルが開催され、生花レイとリボンレイのコンテストや、ライブ演奏やフラなどが披露される。

URL www.honolulu.gov

そもそもフラってどういう踊り？
もともと、神々や先祖への祈りの際にささげられた神聖な踊り。今では古典フラ（カヒコ）と現代フラ（アウアナ）に大きく分けられる

ポーズ一つひとつに意味がある
文字をもたなかったハワイの人々は、自然や神への賛美をチャント（詠唱）や踊りで表現した。だからどのポーズにも意味があるのだとか

レイのもつ意味を教えて！
ハワイでは古来、花や実ひとつにもマナ（霊的な力）が宿ると信じられてきた。そのため、レイはお祝い事のときなどに大切な人へ贈られる

さまざまな素材のレイ
花や実といった植物のほか、貝殻や鳥の羽、リボンなども材料に。女性には花、男性には実のレイなど、贈る相手によっても種類が変わる

ロイヤル・ハワイアン・センターのレイメイキング・レッスンに参加しました。不器用な私でもできました！（富山県・レイ）

滞在中にハワイアンカルチャーをマスターできるかも!?
ワイキキには気軽に参加できる無料レッスンが充実しているので、
まずは体験してみよう！

ウクレレ・レッスン
Ukulele Lesson

モール中央付近のヘルモアハレ＆ゲストサービスで行われるウクレレ・レッスン。基本のコードを教えてもらったら有名ソングの演奏にトライ！　多少間違っても気にしないのが本場スタイル。

ロイヤル・ハワイアン・センター

Map 別冊P.10-A・B2,29　ワイキキ

ロイヤル・ハワイアン・センター B館1Fヘルモアハレ ゲストサービス&ヘリテージルーム　月11:00〜12:00（先着12名限定）　無料

弾けるようになると感動！ 本格的に習いたくなる？

予約不要で開始時刻前に会場に行けば、ウクレレと楽譜を貸してもらえる。基本コードのレッスンが終わったら、ハワイアンの有名ソングを演奏。ウクレレは基本3コードを覚えれば弾ける曲が多いので、気軽に参加してみて。

すぐに弾けますよ

初級〜中級向け無料レッスン
ウクレレ専門店、ウクレレぷあぷあのシェラトン・ワイキキ店（Map 別冊P.10-B2）で毎日開催。ウクレレの貸し出し無料。オンラインで予約して参加しよう。

毎日16:00〜16:30　予必要
URL ukulelepuapua.com

ウクレレってどんな楽器？
ウクレレとはハワイ語で「ノミが跳ねる」という意味。弦が4本だけしかない小ぶりの楽器で、ノミが飛び跳ねるように軽やかな音が特徴

ウクレレの選び方
ウクレレはハワイで購入するのがいちばん。材質はコアウッドが最高とされるけれど希少で高価。マホガニーなどさまざまな材質から選べ、価格も幅広いので手軽に買える！

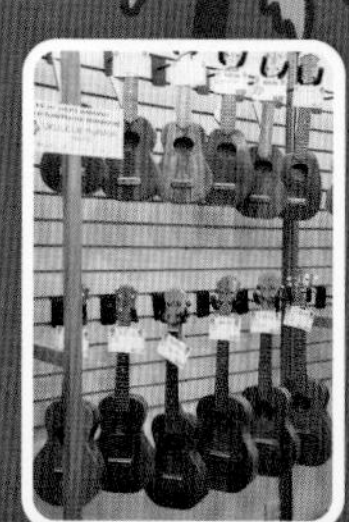

タダじゃないけど

ハワイアンクラフトを習ってみよう！

材料代がかかるので
無料というわけにはいかないけれど、
手軽にお稽古できるハワイアンクラフト
にも挑戦したい！

アンのハワイアンキルトスタジオ
Anne's Hawaiian Quilt Studio

コンテストでグランプリを受賞し、キルトに関する著書もあるアン先生のレッスン。レッスンは初級から上級まで選べ、カフェなどで受講者の希望の場所と時間で行われる。

アン先生の作品は映画『50回目のファーストキス』日本版にも登場

日本にも多くのファンをもつアン先生

休土・日・祝　料1回2時間$45（ベッドカバー$55）、初心者向けフレームキット$25〜、クッションキット$55〜ほか
Card A.J.M.V.　《日》　予1週間前までにメールで必要
info@anne-hawaiianquilt.com
URL anne-hawaiianquilt.com

ホク・クラフト
Hoku Craft

リボンを花のように編んで作るかわいらしいリボンレイ。初心者は、基本の編み方を教えてもらいながら携帯ストラップ作りに挑戦！　自分のペースで楽しんで。

Map 別冊P.10-A2　ワイキキ

307 Lewers St. #802　808-520-1111　11:00〜16:30（最終受付）
休不定休　料$15〜
Card A.D.J.M.V.　予望ましい
www.hokucraft.com

＊ハワイアンキルトについて
19世紀に宣教師によってもたらされたパッチワークキルトが起源。ハワイの自然をモチーフにしたシンメトリーなデザインが大きな特徴

＊紋様のモチーフいろいろ
1. 火をともしたような大輪の花が特徴のジンジャートーチ　2. かわいらしいアンセリウムは定番　3. パームツリー＆パインも人気モチーフ

ハワイの伝統文化をしっかりお稽古！

ロイヤル・ハワイアン・センターでは伝統工芸のラウハラ編みレッスン（水曜11:00〜12:00）も開催。

伝統文化から現代パフォーマンスまで

Hawaiian Music

エンターテインメントが充実しているハワイ。そこここでフラや
無料コンサートや食事と一緒に楽しめるものもあって

気鋭のミュージシャンが奏でる
アイランドミュージックの夕べ

楽しんで!

ようこそ

カニ・カ・ピラ・グリル
Kani Ka Pila Grille

プールサイドにあるオープンエアのバー。食事をしながら現代ハワイ音楽のライブが楽しめる。人気ミュージシャンが毎晩日替わりで出演して感激!

Map 別冊P.10-A3 ワイキキ

2169 Kalia Rd.アウトリガー・リーフ・ワイキキ・ビーチ・リゾート内 808-924-4990 11:00〜21:00(エンターテインメント18:00〜21:00) 無休 URL outriggerreef.com

カメハメハⅢ世が設立した
由緒ある吹奏楽団

迫力の
フル編成

感動的!

ロイヤル・ハワイアン・バンド
Moana Terrace

イオラニ宮殿などで行われている吹奏楽団のコンサート。ハワイ音楽からポップスまで幅広い楽曲で、大人も子供も楽しめる。名曲『アロハ・オエ』は必聴!

808-768-6677 料無料 URL www.rhb-music.com
※演奏会はイオラニ宮殿のほか、カピオラニ公園やアラモアナセンターなど、市内数カ所で不定期に開催。日程や演奏時間などは公式ウェブをチェック

ハワイのグラミー賞 ナ・ホク・ハノハノ・アワード

1978年に創設されたハワイ最大の権威ある音楽賞。毎年最も功績のあったアーティストに賞が贈られる。受賞するのはスターの証!

『Natalie Noelani』

2023年の最優秀アルバム賞に輝いたのは、ナタリー・アイ・カマウウの『Natalie Noelani』。フラファミリーの家で育った実力派女性アーティストで、日本でもコンサートを行う。

ハワイアンCDの購入はココで

バーンズ&ノーブル・ブックセラーズ
Barnes & Noble Booksellers

Map 別冊P.15-C・D2,26 アラモアナ

1450 Ala Moana Blvd.アラモアナセンター1Fダイヤモンドヘッドウイング山側 808-949-7307
10:00〜21:00(日〜20:00) 休無休

 ロイヤル・ハワイアン・バンドの演奏は圧巻! コンサートに出合うたび、毎回最後まで聴き入っています。(長野県・ゆい)

心揺さぶるミュージック&フラを観賞

Hula

ハワイアンミュージックのライブパフォーマンスが行われている。
バリエーション豊か。心に響くハワイ文化を観賞しよう。

夕日に包まれる海のそばで幻想的なフラを

本格派！

多彩な演目が魅力

クヒオ・ビーチ・トーチライティング&フラショー

Kuhio Beach Torch Lighting & Hula Show

一流ダンサーも多数登場するトーチライティングとフラのショー。夕日に染まるロマンティックなビーチで観賞する本格パフォーマンスは感動のひとこと！

Map 別冊P.11-C2 ワイキキ

クヒオ・ビーチ 火・土、毎月最終日曜18:30～19:30（11～1月18:00～19:00） 無料 URL kbhulashow.wixsite.com/official

アラモアナ・フラショー

Ala Moana Hula Show

DATA → P.114

アラモアナセンターの中心、1階センターステージで開催する約20分間のフラショー。毎日17時から。

ショッピング途中に気軽に楽しめる

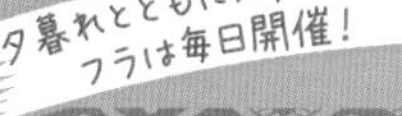

夕暮れとともにスタートするフラは毎日開催！

オ・ナラニ・サンセット・ストーリー

O Nalani Sunset Story

インターナショナルマーケットプレイス1階クイーンズコートで、トーチタワーに火をともすセレモニーからスタート月・水・金曜開催で9～2月は18時30分～、3～8月は19時～。

DATA → P.119

日替わりの演目で毎日見ても飽きないショー

手軽に楽しむ

ロイヤルグローブ・フラショー

Royal Grove Hula Show

ロイヤル・ハワイアン・センターの中庭「ロイヤルグローブ」で行われるライブパフォーマンス。開催は火・水・金・土曜17:30～18:30の週4回。古典フラから現代フラ、ハワイアンミュージックなど曜日によって異なる。

DATA → P.118

主要なホテルのミュージック&フラショー

ホテル	場所	内容	日時
シェラトン・プリンセス・カイウラニ	スプラッシュ・バー	ハワイアンミュージック	毎日（時間は日によって異なる）
シェラトン・ワイキキ	エッジ・オブ・ワイキキ（→P.98）	ハワイアンミュージック	毎日13:00～16:00
ロイヤル ハワイアン	マイタイバー（→P.98）	ハワイアンミュージック	毎日18:00～22:00
アウトリガー・ワイキキ・オン・ザ・ビーチ	デュークスワイキキ（→P.77）	ハワイアンミュージック	毎日16:00～18:00、21:30～
ヒルトン・ハワイアン・ビレッジ	トロピックス・バー&グリル（→P.98）	ハワイアンミュージック	毎日15:00～17:00
ハレクラニ	ハウス ウィズアウト ア キー（→P.76）	ハワイアンミュージック&ダンス	毎日17:00

毎年5月頃に開催されるハワイアンミュージックをたたえる「メレ・メイ」の期間は、各所でイベントを開催。

ちょっと遠出してアクティブ体験！
オアフの人気3大テーマパークへGO♪

奥深～いハワイの魅力に触れたいならテーマパークがおすすめ！
海の生き物や伝統文化に触れ、大自然でワイルドに遊び、ハワイでしかできない貴重な体験に感動☆

海まで見えて最高

かなりのスピードよ！

イルカのダイナミックなジャンプは必見

海の生き物と仲よくなれる

シーライフ・パーク・ハワイ
Sea Life Park Hawaii

オアフ島MAP
ポリネシアカルチャーセンター
クアロア・ランチ
シーライフ・パーク・ハワイ
Waikiki

すごい!!

これくらいお手のもの

ドルフィン・ラグーン・ショー

水しぶきを上げて高くジャンプしたり、フラフープを賢く操るイルカの姿に大興奮！

🕘12:30、15:30 ㊋無料

マカプウ岬近くにある海洋生物がテーマのマリンパーク。イルカやアシカのショーや、海の生物と触れ合えるプログラムが充実。イルカとクジラのハーフ"ウォルフィン"に会えるのは世界でもココだけ！

Map 別冊P.5-D2 ワイマナロ

🏠41-202 Kalanianaole Hwy. #7 Waimanalo ☎808-259-2500 🕘10:00～16:00 ㊡無休 ㊋$47.11(税込み)、4歳未満無料、送迎料金$26.18(税込み) Card A.M.V. 日本語 問合 パシフィックリゾート Free 03-3544-5281 URL www.hawaiisealifepark.jp

イルカ調教→P.35

海ガメのレクチャー

小さい子供でもOK！

メイン・ギフトショップで海ガメのエサ$3～4を購入すれば、餌づけ体験ができる。

🕘10:15 ㊋無料

生き物と遊んだあとは宴を満喫！

2023年1月からシーライフ・パーク・ハワイでアロハカイルアウ・ディナーショーがスタート。海を見下ろす広場の星空の下で、ハワイの伝統料理やカルチャー体験、エンターテインメントを楽しもう。

受賞歴のあるエンターテインメントチームのポリネシアンショーは圧巻！

🕘16:30～20:15 ㊡土曜 ㊋$150.79～、13～17歳$140.31～、4～12歳$129.84～(送迎付き、税込み)、3歳以下無料 予望ましい

生き物に触れるプログラムは、爪にラインストーンなどを付けていると参加できない場合があるので要注意！（千葉県・ゆり）

コオラウ山脈の麓に広がる秘境
クアロア・ランチ
Kualoa Ranch

古代には王族だけ入ることができた神聖な土地にあり、広さはなんと東京ドーム約450個分！ 乗馬、四輪バギー、ロケ地ツアーなど10種類以上のアクティビティを自由に組み合わせて遊べる。

Map 別冊P.21-D2 クアロア

49-560 Kamehameha Hwy. Kaneohe ☎808-237-7321 7:30〜18:00（カフェテリア〜16:30）休無休 料エクスペリエンスパッケージ（送迎付き）$179.95、3〜12歳$129.95ほか Card A.J.M.V. 予望ましい URL www.kualoa.jp

映画ロケ地 『ジュラシック・ワールド』『ゴジラ』『LOST』『HAWAII FIVE-0』などのロケ地を巡る。壮大な景色と作品の世界観を堪能しよう

オアフの人気3大テーマパーク

乗馬 馬と一緒にカウボーイ気分でおさんぽ。大自然のなかをのんびり巡るから、乗馬初心者でもOK

ジップライン ワイヤーロープを猛スピードで滑り降りる人気アクティビティ。空を飛ぶ感覚が楽しめてスリリング！

マラマ体験 サステナビリティと水田への水の供給などについて学ぶ。タロイモの植え付けや収穫体験も

四輪バギー どんな道にも対応可能なバギーで冒険。時速約20kmでの走行なので周りの景色も楽しめる

シークレットアイランド クアロア・ランチ所有のプライベートビーチでマリンアクティビティが満喫できる

私たちがサポートします！

クルーズ カタマランに乗ってカネオヘ湾をクルーズ。養魚池などを巡り、古代人の知恵に触れられる

ノースの巨大テーマパーク
ポリネシアカルチャーセンター
Polynesian Cultural Center

ハワイ、タヒチ、サモアなどポリネシアの6つの島を再現した巨大テーマパーク。ポリネシア人たちの暮らしを見て、古代の遊びや宴会（ルアウ）に参加できる。白熱のイブニングショーは必見！

Map 別冊P.21-C1 ライエ

55-370 Kamehameha Hwy. Laie ☎808-293-3333 12:30〜21:00 休日・水 料デイパッケージ$119.95〜、3〜11歳$95.96〜、送迎料金$26ほか Card A.J.M.V. 予望ましい URL polynesia.jp

ショー 総勢約100人のダンサーが繰り広げるハワイ最大級のイブニングショー。感動の嵐！

カヌーツアー 定期運航のカヌーに乗って、ラグーンから村々を眺めてみよう。船頭さんが案内してくれる

グルメ&グッズもチェック！

レストランやショップなど約40軒が集まるフキラウ・マーケットプレイスにも立ち寄ろう

Where to Stay?

aruco的ホノルルステイ案内♪

世界有数のリゾート、ホノルルには、どんな欲求も満たしてくれる
すてきなホテルがいっぱい！　滞在スタイルに合わせて、お気に入りの1軒を見つけて☆

©Read McKendree

古きよきハワイを感じる

ウェイファインダー ワイキキ

Wayfinder Waikiki

2023年5月にグランドオープンした話題のホテル。インテリアはクラシカルなハワイスタイルにポップさをプラスし、天然素材を用いた家具や照明がアクセントに。ホテル内にレストラン「レッドフィッシュ・ポケバー」(P.91) 2号店がオープンし話題。

Map 別冊P.11-C1 ワイキキ

2375 Ala Wai Blvd.　808-922-4744　問合 なし
室214　創業2023年　料$180～　Card A.J.M.V.
Wi-Fi 無料　URL wayfinderhotels.com

おすすめPOINT
クラシカルなインテリアながら、全室に洗浄機能付きトイレを設置するなど、ファシリティは実用的！

©MarikoReed

©MarikoReed

1. 部屋により異なるインテリア。アメニティはオーストラリアブランドのグロウン・アルケミスト　2. キング1台とダブル2台の客室を用意。ほかに4人まで宿泊可能なプールハウススイートも　3. ワイキキサンドビラホテルだった頃からゲストに愛されているプールエリア　4. プールサイドのバーではカクテルや軽食が楽しめる　5. パブリックエリアもおしゃれ　6. ホテルのロゴアイテムは自分へのおみやげに

モダンレトロなインテリアが新鮮 今、ワイキキで注目のホテル5軒

ミニマムで印象的なプールが大人気

星野リゾート　サーフジャックハワイ

The Surfjack Hotel & Swim Club

星野リゾートが運営する海外展開3番目のブティックホテル。1960年代のミッドセンチュリーハワイな雰囲気が人気で、館内には地元アーティストの作品も多数飾られている。ホテル内にレストラン、カフェがあり、プールサイドでは毎朝コーヒーがサーブされる。

Map 別冊P.10-A1 ワイキキ

412 Lewers St.　808-923-8882　問合 星野リゾート予約センター　050-3134-8094　室112　創業2016年
料$245～　Card A.J.M.V.　Wi-Fi 無料　URL surfjack.jp

おすすめPOINT
ホテルのモダンレトロブームの先駆け。ゲストひとりひとりへのサービスが行き届いているのはここならでは。

1. プールサイドでは地元ミュージシャンによるライブを毎日開催　2. ロビーのインテリアにも注目！　3. パブリックエリアでは、個性的なアート作品も楽しめる　4. 客室は1ルームタイプからベッドルームが3つあるスイートまで揃う　5. ロコに大人気のレストラン「マヒナ&サンズ」では洗練されたハワイ料理を提供

カイマナビーチホテルに泊まってハウツリーで朝食を取るのが定番。ホテルの前のビーチも大好き。（栃木県・ゆい）

長年ロコに愛され続ける

カイマナビーチホテル

Kaimana Beach Hotel

観光客だけでなく地元の人たちからも支持を得る老舗ホテルが、古きよき面影を残しつつ全面リニューアル。自分だけのロングボードを作れるユニークな宿泊プランがある。

Map 別冊P.6-B3 ワイキキ

2863 Kalakaua Ave. ☎808-923-1555 日本の問合せ なし 室112 創業（改装）／1963（2022）年 料$183～ Card A.J.M.V. Wi-Fi無料 URL kaimana.com

おすすめPOINT
ワイキキ中心の喧騒から少し離れ、落ち着いた時間を楽しめるホテル。間近に迫るダイヤモンドヘッドが美しい。

波打ち際まですぐ！

1. ホテルとともに歴史を刻み続ける人気レストラン「ハウツリー」(P.71) 2. 人気のダイヤモンドヘッドビューの客室 3. 天井が高く明るく開放感のあるロビー 4. ゲストは各種無料アクティビティに参加可能（要予約）で、ビーチではヨガ（土・日曜）、スタンドアップパドル（月・金曜）を開催している。

©Kaimana Beach Hotel

オートグラフらしいモダンなスタイル

ザ・レイロウ・オートグラフコレクション

The Laylow,Autograph Collection

マリオットのプレミアムブランド、オートグラフコレクションのオアフ初進出ホテル。インテリアはスタイリッシュで愛らしさもあり、機能性に優れている。日本人のリピーターも多い。

Map 別冊P.10-B1 ワイキキ

2299 Kuhio Ave. ☎808-922-6600 日本の問合せ マリオット・インターナショナル Free 0120-142890 室251 創業2017年 料$234～ Card A.J.M.V. Wi-Fi無料 URL www.laylowwaikiki.com/ja

おすすめPOINT
インターナショナルマーケットプレイスに隣接する好立地！ホテル内には人気ダイニングとカフェも。

レストランにはテラス席も

1. 3名まで宿泊可能なジュニアスイート 2. モダンハワイアン料理のレストラン「ハイドアウト」では毎晩ライブ演奏が楽しめる 3. プールサイドではシェイブアイスの無料サービスも！ 4. こだわりのモーニングコーヒーを提供するカフェ（6～11時）

あの人気ホテルが変身！

ツイン フィン ワイキキ

The Twin Fin Waikiki

旧アストンワイキキビーチホテルをリニューアルして2022年11月にオープン。客室の85%から海を眺めることができ、カピオラニ公園、ホノルル動物園にも近い。自然を存分に満喫することができる絶好のロケーション。

ビーチに持っていってもOK

Map 別冊P.11-D2 ワイキキ

2570 Kalakaua Ave. ☎808-922-2511 日本の問合せ なし 室645 創業(改装)／1971(2022)年 料$191～ Card A.J.M.V. Wi-Fi無料 URL jp.twinfinwaikiki.com

1. カラカウア通りを挟んですぐワイキキ・ビーチ。朝食（付きプランの場合）はここで 2. 客室は最大11名まで宿泊可能な3ベッドルーム・スイートまであり多彩 3. 1室1泊ごとに付与されるポイントプログラムで無料で各種ビーチ用品がレンタルできる

おすすめPOINT
新しく快適な客室とワイキキ・ビーチが目の前という立地ながら比較的リーズナブルな料金が魅力。

ホテルで過ごす贅沢も十分に すべてを兼ね備えた2大リゾート

おすすめPOINT
話題の「クイーンズブレイク」をはじめホテル内には7つのダイニングがあり、スターバックスコーヒーは2軒ある。

サンセットタイムにはビーチに沈む夕日を焚き火越しに観賞できる

1. カラカウア通りの向こうはワイキキ・ビーチ。広いプールエリアでは1日中快適に過ごせるカバナ（有料）が人気　2. SNSなどでおしゃれインテリアとして話題のファイヤーピット。ここでは「クイーンズブレイク」（P.92）の食事やドリンクを楽しむことが可能　3.5. クイーン リリウオカラニ スイート。ベッドから真正面に大海原を見渡せる。広いバスルームにはバスタブとシャワーブースが　4.9. レイメイキング、ヨガ、ウクレレレッスンや絵画など、ゲストは多彩な無料アクティビティーに参加できる　6. プールサイドのダイニング「クイーンズブレイク」は2022年からハレアイナアワードを2年連続受賞　7.8. パブリックエリアには思わず写真を撮りたくなるフォトスポットがいっぱい！

生花でレイ作り♥

ハワイ王朝ゆかりの地に立つホテル

ワイキキ ビーチ マリオット リゾート&スパ

Waikiki Beach Marriott Resort&Spa

2021年に全面リノベーションを完了させた世界的ホテルチェーン、マリオット。ふたつのタワーが立つこの地はかつて、ハワイ王朝最後の女王リリウオカラニの夏の別荘があった場所として有名。ホテルの中心的存在のプールエリアにはファミリー向けと18歳以上限定の大人向けプール、バー、レストランがある。

Map 別冊P.11-C2

ワイキキ

2552 Kalakaua Ave.　808-922-6611　日本の問合せ マリオットインターナショナル　Free 0120-142890　室 1310　創業2021年　料 $415～　Card A.J.M.V.　Wi-Fi 無料　URL marriott.com

ヨガは毎朝8:00～

マリオットのロビーにはビリヤードやエアホッケーなどがあって、無料で遊べました♪（岩手県・かおり）

1. ダブルベッドが3台用意されたラージラグジュアリー。3人旅にぴったり！ 2. 眺望最高のラナイ！ きちんと3人分の椅子が用意されている 3. シェラトン自慢のインフィニティプールは16歳以上のみ利用OK 4. ふたり同時にメイク可能な広い洗面台。トイレは全室にTOTOウォシュレットが導入され快適 5. ロビーには名物のサンドアートが展示されている 6. 客室の7割以上がオーシャンビュー 7.8. 地元食材を使ったアメリカンな朝食を提供する「カイ・マーケット」。オムレツやフレンチトーストと並んで8オンス（＝226g）のパニオロステーキもメニューに！

aruco的ホノルルステイ案内♪

美しく生まれ変わった老舗ホテル

シェラトン・ワイキキ Sheraton Waikiki

2020年11月、総工費約200億円をかけ全面改装を完了し、客室はコンテンポラリーハワイアンを基調にしたインテリアに一新された。ワイキキの真ん中かつオン・ザ・ビーチに位置し、客室の2/3がオーシャンビューという巨大リゾートは幅広い世代に支持されている。無料のゲストプログラムやウオータースライダーがあるプールなど、アクティビティも充実。

Map 別冊P.10-B2 ワイキキ

2255 Kalakaua Ave. 808-922-4422
P なし 室1636 創業（改装）／1971（2021）年
料オーシャンフロント$499＋リゾート料金（1室につき1日$42）～ Card A.J.M.V. Wi-Fi 無料 URL sheratonwaikiki.jp

プール ダイニング 客室内セーフティBOX 客室内ランドリーorコインランドリー ミニバーor冷蔵庫 ヘアドライヤー 日本語OK

一度は泊まりたい 憧れの「ワイキキ御三家」

優雅な佇まいに心奪われる

ロイヤル ハワイアン ラグジュアリー コレクション リゾート

The Royal Hawaiian, a Luxury Collection Resort

1927年の創業以来「太平洋のピンクパレス」と称され続ける美しいホテル。客室は重厚な雰囲気の本館とモダンなインテリアのタワー棟があり、それぞれ違った趣を楽しめる。

Map 別冊P.10-B2 ワイキキ

2259 Kalakaua Ave. 808-923-7311（24時間日本語対応） 日本の連絡先 なし 室528 創業（改装）／1927（2009）年 料ヒストリック$439+リゾート料金～ほか Card A.D.J.M.V. Wi-Fi リゾート料金に含む URL royal-hawaiian.jp

おすすめPOINT
すべての客室に最高級リネンブランド、フレッテ製オリジナルバスローブが用意されている。

1. ロゴアイテムはロビー階のショップで 2. 本館ヒストリック・ウイングの客室 3. スペインムーア様式の外観 4. ロビーは潮風が抜けるよう天井を高く設計 5. プールはふたつ。こちらは大型のデッキアンブレラが心地よいマルラニ・プール

古きよきハワイを感じる白亜のホテル

モアナ サーフライダー ウェスティン リゾート&スパ

Moana Surfrider, A Westin Resort & Spa

「ワイキキのファーストレディ」の名で親しまれる優美なクラシカルホテル。ワイキキ初のホテルとして歴史と伝統を守り、国家歴史登録財に指定されている。客室ではウェスティン自慢のヘブンリーベッドが極上の眠りを約束。

おすすめPOINT
中庭の樹齢100年を超えるバニヤンツリーは必見。存在感のあるこのツリーに癒やされるというリピーターも多い。

1. ヒストリック、タワー、ダイヤモンドの3つのウイングからなる 2.「ザ・ビーチバー」（P.98）ではオリジナルカクテルを 3. 永遠の人気「ザ・ベランダ」（P.77）のアフタヌーンティー 4. タワープレミアオーシャンビューの客室

Map 別冊P.10-B2 ワイキキ

2365 Kalakaua Ave. 808-922-3111 日本の連絡先 なし 室793 創業（改装）／1901（2013）年 料ヒストリックバニヤンオーシャン$399+リゾート料金～ほか Card A.D.J.M.V. Wi-Fi リゾート料金に含む URL moanasurfrider.jp

上質な空間でラグジュアリーステイ

ハレクラニ Halekulani

ハワイ語で「天国にふさわしい館」という名の名門ホテル。数々のホテルアワードを受賞し、その名は世界に知られている。ハワイ唯一のフォーブス5つ星レストラン「ラ メール」やスパなど、施設も充実。

Map 別冊P.10-A2 ワイキキ

2199 Kalia Rd. 808-923-2311 日本の連絡先 帝国ホテル ハレクラニ・リゾーツ予約センター Free 0120-489823 室453 創業（改装）／1917（2021）年 料ガーデンコートヤード$640～ほか Card A.D.J.M.V. Wi-Fi 無料 URL www.halekulani.jp

おすすめPOINT
滞在中に感じるゲストひとりひとりへのパーソナルなもてなしは、ハレクラニならではのもの。

1.「ハウス ウィズアウト ア キー」（P.76）では毎日夕方からハワイアンミュージックとフラが楽しめる 2. ワイキキの喧騒を感じさせない落ち着いた館内 3. 一時クローズし、大規模な改装を完了。客室は白が印象的で上質なインテリア 4. ホテルの象徴ともいえるオーキッドが底に描かれた美しいプール

 モアナサーフライダーに泊まったとき、ロイヤル ハワイアンとシェラトン・ワイキキのレストラン代を部屋付けできたので便利でした！（愛知県・みなみ）

ディズニーの魔法がいっぱい！夢のリゾートを満喫☆

おすすめPOINT
アロハシャツを着たミッキーやミニーに会えるホテル！チップとデールやモアナ、スティッチも待っている♡

ハワイ王朝ゆかりの地に立つホテル

アウラニ・ディズニー・リゾート&スパ コオリナ・ハワイ

AULANI, A Disney Resort & Spa, in Ko Olina, Hawai'i

オアフ島の西、コオリナにあるディズニーのリゾート。かつては王族の保養地だった広大な土地に立つホテルは、アロハスピリットとディズニーならではのホスピタリティが融合されている。キャラクターブレックファストが大人気の「マカヒキ」や、地元ハワイの食材が味わえる「アマアマ」など、ダイニングもすばらしい。

(日)

Map 別冊P.18-A3 コオリナ

92-1185 Ali'inui Dr.Kapalei 808-674-6200 問合 なし
室351 ヴィラ481 創業／2011年 料スタンダードビュー$484～ほか
Card A.D.J.M.V. Wi-Fi 無料 URL aulani.jp

1. 魚と泳げるダイビング体験など、各種アクティビティも充実 2. ロミロミなどハワイ伝統の施術が受けられるスパ 3. プールサイドの「リトル・オピヒズ」ではミッキーやミニーのドールホイップを♪ 4. ゲストルームはオールドハワイアン調のインテリアで落ち着いた雰囲気 5. ウオータースライダーや流れるプールがあるワイコロヘバレープールエリア 6. アウラニ名物ミッキーのシェイブアイスは「パパルア・シェイブアイス」で 7.「マカヒキ」のキャラクターブレックファスト 8. リゾート内にはディスニーらしい演出がいっぱい 9. 3つあるロゴショップでは、アウラニでしか買えない限定品をチェック！

まだまだ あるよ〜♪

予算別おすすめホテル

★1泊の予算
✿✿✿ $300以上
✿✿ $300未満

✿✿✿

ザ・カハラ・ホテル&リゾート

The Kahala Hotel&Resort

高級住宅街に立つラグジュアリーリゾート。中庭にはイルカが泳ぐラグーンがある。

Map 別冊P.7-D1 カハラ

住5000 Kahala Ave. ☎808-739-8888 問合 Free 0120-528013（オークラホテルズ&リゾーツ ザ・カハラ専用ダイヤル） 料シーニック$425〜ほか Card A.D.J.M.V. Wi-Fi 無料 URL jp.kahalaresort.com

✿✿

ヒルトン・ハワイアン・ビレッジ・ワイキキ・ビーチ・リゾート

Hilton Hawaiian Village Waikiki Beach Resort

約9万㎡の広大な敷地を誇る楽園リゾート。5つのプール、18のレストランなど充実の施設。

Map 別冊P.9-C2 ワイキキ

住2005 Kalia Rd. ☎808-949-4321 問合 Free 0120-489-852、または☎03-6864-1633（ヒルトン・リザベーションズ・カスタマー&ケアー） 料$260+リゾートチャージ（1室につき1泊$50）〜 Card A.D.J.M.V. Wi-Fi 無料 URL hiltonhawaiianvillage.jp

✿✿✿

エンバシー・スイーツ・バイ・ヒルトン・ワイキキ・ビーチ・ウォーク

Embassy Suites by Hilton Waikiki Beach Walk

全室スイートタイプ。リビングルーム＋1BRまたは2BRがあり家族に最適。朝食ビュッフェ&夕方のドリンク付。

Map 別冊P.10-A2 ワイキキ

住201 Beach Walk ☎808-921-2345 料1ベッドルーム・ワイキキシティービュー$394+リゾート料金（1室につき1泊$40）〜 Card A.D.J.M.V. Wi-Fi 無料 URL jp.embassysuiteswaikiki.com

✿✿✿

ハレプナ ワイキキ バイ ハレクラニ

Halepuna Waikiki by Halekulani

ハレクラニの姉妹ホテルとしてその上質なホスピタリティを継承。1階には大人気のハレクラニ― ベーカリーがある。

Map 別冊P.10-A2 ワイキキ

住2233 Helumoa Rd. ☎808-921-7272 問合 帝国ホテル ハレクラニ・リゾーツ予約センター Free 0120-489823 料スタンダードワイキキビュー$430〜 Card A.D.J.M.V. Wi-Fi 無料 URL halepuna.jp

✿✿

アロヒラニ・リゾート・ワイキキ・ビーチ

Alohilani Resort Waikiki Beach

シンプルなインテリアの客室が快適な好立地ホテル。新しくインフィニティ・プールも完成した。

Map 別冊P.11-C2 ワイキキ

住2490 Kalakaua Ave. ☎808-922-1233 問合なし 料$260〜+リゾート料金（1室につき1日$50）ほか Card A.D.J.M.V. Wi-Fi 無料 URL alohilaniresort.com

✿✿

ハイアット リージェンシー ワイキキ ビーチ リゾート&スパ

Hyatt Regency Waikiki Beach Resort & Spa

カラカウア通りでひと際目を引くツインタワー。全室にウォシュレット、スリッパなどを完備。

Map 別冊P.11-C2 ワイキキ

住2424Kalakaua Ave. ☎808-923-1234 問合 Free 0120-923-299（ハイアット グローバル コンタクトセンター） 料ワイキキビュー$240〜ほか Card A.D.J.M.V. Wi-Fi 無料 URL waikiki.hyatt.jp

✿✿✿

アウトリガー・リーフ・ワイキキ・ビーチ・リゾート

Outrigger Reef Waikiki Beach Resort

2022年改装のビーチフロントリゾート。フラ、レイメイキングなど無料アクティビティも豊富。宿泊者専用ラウンジも自慢。

Map 別冊P.10-A3 ワイキキ

住2169 Kalia Rd. ☎808-923-3111 問合 アウトリガー日本予約センター Free 03-4588-6441 料$321+リゾート料金（1室につき1泊$45）〜 Card A.D.J.M.V. Wi-Fi 無料 URL jp.outrigger.com

✿✿

アウトリガー・ワイキキ・ビーチコマー・ホテル

Outrigger Waikiki Beachcomber Hotel

ワイキキど真ん中、ワイキキビーチまでわずか300歩という抜群の立地。2019年改装完了のスタイリッシュリゾート。

Map 別冊P.10-B2 ワイキキ

住2300 Kalakaua Ave. ☎808-922-4646 問合 アウトリガー日本予約センター Free 03-4588-6441 料$233+リゾート料金（1室につき1泊$40）〜 Card A.D.J.M.V. Wi-Fi 無料 URL jp.outrigger.com

✿✿

ザ モダン ホノルル

The Modern Honolulu

ホテル業界の鬼才イアン・シュレーガーが手がけたスタイリッシュなホテル。大人がくつろげる落ち着いたプールエリアも人気。

Map 別冊P.8-B2 ワイキキ

住1775 Ala Moana Blvd. ☎808-450-3379 問合なし 料$272+リゾート料金（1室につき1泊$35）〜 Card A.D.J.M.V. Wi-Fi 無料 URL themodernhonolulu.jp

プール ダイニング 客室内セーフティBOX 客室内ランドリーorコインランドリー ミニバーor冷蔵庫 ヘアドライヤー 日本語OK

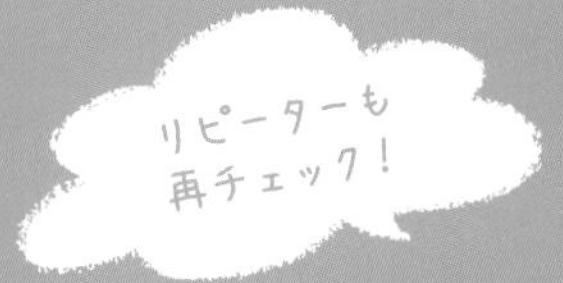

ハワイと旅の基本情報をココでしっかり予習

ワイキキは比較的治安がよく日本語が話せる人もいるけれど
ハワイはアメリカ合衆国で海外。日本と違う点も多く、油断は禁物。
必需品や入出国の準備、交通、万が一のときの対処法など
出発前から滞在中、帰国するまで、アナタをarucoがばっちりサポート！

aruco的 おすすめ旅グッズ

「何を持っていこうかな♪」……そう考えるだけで、ワクワク、すでに旅はスタートしている。快適で楽しい女子旅をするためのおすすめグッズを、ハワイ通のスタッフがご紹介。ぜひ参考にして、旅をパワーアップさせてね！

旅のお役立ちアイテム

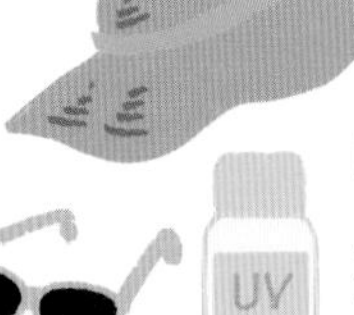

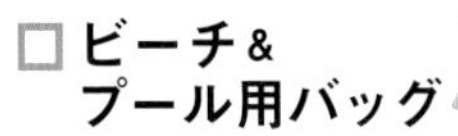

□日焼け対策グッズ

ハワイの紫外線には日焼け止め、帽子、サングラスなどが必須。法律によりサンゴに有害なオキシベンゾン、オクチノキサートを含む日焼け止めは販売が（マウイ島は使用も）禁止されている。

□ビーチサンダル

現地調達もOKだけど、買ったばかりのビーサンは鼻緒のところが痛くなることも。履き慣れたものを1足持っていくと安心。

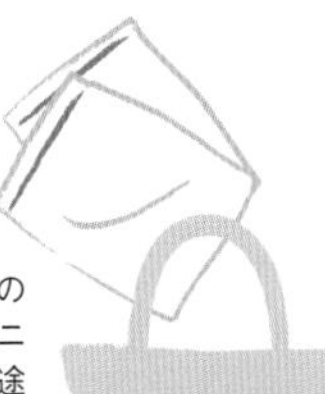

□ビーチ＆プール用バッグ

ぬれた水着やタオルを入れるのに、プチバッグや密封できるビニール袋があると便利。ほかの用途にもいろいろと使える。

□はおりもの

ハワイのレストラン、スーパー、ザ・バスなど、冷えすぎ！と思うくらい冷房が効いていることが多い。薄手の上着を絶対に忘れないで。

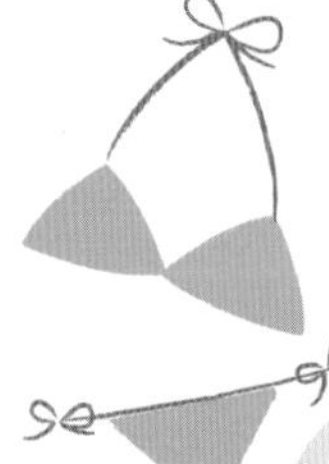

□水着

ホノルルに着いたらビーチへ！プールへ！　すぐに直行したくなっちゃうもの。現地調達だとそれができないので、1着は持っていこう♪

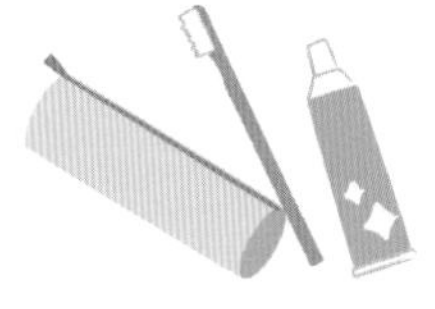

□歯磨きセット

歯ブラシが用意されていないホテルが多いので、持っていこう。機内に持ち込む場合、歯磨き粉は機内持ち込み制限（→P.176）の対象なので規定を守って。

機内手荷物のアドバイス

日本からホノルルまでは直行便で約7時間。機内は乾燥しているので、リップクリームや保湿クリームは必需品。冷えることもあるので、上着や靴下を持っていくと安心。在庫があれば追加のブランケットも貸してもらえる。時差ボケ対策として、行きの機内ではぐっすり眠りたい。歯ブラシやスリッパなど、必要に応じて手荷物へ入れよう。

機内持ち込み制限についての詳細はP.176をチェック！

基本の持ち物チェックリスト

貴重品
- □パスポート
- □現金（ドル、円）
- □クレジットカード
- □eチケット控え
- □ESTA控え
- □海外旅行保険証書

洗面用具
- □シャンプー、リンス
- □洗顔用品
- □基礎化粧品
- □タオル

衣類
- □普段着、おしゃれ着
- □靴下
- □下着
- □パジャマ

その他
- □充電器
- □変圧器
- □常備薬
- □生理用品
- □筆記用具
- □ウエットシート
- □スリッパ

 ハワイの19時間という時差に勝つため、機内では食事以外眠り続けます。効果あり！（石川県・あん）

知って楽しい！ ハワイの雑学

これから旅する国の歴史や文化、習慣など、ちょっぴりカタく思うかもしれない。だけど、出発前にほんの少〜し勉強していくだけで、観光はもちろん、買い物や食事するときの現地の人とのコミュニケーションもぐんと楽しくなること間違いなし！

ハワイの基礎知識メモ

正式名称	ハワイ州　STATE OF HAWAII
州旗	ユニオンジャックとハワイ8島を示す、赤、青、白８本の横縞からなる
州都	ホノルル（オアフ島）
州歌	ハワイ・ポノイ（カラカウア王作詞）
州花	黄色いハイビスカス
州魚	フムフムヌクヌクアプアア（モンガラカワハギ科）
人口	約144万人
面積	1万6634㎢
民族	アジア系が約40％と多く、ハワイ先住民系は6.2％
宗教	キリスト教、仏教などほか多数
言語	公用語は英語、ハワイ語

ハワイの歴史年表

紀元300〜1300年頃	ポリネシア人がハワイに上陸
1778年	ジェームズ・クックがハワイを発見、上陸
1810年	カメハメハがハワイを統一、王位に就く
1820年	ボストンより宣教師団がハワイへ上陸
1845年	ラハイナ(マウイ島)からホノルルへ首都が移される
1868年	日本人が初めてハワイへ移民
1881年	カラカウア王が来日、明治天皇と会見
1893年	リリウオカラニ王女の王位継承直後から王家の権威が衰退。王朝の幕が閉じる
1894年	ハワイ共和国が誕生、ドールが初代大統領に
1895年	リリウオカラニがイオラニ宮殿に幽閉される
1941年	日本軍による真珠湾攻撃
1959年	アメリカ合衆国50番目の州となる

ハワイのおもなイベント

春 3月〜5月

ホノルル・フェスティバル（3月上旬）
各地でさまざまな日本文化が披露されるフェスティバル

レイ・デイ・セレブレーション（5月1日）
カピオラニ公園で開催されているレイの祭典。この日はレイを贈り合う習慣も

ホノルルトライアスロン（5月中旬）
時間制限のないショートトライアスロンの大会

ナ・ホク・オ・ハワイ・ミュージック・フェスティバル（5月下旬）
ハワイアンミュージックの祭典。ナ・ホク・アワードの授賞式も開催

夏 6月〜8月

キング・カメハメハ・セレブレーション（6月上旬）
カメハメハ大王の功績をたたえる祭り。大規模なパレードもある

独立記念日フェスティバル（7月4日前後）
アラモアナ・ビーチパークで花火が打ち上げられる

ウクレレ・フェスティバル（7月中旬）
カピオラニ公園で開催されるウクレレの大イベント

メイド イン ハワイ フェスティバル（8月中旬）
Nブレイズデル・センターにハワイ各地の特産品が集結する

秋 9月〜11月

アロハ・フェスティバル（9月上旬〜下旬）
ハワイ州最大規模の祭り。各地でさまざまなイベントがある

ハロウィン・イン・ワイキキ（10月31日）
ワイキキ、カラカウア通りが仮装した人でいっぱいに！

ハワイフードアンドワインフェスティバル（10月下旬）
世界中から名シェフやワイナリー、蒸留酒メーカーなどが集まる食の祭典

トリプル・クラウン・オブ・サーフィン（11月中旬〜12月下旬）
ノースショアを会場とするサーフィンの世界的な大会

冬 12月〜2月

ホノルル・シティ・ライツ（12月上旬〜1月上旬）
ダウンタウンでの点灯式を合図に、街中がイルミネーションで飾られる

ホノルル・マラソン（12月第2日曜）
世界最大級の市民マラソン大会。日本からの参加者も多い

ハワイ ボウル（12月下旬）
アロハスタジアムで全米カレッジフットボールリーグの上位が対決

グレート・アロハ・ラン（2月中旬）
大規模なチャリティのマラソン大会。子供からシニアまで多数参加

ハワイ入出国かんたんナビ

ハワイ（アメリカ）への渡航が決まったら、まずはESTA（電子渡航認証システム）の取得申請をしよう。
コロナ禍の渡航に必要だった陰性証明書などもすべて廃止され、
有効なパスポート、チケット、ESTA申請でハワイに行けるように！

ESTA申請公式サイト
URL https://esta.cbp.dhs.gov/esta/

1 ESTA申請は公式サイトで

旅行会社などに代行も頼めるが、
上記公式サイトで簡単に申請できる。
まずは個人かグループかを選択

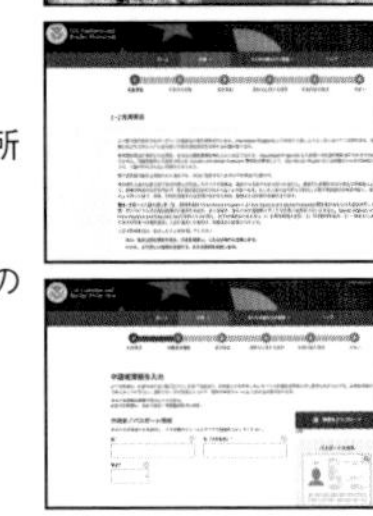

↓

2 免責事項の確認

内容をよく読み、問題がなければ、「はい」を選択し、「次へ」をクリック

↓

3 申請者情報の記入

●申請者、パスポート、渡航情報と米国滞在先住所を記入しパスポートの画像をアップロードする。
●各質問には「はい」「いいえ」を選択する
●「権利の放棄」「証明」の内容を読み、「証明」の□にチェックを入れる
入力内容をよく確認してから、「次へ」をクリック

↓

4 申請番号が発行される

申請番号は必ず書き留めておこう

↓

5 支払いの手続き

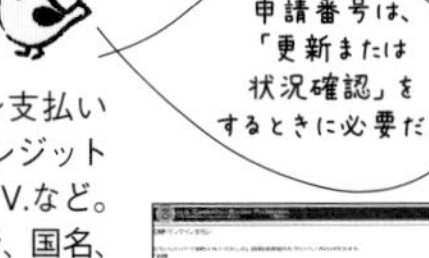

「支払い」をクリックして、CBPオンライン支払いフォームに進む。支払い金額は$21で、クレジットカードで払う。利用できるのはA. D. J. M. V.など。入力項目は、カード名義人の姓名、請求住所、国名、クレジットカードの種類、クレジットカード番号、有効期限、セキュリティコード。間違いがないか確認したら、「支払い送信」をクリックして終了

↓

6 渡航認証の回答

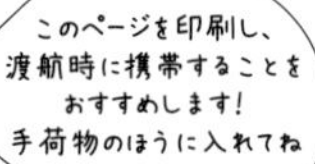

回答は72時間以内に行われる。回答は「渡航認証許可」「渡航認証保留」「渡航認証拒否」の3種類。「渡航認証許可」と表示されれば、ビザ免除プログラムでの渡航が許可されることになる

ESTAってなに？

ESTAは、Electronic System for Travel Authorization（電子渡航認証システム）の略。ビザ免除プログラム（90日以内の滞在に限る）を利用して、アメリカに入国する場合に取得しなくてはならないもの。有効期限は2年間（パスポートの失効除く）で、渡航認証申請には費用として$21がかかる。遅くても渡航の72時間前までに申請するのが望ましい。

注意すること！

・インターネットにアクセスできる環境がないとESTAの申請はできない。
・アメリカ国土安全保障省無認可の第三者が独自のウェブサイトを設け、ESTAについての情報の提供や、代理で申請をするとして法外な料金を請求することがある。
心配な人やネット環境がない人は、手続きを旅行会社に頼むこともできる（申請代行は有料）。

OK

●ウエットシート
●メイク落としシート
●リップクリーム（スティックタイプ）
●コンタクトレンズ　など

●以下の品目は容量1ℓ以下の再封可能な透明袋に入れ（液体は100mℓ以下の個々の容器に入れる）れば機内に持ち込める。
●化粧水
●リキッドファンデーション
●マスカラ
●リキッドアイライナー
●洗顔フォーム＆メイク落とし
●ヘアスプレー
●歯磨き粉　など

●はさみ
●カッター　など

成田空港 URL www.narita-airport.jp

 ESTAで検索するといろいろなサイトが出てくる。法外な手数料を取る代行サイトに要注意！（大阪府・みっちゃん）

日本からハワイへ

1 ハワイ到着

日本から約7時間のフライト後、飛行機を降りたら、「Immigration」の案内板に従い入国審査場へ

↓

2 アメリカ入国審査(ビザ免除プログラム)

パスポートを提示し、質問を受ける。その後、指紋採取と、顔写真撮影が行われる。キオスク端末も導入され、セルフ入国審査化が進んでいる

↓

3 荷物の受け取り

「Baggage Claim」のサインに向かい、到着便名が表示されたターンテーブルから機内預け荷物を引き取る。紛失(ロストバゲージLost Baggage)や破損があった場合はクレームタグ(預かり証)を見せて、その場で苦情を!

↓

4 税関審査

申告するものがない場合は、緑のランプのブースへ。
申告するものがある場合は赤いランプのブースに

↓

5 出口へ

到着ロビーから個人用出口は右手へ、
団体用出口は左手に進む

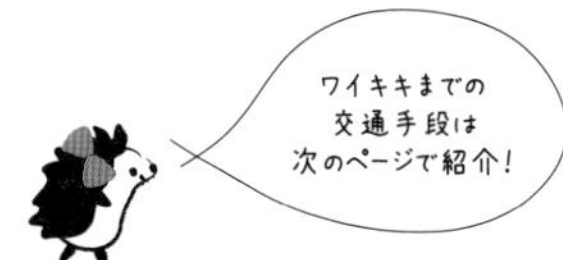

ハワイから日本へ

1 チェックインと出国審査

パスポートを提示して搭乗券をもらえば出国審査も完了。ゲート番号を確認しよう。

↓

2 セキュリティチェック

機内持ち込み手荷物のX線検査がある。靴、上着は脱いで、ベルトは外すこと

↓

3 搭乗エリアへ

案内板で搭乗時刻をチェックし、余裕をもって出発ゲートへ。搭乗券とパスポートを見せて、機内に乗り込む

アメリカ入国時の免税範囲

米国税関国境警備局
URL www.cbp.gov

品名	内容
酒類	1ℓ(21歳以上)
たばこ	たばこ200本または葉巻100本(21歳以上)
その他	私物(衣類、装飾品、化粧品、洗面用具、旅行に使用する用具等、贈答品100ドル相当
おもな輸入禁止または制限品目	医薬用麻薬を含む医薬品、規制薬物、アルコール類、果物、野菜、植物、植物製品、土壌、精肉、そのほか動物や動物製品等

機内預け荷物の制限について

機内預けの受託手荷物は、航空会社により規定が違うので、必ず事前に確認を。一例として、日本航空エコノミークラスの場合、縦・横・高さ3辺の和が203cm以下で23kgまでの荷物を2個まで無料で預けられ、重量、大きさ、個数の超過分は有料となる。刃物や尖った金属類は機内に持ち込めないので、機内預け荷物へ

携帯品・別送品申告書記入例

A面　B面

日本入国時の免税範囲

税関 URL www.customs.go.jp

品名	内容
酒類	3本(1本760mℓ程度のもの)
たばこ	紙巻たばこのみは200本、加熱式たばこのみは個装等10個、葉巻たばこのみは50本、そのほかの場合は250g
香水	2オンス(oz) (1オンスは約28ml。オードトワレは含まれない)
その他	20万円以内のもの(海外市価の合計額)
おもな輸入禁止品目	・麻薬、向精神薬、大麻、アヘン、覚せい剤 ・けん銃等の鉄砲　・爆発物、火薬類 ・貨幣、有価証券、クレジットカード等の偽造品、偽ブランド品、海賊版等

※免税範囲を超える場合は追加料金が必要。海外から自分宛に送った荷物は別送品扱いになるので税関に申告する。

たびレジ
URL www.ezairyu.mofa.go.jp/index.html

安全情報を確認できる「たびレジ」に登録しよう

外務省提供の「たびレジ」は、旅程や滞在先、連絡先を登録するだけで、渡航先の最新安全情報を無料で受け取ることのできる海外旅行登録システム。メール配信先には本人以外も登録できるので、同じ情報を家族などとも共有でき、万一大規模な事件や事故、災害が発生した場合に滞在先の在外公館が行う安否確認や必要な支援に生かされる。

Visit Japan Webは日本入国時の「税関申告」をウェブで行うことができるサービス。

空港からワイキキへ

日本から約7時間飛行機に乗って到着するスーパーリゾート、ハワイ。その玄関口であるダニエル・K・イノウエ国際空港から、ワイキキまでの行き方をご案内。自分に合ったアクセスを選んで、快適に旅をスタート！

ダニエル・K・イノウエ国際空港

オアフ島の南側、真珠湾の東側に位置するダニエル・K・イノウエ国際空港（ホノルル国際空港）。国際線の発着のほか、米本土とを結ぶ国内線、ネイバーアイランドへの便も発着している。日本からは成田、羽田、関空などから直行便が到着する。ワイキキまでは約10マイル（＝16km）、車で約30分の距離。

●ダニエル・K・イノウエ国際空港　Daniel K Inouye International Airport　Map 別冊P.4-A2　☎808-836-6411　URL airports.hawaii.gov/hn/

ハワイ大学のロゴショップやブランドブティックもあって、帰国直前までショッピングOK

フードコートにはカリフォルニア・ピザキッチンをはじめちょっと休憩にぴったりな軽食が揃う

オープンエアエリアが多く、開放的な雰囲気！　国際線が離発着するのはターミナル2

ワイキキまでの交通手段

エアポートシャトル
Airport Shuttle

料金／約＄20〜
所要時間／約40〜50分

いちばん手軽で人気のある移動手段がエアポートシャトル。おもな運行会社は2社あり（右記参照）、どちらも日本から電話やウェブで予約ができる。その際、ダニエル・K・イノウエ国際空港からホテルまでの片道、または往復が選択可能。ロバーツハワイの場合、荷物はひとりにつき通常サイズのスーツケース2個まで無料。大きなスーツケースは有料となる。

ツアー参加の場合は専用バスでホテルへ

空港―ホテル間の送迎付きツアーに参加の場合は、税関通過（P.177）のあと、「Group Tour Exit」と書いてある団体用出口へ。ここで、各ツアー会社係員がバスへ案内してくれる。

日本から予約ができるエアポートシャトル

スピーディシャトル	☎808-877-242-5777 URL www.speedishuttle.com	片道$20.28〜
ロバーツハワイ	☎808-954-8637 URL jp.robertshawaii.com	到着時片道$25 出発時片道$23

シャトルの車内は冷房が効きすぎていることも。上着を持っておくと安心

 ワイキキまで乗ったタクシーの運転手さんがとてもいい人だったので、帰国時も予約。時間どおり迎えにきてくれました！（愛媛県・ポン）

ザ・バス
The Bus

料金／$3
所要時間／約50分

いちばん安くワイキキへ行ける手段がザ・バス（→P.180）。ただし、荷物は膝の上にのせられる大きさまで、というルールがあるので、大きなスーツケースなどを持っていると乗車できない。もし、身軽な旅なら利用価値大！　降車する停留所は、あらかじめホテルの最寄りを調べておこう。ワイキキ内の停留所は1つひとつの間隔が近いので、降り損ねても、次で降りれば大丈夫。

ザ・バスの停留所は、2階出発ロビーを外に出た中央分離帯にある

ワイキキへ行くには20番のWAIKIKI/BEACH&HOTELSが便利。行き先表示をよく確認して乗車しよう。写真は空港行き

タクシー
Taxi

料金／約$40＋チップ
所要時間／約30分

いちばん早く、快適にホテルまで行けるのがタクシー（→P.182）。空港到着ロビーの個人用出口を出ると、タクシーの配車をしてくれるスタッフがいるので、誘導してもらおう。大きな荷物はトランクに積み、いざワイキキへ。ドライバーへホテル名を告げたら、あとは車窓の景色を楽しもう。料金はメーター式なので安心。支払い時に、料金と一緒にチップを渡すのを忘れずに。目安は料金の15〜20%くらい。

タクシーならホテルの玄関まで直通！　料金はかかるけど、ラクチンコース！

ダニエル・K・イノウエ国際空港駅は2025年開業予定！

ホノルルからカポレイを結ぶ鉄道、スカイラインが2023年6月ついに営業を開始した。まずはイースト・カポレイ駅からアロハ・スタジアム駅までの9駅約17kmが開通し、ダニエル・K・イノウエ駅の開業予定は2025年。最終的にアラモアナセンター駅までの全線が完成する予定。スカイラインの乗車にはHOLOカードが必要。詳しくはサイトで。
URL honolulu.gov/transportation/divisions/mobility/rail-operations.html

レンタカー
Rent a Car

料金／約$85〜（1日）
所要時間／約30分

ハワイ滞在中、レンタカー（→P.183）を借りるなら、空港でレンタル＆返却が可能。空港で借りる場合は、到着ロビーの個人用出口から徒歩またはシャトルバスで各レンタカー会社のカウンターへ行き手続きを行う。もちろんワイキキにも各レンタカー会社の営業所があるので、宿泊ホテルの最寄りの営業所を利用しても！

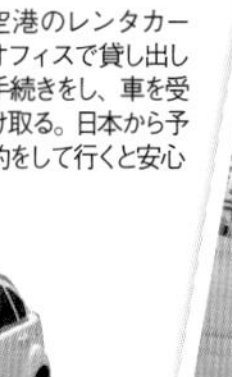

車種を選ぶときは、人数はもちろん、スーツケースの数や荷物の量を考慮して！

空港のレンタカーオフィスで貸し出し手続きをし、車を受け取る。日本から予約をして行くと安心

両替するなら、空港よりワイキキ内の両替所のほうがレートがよくておトクです。

ホノルルの市内交通

**オアフ島はハワイ諸島で唯一路線バスがある島。
ほかにも、ホノルル市内を網羅するワイキキトロリーや
台数も多くて便利なタクシーなど、移動には困らない。**

ザ・バス
The Bus

オアフ島唯一の公共交通機関がザ・バス。島の隅々まで、約100の路線があり、1日22万人以上が利用している、ロコにも旅行者にも、なくてはならない存在。うまく使えば、ほぼ100%行きたいところへ行ける。乗り方もカンタンなので気軽に利用できる。
URL www.thebus.org
インフォメーション
☎808-848-5555

料金

大人$3、子供（6～17歳）$1.50、5歳以下は無料。おつりの用意はないので乗車前に確認を。2021年にザ・バスとスカイラインで使用できる交通系ICカード、HOLOカードが導入された。購入場所やチャージについては公式サイトで確認を。URL holocard.net

ほとんどの車両のフロントには、自転車が載せられる専用ラックが付いている

車体は白と黄色のツートーンが基本。グレー地のハイブリッドカーや、レインボーカラーが描かれた車体も

地球に優しいハイブリッドも

アクセス早見表

出発地から目的地まで、どの交通手段で、どれくらいかかるの？　を、わかりやすく表にまとめました。旅の計画に役立ててね。

	ワイキキまで	アラモアナセンターまで	ダウンタウンまで	パールリッジ・センターまで	カハラモールまで
ワイキキから	ワイキキは…… Map 別冊P.3-C3 Map 別冊P.8~11	ⒷE,8,13,20,23,42で約15分　Ⓣピンクラインで約40分　Ⓒ約10分	Ⓑ2,13,20,42で約30分 Ⓣレッドラインで約50分 Ⓒ約25分	Ⓑ42で約70分 Ⓒ約60分	Ⓑ23,24で約25分 Ⓣブルーラインで約20分　Ⓒ約20分
アラモアナセンターから	ⒷE,8,13,20,23,42で約15分　Ⓣピンクラインで約20分　Ⓒ約10分	アラモアナセンターは…… Map 別冊P.3-C3 Map 別冊P26~28	Ⓑ6,20,40,42,51,52,53で約20分 Ⓒ約15分	ⒷA,40,42,51,53で約60分 Ⓒ約50分	Ⓑ23で約40分　Ⓣレッド、ピンクラインでワイキキへ。ブルーラインに乗り換え。約40分　Ⓒ約30分
ダウンタウンから	Ⓑ2,13,20,42で約40分 Ⓣレッドラインで約55分 Ⓒ約25分	Ⓑ6,20,40,42,51,52,53で約20分 Ⓣレッドラインで約45分　Ⓒ約15分	ダウンタウンは…… Map 別冊P.3-C3 Map 別冊P16~17	ⒷA,40,42,51,53,54で約50分　Ⓒ約40分	Ⓑ1で約40分　Ⓣレッドラインでワイキキへ。グリーンラインに乗り換え。約65分　Ⓒ約40分
パールリッジ・センターから	Ⓑ42で約70分 Ⓒ約60分	ⒷA,40,42,51,53で約60分 Ⓒ約45分	ⒷA,40,42,51,53,54,で約50分　Ⓒ約35分	パールリッジ・センターは…… Map 別冊P.3-C3 Map 別冊P.19-C2	Ⓑ42でワイキキへ。23、24に乗り換え。約100分　Ⓒ約70分
カハラモールから	Ⓑ23,24で約25分 Ⓣブルーラインで約20分 Ⓒ約20分	Ⓑ23で約40分　Ⓣブルーラインでワイキキへ。ピンクに乗り換え。約40分　Ⓒ約30分	Ⓑ1で約40分　Ⓣブルーラインでワイキキへ。レッドに乗り換え。約70分　Ⓒ約30分	Ⓑ23,24でワイキキへ。42に乗り換え。約100分　Ⓒ約90分	カハラモールは…… Map 別冊P.3-C3 Map 別冊P.7-D1
カイルアから	Ⓑ67でアラモアナセンターへ。E,8,13,20,23,42に乗り換え。約90分 Ⓒ約70分	Ⓑ67で約70分 Ⓒ約50分	Ⓑ66,67で約50分 Ⓒ約40分	Ⓑ66,67でダウンタウンへ。A,40,42,51,53,54に乗り換え。約120分 Ⓒ約100分	Ⓑ66,67でダウンタウンへ。1に乗り換え。約80分　Ⓒ約60分
ハレイワから	Ⓑ52でアラモアナセンターへ。E,8,13,20,23,42に乗り換え。約140分　Ⓒ約120分	Ⓑ52で約130分 Ⓒ約120分	Ⓑ52で約110分 Ⓒ約100分	Ⓑ52でミリラニへ。51に乗り換え。約120分 Ⓒ約100分	Ⓑ52でアラモナセンターへ。23に乗り換え約160分　Ⓒ約150分

Ⓑザ・バス（数字はバス路線番号）　Ⓣワイキキトロリー　Ⓒ車

※所要時間は平日朝10時に出発した場合で、だいたいの目安です。

乗車～降車

❶ バス停を見つける

黄色地に「The Bus」と書かれた看板が停留所。ワイキキ、クヒオ通りでは1～2ブロックごとに停留所がある。宿泊しているホテルから近いバス停留所はどこか、どこ行きのバスが停まるのか、あらかじめ確認して出かけよう。

屋根付きの立派なバス停は少なく、ほとんどが電柱やポールに看板が打ち付けられた簡素なもの

ほとんどのバス停は「○○前」などの名前がつけられてはいない。停まるバスの番号が書いてあるだけ

❷ 行き先を確認して乗車

ザ・バスが来たら、表示されているルート番号と行き先を確認して乗車する。車両正面と乗車口左上に表示されている。もし不安なときは、Does this bus stop in the ○○? (このバスは○○に停まりますか?) とドライバーに聞いてみよう。

けっこう とばしまーす

同じルート番号でも、途中のルートや行き先が違うことも！ よ～く確認して

❸ 料金を払う

車両前方の扉から乗車する。ドライバーの脇に運賃箱があるので、料金を支払う。紙幣とコインを組み合わせて支払っても大丈夫。ただし、ザ・バスにはおつりの用意がないので、必ずぴったりの金額を用意しよう。2人分として$6を支払うのもOK。

HOLOカードは運転席脇のカード読み取り機にかざす

おつりのないように！

便利なTheBusの公式アプリ！

日本語で使えるThe Busのアプリ、DaBus2を活用しよう。バス停や路線検索はもちろん、GPSによりバスが管理されていて、バス停への到着時刻がわかるのでとても便利。

DaBus2

カイルアまで	ハレイワまで
ⒷE,8,13,20,23,42でアラモアナセンターへ。67へ乗り換え。約80分 Ⓒ約60分	ⒷE,8,13,20,23,42でアラモアナセンターへ。52に乗り換え。約140分 Ⓒ約120分
Ⓑ67で約60分 Ⓒ約50分	Ⓑ52で約120分 Ⓒ約100分
Ⓑ66,67で約60分 Ⓒ約40分	Ⓑ52で約110分 Ⓒ約100分
ⒷA,40,42,51,53,54でダウンタウンへ。66,67に乗り換え。約100分 Ⓒ約90分	Ⓑ51でミリラニへ。52に乗り換え。約120分 Ⓒ約100分
Ⓑ1でダウンタウンへ。66,67に乗り換え。約80分 Ⓒ約50分	Ⓑ23でアラモアナセンターへ。52に乗り換え。約160分 Ⓒ約150分
カイルアは…… Map 別冊P.3-D3 Map 別冊P.4拡大図	Ⓑ66（直通61）でカネオヘへ。60に乗り換え。約180分 Ⓒ約150分
Ⓑ60でカネオヘへ。61（直通66）に乗り換え。約180分 Ⓒ約150分	ハレイワは…… Map 別冊P.2-B1 Map 別冊P.20拡大図

❹ 目的地で降車

降車は、窓の近くにあるワイヤーを引っ張って合図。停留所に停まったら、車両中央のドアから降車。ドアは、バーを自分で押さないと開かないので注意（自動開閉のドアも導入中）。手を離すと自動で閉まるので、後続の人がいるときは押さえておこう。

窓付近のワイヤー。ボタンが設置されている車種も少ないがある

前方の「Stop Requested」が点灯すれば「次、停まります」

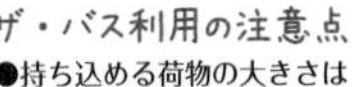

ザ・バス利用の注意点

- 持ち込める荷物の大きさは膝の上にのせられるものまで
- 写真のステッカーが貼ってある席は優先席
- 車内では飲食禁止

マナーよくね！

ワイキキトロリー
Waikiki Trolley

オープンエアの車体やダブルデッカーが目印。全4ラインがある。
●ワイキキトロリー ☎808-465-5543
URL waikikitrolley.com/jp

アロ〜ハ〜♪

実はこのワイキキトロリー、チャーターも可能！ 希望すればパーティ用デコレーションもしてもらえる。詳しくはウェブで！

料金

全ライン1日乗り放題パス（2日目無料サービス）$55、子供（3〜11歳）$30や全ライン4日間乗り放題パス$65、子供（3〜11歳）$40など4種類のパスがあるので旅程に合わせて選ぼう。※2歳以下無料

乗車〜降車

乗車はワイキキ内に点在する停留所から。乗車の際にパスを提示する。トロリー車内で、1日1ライン乗り放題パスのみ販売している。支払いは現金のみなので要注意。
●詳細は別冊P.22・23

発着もここで！

ワイキキ・ショッピングプラザ1階のワイキキトロリーのカウンターでもチケットを購入できる

ウェブで事前購入が便利

観光名所&見どころ満載

レッドライン
舞台・ホノルル、ハワイ英雄と伝説ツアー

トロリーでホノルルのおもな観光名所を約60分毎に運行。カメハメハ大王像、ダウンタウン、ワード・センター、ソルトなど、見どころ満載！ 一周約110分のコース。

お買い物の強〜い味方

ピンクライン
アラモアナ・ショッピング&ダイニングシャトル

ワイキキの主要ホテルとアラモアナセンターを結ぶ、一番人気のコース。約15分毎に運行している。

カハラまで！海岸線をGO

グリーンライン
ダイヤモンドヘッドシャトル

ワイキキからホノルル動物園、ダイヤモンドヘッドクレーターまで行くコースで、土曜の午前中のみ、KCCファーマーズマーケットにも停車する。

パノラマビューを満喫！

ピンクラインはダブルデッカー使用♪

楽しいオープンエア

人気のハナウマ湾へ！

ブルーライン
東海岸周遊&ローカルグルメ

オアフ島の美しい東海岸を満喫できるツアー。ワイキキからハナウマ湾、サンディ・ビーチなどを経由しシーライフ・パークで折り返す。カハラモールにも停車。

タクシー
Taxi

料金はメーター制で、利用しやすいタクシー。日本のように、流しのタクシーをひろう、という習慣はあまりないので、ホテルやショッピングセンターのタクシー乗り場で乗車しよう。日本語で予約ができるタクシーはこちら。
●チャーリーズ・タクシー ☎808-531-1331

ホノルルで利用できる配車サービス

スマホアプリを使って車を配車することができるサービスUber（ウーバー）。クレジットカードを登録して料金を支払うので、ドライバーと現金のやりとりはなく、アプリで指定した到着地まで乗せてくれるので、会話の心配もない。基本的にチップも不要。Uberのほかに、配車サービスLyft（リフト）もホノルルで利用できる。

トロリーは乗ってるだけで楽しいよ♪

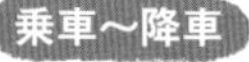

いろんな車種があるよ

道端で客引きをしているようなタクシーには乗車しないこと！ 高い料金を払わされることも

料金

ホノルルのタクシーの初乗り運賃は$3〜4程度（会社により異なる）。料金はメーター制なので、降車時にメーターに表示されている料金を支払う。このとき、チップの支払いを忘れないように。目安は料金の15〜20%程度。

乗車〜降車

タクシーのドアは自動開閉ではないので、自分でドアを開けて乗車する。行き先は、「場所名＋Please」で告げればOK。降車時も、ドアは自分で開け、降りたあと、ドアを閉めるのを忘れないように！

Uberだと支払い時にチップの計算をしなくてもいいのが便利でした。（愛知県・すず）

レンタカー
Rent a car

使用人数や荷物、好みに合わせて車種を選び、スケジュールに合わせて空港かホテルの近くなど、レンタルする営業所と日程を決めよう。

予約と借り方

予約は日本でしていこう。日本に窓口があるレンタカー会社（右記参照）なら、わからないことも日本語で質問できるので安心。ウェブやアプリで予約を完了したら、現地では予約画面と日本の免許証を提示するだけ。

保険

保険には必ず加入しよう。任意保険にもすべて加入するのが安心。料金は高くなるけど、安心を買うと思って。万が一、事故やトラブルに巻き込まれたら、まずは警察に連絡し、レンタカー会社にも連絡を。

駐車

ホノルルは違法駐車の取り締まりが厳しいので、安易に路上駐車をしないこと。路上ならパーキングメーターのあるところへ。投入できるのはコインだけで、入れた分だけ残り時間が増えていく。Valet Parking（バレーパーキング）とは、ホテルなどでチケットと交換でスタッフに車を預け、帰りはチケットを渡すと車を持ってきてくれるシステム。チップ（$2程度）を忘れずに。ワイキキ以外のショッピングセンターの駐車場はほぼ無料。

返却

レンタカー会社の営業所で、「Return」と書いてあるスペースに車を停め、車内に忘れ物がないかを確認してから、必要書類をスタッフに渡そう。このとき、車にキーは付けたままで大丈夫。

日本と違う交通ルールで代表的なのがハワイは左ハンドル右側通行、「No turn on red」と表示された信号以外は赤信号でも右折OKなど

ちょっと紹介

ハワイの道路標識

一時停止

優先道路あり

指定方向外進行禁止

追越し禁止区間

右折禁止

最高速度

駐停車禁止

時間制限駐車区間

ハーツレンタカーでハワイを快適ドライブ

世界に約10,000以上の店舗を展開し、アメリカ国内でのレンタカーシェア率No.1を誇るハーツレンタカー。ホノルルでも豊富な車種を取り揃えさまざまなニーズに対応してくれる。

車種により異なるが、料金の目安はエコノミー1日$121～

予約は出発前に日本でしておこう。予約していなくても借りられるが、希望の車種、期間が選べない場合も

ワイキキで借りて返せるから気軽に1Dayドライブへ

滞在期間中、レンタカーの利用が毎日という予定でなければ、ワイキキでのレンタル&返却が得策。ハイアット リージェンシー ワイキキ ビーチ リゾート&スパ（P.172）2階にあるハーツの営業所は、アクセス至便なうえ、返却予定が営業時間終了後でも、ロイヤル・ハワイアン・センター駐車場内に専用返却スペースが用意されているのでとても便利。

多彩な特典が魅力！ハーツGoldプラス・リワーズ

入会金・年会費無料のハーツGoldプラス・リワーズのメンバーになると、メンバー専用カウンターでのスムーズなレンタル手続きや貯まったポイントで無料レンタル、車種のアップグレードなどさまざまな特典が受けられる。さらに「4日以上の利用で1日無料」など、お得な会員限定キャンペーンも随時行われているので、ぜひチェックを。

キーはボックスへ

左／ハイアット リージェンシー ワイキキ ビーチ リゾート&スパ地下1階にあるGoldプラス・リワーズメンバー専用カウンター
右／ロイヤル・ハワイアン・センター駐車場へ車両を返却したら、同じく館内のキー返却用のボックスにキーも返却

ハーツレンタカー公式サイトでは予約はもちろん、ハワイを存分に楽しむためのドライブ情報が充実

アプリもあるよ♪

ハーツレンタカー予約センター
問合 Free 0800-999-1406
9:00～18:00（土日祝、年末年始を除く） URL www.hertz-japan.com

旅の便利帳

**ハワイの旅に必要なノウハウをぎゅぎゅっとまとめました。
旅の基本をきっちりおさえていれば、
イザというときに慌てないですむよね。**

お金・クレジットカード

単位はドル$ (dollar) とセント¢ (cent)。$1=100¢=約145円(2023年8月現在)。紙幣は、1、5、10、20、50、100ドルの6種類。硬貨は、1、5、10、25、50セントと1ドルの6種類だが、50セント、1ドル硬貨はほとんど流通していない。

$1

1¢

$5

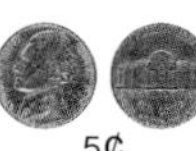
5¢

$10

10¢

$20

25¢

クレジットカードとスマホ決済

ハワイではクレジットカードは必携。ホテルの予約やチェックイン時に保証として必要となる。ホテルやレストラン、スーパーマーケットなどでは、VISAやMasterなど国際ブランドのクレジットカードならばたいてい使える。大金を持ち歩くのはリスクが高いので、両替は最小限にとどめて、カードで支払うのが賢い方法。Apple PayやGoogle Payなどのスマホ決済についても、日本と同じように急速に普及が進んでいて使用できる店は多い。

ATM

ATMは街なかはもちろん、スーパーマーケットやABCストアなど、いたるところにあり、日本語対応機も増えている。VISAやMasterなど国際ブランドのカードでドルをキャッシングできる。出発前に利用限度額とPIN (暗証番号) をカード発行金融機関に確認しておこう。もちろん、金利には留意を。

電話

日本からハワイへ

事業者識別番号 0033/0061 (携帯電話の場合は不要) + 国際電話識別番号 010 + アメリカの国番号 1 + ハワイの州番号 808 + 相手の電話番号

ハワイから日本へ 東京03-1234-5678にかける場合

国際電話識別番号 011 + 日本の国番号 81 + 3-1234-5678 (固定電話・携帯とも最初の0は取る)

電話は、スマホ、レンタル携帯、ホテルの部屋や公衆電話でかけられる。同じ島内での電話は、ホテルからの場合、外線番号のあとに808+相手先の電話番号をかけるだけ。料金は1通話50¢ (ホテルでは別途手数料がかかる)。
日本の空港やコンビニで買える国際電話会社のプリペイドカードなら、ハワイの公衆電話やホテルから日本語オペレーターにかけ、指示どおりに番号をダイヤルするだけなので簡単で便利。

現地での電話のかけ方

同じ島内へのかけ方:808+相手の電話番号
他島へのかけ方:1+808+相手の電話番号

 ロイヤル・ハワイアン・センターはほとんどの場所で無料Wi-Fiが使えました。(埼玉県・えみ)

電源・電圧 ハワイの電圧は110〜120V/60Hz、日本の100V/50〜60Hzとは若干の差がある。コンセントの形状は日本とほぼ同じなので、日本の電化製品も使用することはできるけど、トラブルの原因ともなるので、できれば変圧器を持参したほうが安全。特にドライヤーなど、消費電力の大きい電化製品を長時間使用することは避けよう。

水 ハワイの水道水は、飲料にもまったく問題はない水質。でも、なんとなくそのまま飲むのは気になる、という人は、ABCストアやスーパーで、ミネラルウオーターを購入しよう。いろいろなミネラルウオーターが売られている。

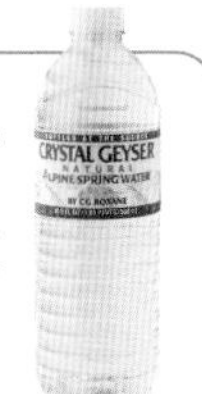

トイレ ホノルルには、公衆トイレは少ないが、ショッピングセンター内のトイレや、大きなホテルのロビーにあるトイレなどを利用できる。また、オアフ島では、大きなビーチパークにはだいたいトイレ（シャワーも）が設置されているので安心。ただし、たとえ昼間であっても、ひとりでトイレへは行かず、誰かと一緒に行くようにしよう。

飲酒 ハワイ州では、21歳未満の飲酒は法律で禁止されている。バーでの飲酒や、お店でのお酒の購入にはIDが必要になる。また、ビーチや公園など、パブリックな場所での飲酒も禁止されている。「ビーチでビール」は厳禁なので要注意。

喫煙 2006年より新禁煙法が施行され、ハワイでは空港、ショッピングセンター、レストラン、ホテル、ビーチ、公園等の公共施設は、ほぼ全面禁煙。ただし、ホテルでは客室数の一部なら喫煙室を設けることが認められているので、希望の場合には、予約の際に確認するといい。この新禁煙法に違反した個人には、最大$100の罰金が科せられる。

インターネット ホノルルでインターネットを利用するには、海外用モバイルWi-FiのレンタルやSIMカードの購入、または滞在するホテルのWi-Fi、街中のフリーWi-Fiを活用できる。フリーWi-Fiはたとえばスターバックスやマクドナルド、ワイキキならロイヤルハワイアン・ショッピングセンターなどで使用することができる。街中のフリーWi-Fiを利用する際は、セキュリティーには十分注意しよう。

法律 ホノルルで罰金対象となる法律や条例のなかで、旅行者に関わりが大きく、ぜひ知っておきたいのが次の３つ。1.信号無視や横断歩道以外の場所での道路横断。横断歩道のない場所を横断し、罰金を科せられた旅行者もいる。 2.道路横断中の歩きスマホや携帯電子機器の画面操作（下記参照） 3.12歳以下の子供だけでの放置禁止。実際、旅行者がホテルの部屋に子供だけを置いて出かけ、親が警察に拘束された事例もある。

歩きスマホ 2017年に制定された条例により、ホノルルではスマホを見ながら道路を横断することが禁止されている。スマホやタブレット端末などを見たり操作しながら横断すると、違反1回目では最大$35、そして1年以内に繰り返し違反すると最大$99の罰金が科せられる。画面を見るだけでも違反の対象となるので注意したい。ただし、警察などへの緊急通報は例外として認められている。

郵便 日本へ郵便を送る場合、宛名に英文でJapanと書けば、住所、氏名は日本語でも大丈夫。郵送料ははがき$1.50、封書は28g（封筒＋A4サイズの紙3枚程度）までは$1.50。ハワイのポストは青。ワイキキのサラトガ通りやアラモアナセンターに郵便局があるので、小包などの荷物はここで発送できる。ハガキなら、ホテルのフロントでも発送してもらえる。

旅の思い出に、自分宛にポストカードを送るのも楽しい♪

お酒購入時、日本人は若く見えるのでかなり上の年齢までID提示を求められる場合がある。

旅の安全情報

**穏やかな時間が流れる楽園ハワイだけど、ここはアメリカ。
日本にいるとき以上に、警戒アンテナを立てることを忘れないで！
トラブルのパターンを知っておけば、予防対策がより万全に。**

治安

旅行者が被害に遭ってしまうのは、その多くがスリ、置き引きなどの軽犯罪。比較的犯罪が少ないといわれるハワイだけど、日本より凶悪犯罪が多いのが事実なので、夜道のひとり歩きなどはしないように！下記サイトも参考に。

●外務省　海外安全ホームページ
URL www.anzen.mofa.go.jp
●在ホノルル日本国総領事館
URL www.honolulu.us.emb-japan.go.jp

病気・健康管理

旅行中は、気候の変化や睡眠不足で体調を崩しやすいもの。でも、ワイキキには日本語が通じて、24時間対応してくれる病院があるので心配ない（右ページ参照）。それでも、不安だったり、緊急のときは、ホテルのフロントに相談を。薬などはドラッグストアでも買えるけど、常備薬を持参しておくと安心。また、ハワイの日差しは想像以上に紫外線が強いので、日焼けによる肌のトラブルには充分注意しよう。

海外旅行保険

旅行中はどんなトラブルが起こるのか、まったく予想がつかない。ハワイは、救急車の利用が有料で高額（$400以上）なので、海外旅行保険にはぜひ加入しておきたい。ウェブで申し込める保険は料金が割安で、バラがけがOKなど、利用しやすいものが多い。また、海外旅行保険が付帯されているクレジットカードを持っていれば、入院や盗難などをカバーしてもらえる（カードにより異なる）。詳細はカード会社に確認を。

こんなことにも気をつけて！

事前に手口を知って、トラブルはできるだけ避けよう

エピソード1 ビーチ、レストランなどでの置き引き

ホテルのロビー、ビーチ、レストランなど、不特定多数の人が行き来する場所では、自分の荷物に気を配ることを忘れないで。レストランで食事中、床の上に置いておいた荷物がいつの間にかなくなっていた、また、路上で片言の日本語で話しかけられ、会話しているうちに財布をすられた、などの事例がある。

エピソード3 レンタカーの車上荒らし

車上狙いの被害は非常に多い。レンタカーは狙われやすいので、常に警戒して行動を。ショッピングセンターの駐車場で窓ガラスを割られ、買ったばかりの荷物を全部盗られた、いつの間にかトランクが空っぽになっていた、など、日本ではあまりない犯罪が普通に発生している。荷物は車に残さないようにしたい。

エピソード2 ホテルで押し込み強盗！在室中も……

つい気持ちが緩んでしまう、ホテルの客室でも注意を。外出から戻り、部屋のキーを開けたとたん、背後から犯人に押し込まれ、強盗被害に遭った、ホテルスタッフです、の声にドアを開けたとたん押し込み強盗に遭った、就寝中に泥棒に入られ、朝起きたら荷物がなくなっていた、など、怖い事例が多い。

エピソード4 優しい顔で近づく人には注意！

優しそうな日本人が話しかけてきて、ホノルル案内を申し出る。夕飯も一緒にどうか？と誘われ、店に行く前にATMで現金をおろすことをすすめられる。その際、暗証番号を盗み見られ、食事をしている間にクレジットカードを盗み、現金を引き出されるというケースなど。開放的な気分になる旅先だからこそ気をつけて。

トラブル回避のために注意したいこと

しっかりと注意をして行動すれば、トラブルは事前に回避できるもの。では、具体的にどうしたらいいのかは、下記を参考に。
〈ショッピングで〉
買い物中や支払い時、荷物を手元から離さない。
〈レストランで〉
荷物を置いたまま席を離れない。
床に荷物を置いたまま、目を離さない。
〈ホテルで〉
客室内にいるときは、常に内鍵をかける。予定のない来訪者にドアを開けない。
〈レンタカーで〉
荷物を車に置いたままにしない。
駐車するときは、なるべく人通りの多いところを選ぶ。
〈その他〉
人通りの少ない場所や、ワイキキでも夜のアラワイ運河沿いへ行かない。

 ハイアット リージェンシー前のワイキキ交番には、日本語の話せるおまわりさんがいました！（長野県・Key）

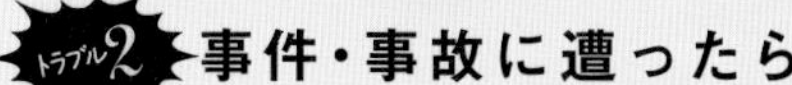

トラブル別 困ったときのイエローページ

トラブル1 パスポートを紛失したら

まずは警察に届け出て、現地日本国総領事館で新規発給の手続きを

パスポートの盗難に遭ったり、紛失してしまったら、すぐに最寄りの警察に届け出て「紛失・盗難届受理証明書」を発行してもらうこと。それを持って日本国総領事館へ行き、パスポートの紛失届と新規発給の申請を行う。万一に備えて、あらかじめ顔写真のページのコピーやパスポート規格の写真を用意しておくと手続きがスムーズ。

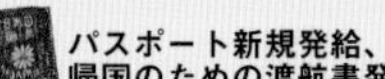

パスポート新規発給、帰国のための渡航書発給の申請に必要なもの

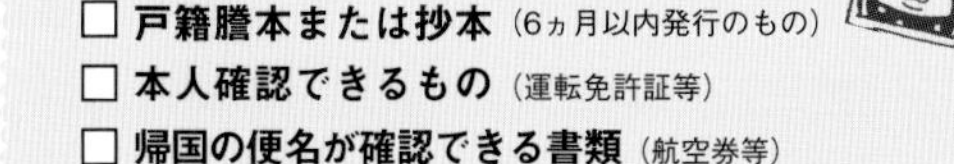

- □ **現地警察署等が発行するポリスレポート**
- □ **写真2枚**（縦45mm×横35mm）
- □ **戸籍謄本または抄本**（6ヵ月以内発行のもの）
- □ **本人確認できるもの**（運転免許証等）
- □ **帰国の便名が確認できる書類**（航空券等）

（※申請の手数料は、申請内容により異なります）

在ホノルル日本国総領事館 URL honolulu.us.emb-japan.go.jp

トラブル2 事件・事故に遭ったら

すぐに警察や日本国総領事館で対応してもらう

事件に巻き込まれたり、事故に遭ってしまったら、すぐに最寄りの警察に届けて対応してもらう。事件・事故の内容によっては日本国総領事館に連絡して状況を説明し、対応策を相談しよう。

緊急連絡先

警察
911

日本国総領事館
808-543-3111

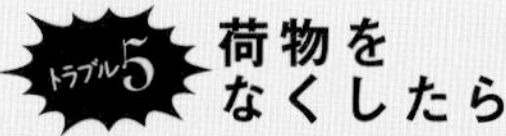

トラブル3 クレジットカードを紛失したら

カード会社に連絡して無効処置を依頼し、警察へ届け出る

クレジットカードを紛失したら、すぐにカード会社に連絡して無効手続きの処置を取ってもらうこと。現地警察で「紛失・盗難届受理証明書」を発行してもらう。

緊急連絡先

カード会社

Visa	1-866-670-0955
アメリカン・エキスプレス	1-800-766-0106
JCB	1-800-606-8871
マスター	1-800-627-8372
ダイナースクラブ	81-3-6770-2796（有料）

トラブル4 病気になったら

緊急の場合は迷わず保険会社への連絡も忘れずに

病気や事故で緊急の場合、911へ救助を求める。または、日本語で対応してくれる病院へ連絡して、診察を受けよう。海外旅行保険に加入している場合、保険会社からもらったハンドブックなどに、提携している病院が記載されていたり、電話でサポートしてもらえるので、連絡先などを確認しておこう。

緊急連絡先

救急・消防/病院

救急車	911
ワイキキ緊急医療クリニック	808-924-3399
ドクターズ・オン・コール	808-971-6000

トラブル5 荷物をなくしたら

なくした場所の遺失物取扱所に問い合わせる

ダニエル・K・イノウエ国際空港や、ザ・バスでの忘れ物については、下記へ問い合わせを。ただし、残念ながら、忘れたものが無事に見つかり、手元に戻る例は少ない。問い合わせても返事に時間のかかることが多いので、あきらめも肝心。

緊急連絡先

遺失物取扱所

ダニエル・K・イノウエ国際空港	808-836-6683
ザ・バス	808-848-4444

その他連絡先

保険会社（日本の連絡先）

損保ジャパン	0120-08-1572
AIG損保	0120-747-747
東京海上日動	0120-071-281

航空会社

日本航空	1-800-525-3663
全日空	1-800-235-9262
ユナイテッド航空	1-800-537-3366
デルタ航空	1-800-221-1212
ハワイアン航空	1-800-367-5320
ZIP AIR	81-3-6631-1223
大韓航空	1-800-438-5000

警察署

ホノルル警察	808-529-3111

これで安心だね！

index

▶：プチぼうけんプランで紹介した物件

見る・遊ぶ

食べる

	名称	エリア	ページ	別冊MAP
	▶ナルヘルスバー	カイルア	58	**4-A1**
	ニオスノーアイス&ティー	カカアコ	147	**17-D2**
	ニコスピア38	ピア38	79	**12-A3**
ハ	パーヴェ・ドーナツストップ	アラモアナ	15	**14-B2**
	パイアフィッシュマーケット・ワイキキ	ワイキキ	81	**10-B1**
	ハイウェイイン	カカアコ	71・100	**13-C3**
	パイオニアサルーン	モンサラット通り	78	**7-C3**
	パイ・ホノルル	ダウンタウン	93	**16-B2**
	ハウス ウィズアウト ア キー	ワイキキ	76・163	**10-A2**
	ハウツリー	ワイキキ	71	**6-B3**
	バサルト	ワイキキ	69	**10-B1**
	ハナ・コア・ブリューイング・カンパニー	ワード	144	**14-A2**
	▶ハレイワビーチハウス	ハレイワ	62	**20-A1**
	ハレクラニ ベーカリー	ワイキキ	82	**10-A2**
	ハレ・ベトナム	カイムキ	97	**7-C1**
	ハワイアンアロマカフェ	ワイキキ	89	**10-B2**
	ハンクスオートドッグ	カカアコ	83	**13-C3**
	▶バンザイボウルズ	ノースショア	61	**20-B1**
	ピースカフェ	キング通り	75	**6-A2**
	ビーンアバウトタウン	カイムキ	151	**7-C1**
	ピコ・キッチン+バー	ワイキキ	14	**10-B1**
	ビッグ&レディ	ダウンタウン	149	**16-B2**
	ファイブガイズ	カポレイ	80	**18-B3**
	フィースト	マノア	19・83	**4-B2**
	フィグ&ジンジャー	マッカリー	66	**6-A2**
	ブーツ&キモズ	カイルア	19・58・69・70・128	**5-C1**
	▶フォーティナイナー・ハワイ	ワイキキ	25	**10-B1**
	▶福臨門	ダウンタウン	44	**16-B1**
	ブッチャー&バード	カカアコ	81・83	**13-C3**
	ブルーウォーターシュリンプ&シーフード	ワイキキ	78	**9-C2**
	プルメリアビーチハウス	カハラ	76	**7-D1**
	ベアフットビーチカフェ	ワイキキ	142	**11-D3**
	ペスカワイキキビーチ	ワイキキ	84	**8-B2**
	ヘブンリー・アイランド・ライフスタイル	ワイキキ	74・85	**10-B1**
	ヘレナズ・ハワイアンフード	カリヒ	100	**12-A1**
	ボイリングクラブ	カカアコ	90	**13-C3**
	ホーリーグレイル・ドーナツ	ワード	15・43・87	**14-A3**
	ボガーツカフェ	モンサラット通り	67	**7-C3**
	ホノルル・コーヒー・カンパニー	ワイキキ	126・143	**10-B2**
	ホノルルビアワークス	カカアコ	99	**13-C3**
	ポドモア	ダウンタウン	15	**17-C2**
マ	マイカフェ	カポレイ	153	**18-B3**
	マイタイバー	ワイキキ	98・163	**10-B2**
	マイレズタイ	ワード	97	**14-B3**
	マウイブリューイングカンパニー	ワイキキ	99	**10-B2**
	マカイ・マーケット・フードコート	アラモアナ	117	**15-C・D2,26**
	マグロスポット	ワイキキ	91	**11-C1**
	マヒナ&サンズ	ワイキキ	143	**10-A1**
	マリポサ	アラモアナ	145	**15-C・D2,28**
	マル	アラモアナ	145	**15-C1**
	マンゴーマンゴー・デザート	アラモアナ	16	**15-C・D2,28**
	メリマンズ・ホノルル	ワード	85・93	**14-B3**
	▶モアニ・ワイキキ	ワイキキ	25・85	**10-B2,30**
	モエナカフェ	ハワイカイ	69・71	**5-C3**
	モーニングブリューカカアコ	カカアコ	38・88	**13-C3**
	モクキッチン	カカアコ	85	**13-C3**
	▶モケズ	カイルア	58	**4-A1**
	モケズ	カイムキ	68	**7-C1**
	モンキーポッド・キッチン	コオリナ	153	**18-A3**
ヤ	ヤヤズ・チョップハウス&シーフード	カカアコ	147	**13-C3**
	ゆっちゃん	アラモアナ	97	**14-B2**
	ヨーグルストーリー	アラモアナ	68	**15-C1**
ラ	ラナイ@アラモアナセンター	アラモアナ	117	**15-C・D2,27**
	▶リリハベーカリー	ワイキキ	25・87	**10-B2,30**
	ルースズ・クリス・ステーキハウス	ワイキキ	85・94	**10-A2,31**
	レインボードライブイン	カパフル通り	71・79	**6-B2**
	レッドフィッシュ・ポケバー	カカアコ	91	**13-C3**
	ロイヤル ハワイアン ベーカリー	ワイキキ	82	**10-B2**
ワ	ワイオリキッチン&ベイクショップ	マノア	67	**4-B2**
	ワイキキ・フードホール	ワイキキ	17	**10-A・B2,29**
	ワンハンドレッド セイルズ レストラン&バー	ワイキキ	77	**8-B2**

買う

	名称	エリア	ページ	別冊MAP
ア	アーバンアイランドソサエティ	カカアコ	109	**13-C3**
	アーバンアウトフィッターズ	ワイキキ	111	**11-C2**
	▶アイランドXハワイ	ワイアルア	63	**20-B2**
	アイランド・カントリー・マーケット	ワイキキ	123	**10-A1**
	アイランドスリッパ	ワイキキ	113	**10-A・B2,29**
	▶アイランドバンガローハワイ	カイルア	59	**4-A1**
	▶アオキズシェイブアイス	ハレイワ	62	**20-A1**
	アサトファミリーショップ	ダウンタウン	86	**16-B1**
	アットドーン・オアフ	ワード	110	**14-B3**
	▶アラモアナセンター	アラモアナ	45・114	**15-C・D2,26〜28**
	アンソロポロジー	ワイキキ	111	**10-B2,30**
	▶イッツシュガー	アラモアナ	45・115	**15-C・D2,28**
	インターナショナル マーケットプレイス	ワイキキ	119	**10-B2,30**
	ウィーアーアイコニック	ワード	110	**14-B3**
	ヴィクトリアズ・シークレット	ワイキキ	118	**10-B2**
	ウォルマート	アラモアナ	138・139・145	**15-C1**
	Hマート	カカアコ	19・44・129	**13-C3**
	ABCストア38号店	ワイキキ	122・124〜129・136・138	**10-A2**
	エピキュア	アラモアナ	116	**15-C・D2,28**
	エブリデイベター	カイムキ	107	**7-C1**
	エンジェルズ・バイザシー	ワイキキ	110	**10-B2**
	オフィスマックス	カカアコ	147	**13-C3**
	オフザフック・ポケマーケット	マノア	152	**4-B2**
	▶オリーブブティック	カイルア	57・109	**4-A1**
	オンダデマー	ワイキキ	112	**10-B2,30**
カ	カハラマーケット	カハラ	14・31	**7-D1**
	カハラモール	カハラ	152	**7-D1**
	カ・マカナ・アリイ	カポレイ	153	**18-B3**
	キープ・イット・シンプル	ワイキキ	107	**10-A2,31**
	▶グァバショップ	ハレイワ	62	**20-A1**
	▶クラシック・ウエイブス・ブティック	カイルア	58・127	**4-A1**
	クラックシードストア	カイムキ	151	**7-C1**
	グリーンルームギャラリー	ハレイワ	104	**20-A1**
	コアロハウクレレ	アラモアナ	144	**14-B2**
	コオリナセンター&ステーション	カポレイ	153	**18-A3**
	コホ	ワイキキ	124	**10-B2**
サ	サウスショアペーパリー	カパフル通り	150	**6-B2**
	ザ・クッキー・コーナー	ワイキキ	125	**10-B2**
	▶サックス・フィフス・アベニュー・オフ・フィフス	アラモアナ	45・117・121	**15-C・D2,26**
	サルベージ・パブリック	ワード	144	**14-B3**
	▶サンライズシャック	ノースショア	61	**20-B1**
	サンライズシャック	ワイキキ	73	**10-B2**

✦ キレイになる ✦

地球の歩き方 シリーズ一覧

★最新情報は、ホームページでもご覧いただけます。
URL www.arukikata.co.jp/guidebook/

地球の歩き方　ガイドブックシリーズ　各定価1540～3300円

2023年9月現在

A ヨーロッパ
- A01 ヨーロッパ
- A02 イギリス
- A03 ロンドン
- A04 湖水地方&スコットランド
- A05 アイルランド
- A06 フランス
- A07 パリ&近郊の町
- A08 南仏プロヴァンス コート・ダジュール&モナコ
- A09 イタリア
- A10 ローマ
- A11 ミラノ ヴェネツィアと湖水地方
- A12 フィレンツェとトスカーナ
- A13 南イタリアとシチリア
- A14 ドイツ
- A15 南ドイツ フランクフルト ミュンヘン ロマンティック街道 古城街道
- A16 ベルリンと北ドイツ ハンブルク ドレスデン ライプツィヒ
- A17 ウィーンとオーストリア
- A18 スイス
- A19 オランダ ベルギー ルクセンブルク
- A20 スペイン
- A21 マドリードとアンダルシア &鉄道とバスで行く世界遺産
- A22 バルセロナ&近郊の町 イビサ島/マヨルカ島
- A23 ポルトガル
- A24 ギリシアとエーゲ海の島々&キプロス
- A25 中欧
- A26 チェコ ポーランド スロヴァキア
- A27 ハンガリー
- A28 ブルガリア ルーマニア
- A29 北欧
- A30 バルトの国々
- A31 ロシア
- A32 極東ロシア シベリア サハリン
- A34 クロアチア スロヴェニア

B 南北アメリカ
- B01 アメリカ
- B02 アメリカ西海岸
- B03 ロスアンゼルス
- B04 サンフランシスコとシリコンバレー
- B05 シアトル ポートランド ワシントン州とオレゴン州の大自然
- B06 ニューヨーク マンハッタン&ブルックリン
- B07 ボストン
- B08 ワシントンDC
- B09 ラスベガス セドナ&グランドキャニオンと大西部
- B10 フロリダ
- B11 シカゴ
- B12 アメリカ南部
- B13 アメリカの国立公園
- B14 ダラス ヒューストン デンバー グランドサークル フェニックス サンタフェ
- B15 アラスカ
- B16 カナダ
- B17 カナダ西部
- B18 カナダ東部
- B19 メキシコ
- B20 中米
- B21 ブラジル　ベネズエラ
- B22 アルゼンチン　チリ パラグアイ ウルグアイ
- B23 ペルー ボリビア エクアドル コロンビア
- B24 キューバ バハマ ジャマイカ カリブの島々
- B25 アメリカ・ドライブ

C 太平洋/インド洋の島々&オセアニア
- C01 ハワイI オアフ島&ホノルル
- C02 ハワイII　ハワイ島　マウイ島 カウアイ島　モロカイ島　ラナイ島
- C03 サイパン
- C04 グアム
- C05 タヒチ イースター島
- C06 フィジー
- C07 ニューカレドニア
- C08 モルディブ
- C10 ニュージーランド
- C11 オーストラリア
- C12 ゴールドコースト&ケアンズ グレートバリアリーフ ハミルトン島
- C13 シドニー&メルボルン

D アジア
- D01 中国
- D02 上海 杭州 蘇州
- D03 北京
- D04 大連 瀋陽 ハルビン 中国東北地方の自然と文化
- D05 広州 アモイ 桂林 珠江デルタと華南地方
- D06 成都 重慶 九寨溝 麗江 四川 雲南 貴州の自然と民族
- D07 西安 敦煌 ウルムチ シルクロードと中国西北部
- D08 チベット
- D09 香港 マカオ 深圳
- D10 台湾
- D11 台北
- D13 台南 高雄 屏東&南台湾の町
- D14 モンゴル
- D15 中央アジア サマルカンドとシルクロードの国々
- D16 東南アジア
- D17 タイ
- D18 バンコク
- D19 マレーシア　ブルネイ
- D20 シンガポール
- D21 ベトナム
- D22 アンコール・ワットとカンボジア
- D23 ラオス
- D24 ミャンマー
- D25 インドネシア
- D26 バリ島
- D27 フィリピン
- D28 インド
- D29 ネパールとヒマラヤトレッキング
- D30 スリランカ
- D31 ブータン
- D32 パキスタン
- D33 マカオ
- D34 釜山・慶州
- D35 バングラデシュ
- D36 南インド
- D37 韓国
- D38 ソウル

E 中近東 アフリカ
- E01 ドバイとアラビア半島の国々
- E02 エジプト
- E03 イスタンブールとトルコの大地
- E04 ペトラ遺跡とヨルダン
- E05 イスラエル
- E06 イラン
- E07 モロッコ
- E08 チュニジア
- E09 東アフリカ ウガンダ エチオピア ケニア タンザニア ルワンダ
- E10 南アフリカ
- E11 リビア
- E12 マダガスカル

J 日本
- J00 日本
- J01 東京 23区
- J02 東京 多摩地域
- J03 京都
- J04 沖縄
- J05 北海道
- J07 埼玉
- J08 千葉
- J09 札幌・小樽
- J10 愛知

地球の歩き方　御朱印シリーズ
各定価1430円～

神社シリーズ　御朱印でめぐる全国の神社/関東の神社/関西の神社/東京の神社/神奈川の神社/埼玉の神社/京都の神社/福岡の神社/東北の神社/茨城の神社/四国の神社,etc.

お寺シリーズ　御朱印でめぐる東京のお寺/高野山/関東の百寺/鎌倉のお寺/神奈川のお寺/埼玉のお寺/千葉のお寺/茨城のお寺/京都のお寺/奈良の古寺/東海のお寺,etc.

寺社シリーズ　御朱印でめぐる東京の七福神/中央線沿線の寺社/東急線沿線の寺社/関東の聖地,etc.

地球の歩き方　島旅シリーズ　各定価1344円～
五島列島/奄美大島/与論島/利尻·礼文/天草/壱岐/種子島/小笠原/隠岐/佐渡/宮古島/久米島/小豆島/直島 豊島/伊豆大島/沖縄本島周辺離島/淡路島,etc.

地球の歩き方　旅の図鑑シリーズ
各定価1650円～　世界244の国と地域/世界の指導者図鑑/世界の魅力的な奇岩と巨石139選/世界246の首都と主要都市/世界のすごい島300/世界なんでもランキング/世界のグルメ図鑑/世界のすごい巨像,etc.

地球の歩き方　Platシリーズ
各定価1100円～

パリ/ニューヨーク/台北/ロンドン/グアム/ドイツ/ベトナム/スペイン/バンコク/シンガポール/アイスランド/マルタ/ドバイ/ウズベキスタン/台南,etc.

地球の歩き方　旅の名言&絶景シリーズ
各定価1650円　ALOHAを感じるハワイのことばと絶景100/自分らしく生きるフランスのことばと絶景100/心に寄り添う台湾のことばと絶景100,etc.

aruco　www.arukikata.co.jp/aruco

1. パリ
2. ソウル
3. 台北
4. トルコ
5. インド
6. ロンドン
7. 香港
8. エジプト
9. ニューヨーク
10. ホーチミン ダナン ホイアン
11. ホノルル
12. バリ島
13. 上海
14. モロッコ
15. チェコ
16. ベルギー
17. ウィーン ブダペスト
18. イタリア
19. スリランカ
20. クロアチア スロヴェニア
21. スペイン
22. シンガポール
23. バンコク
24. グアム
25. オーストラリア
26. フィンランド エストニア
27. アンコール・ワット
28. ドイツ
29. ハノイ
30. 台湾
31. カナダ
32. オランダ
33. サイパン ロタ テニアン
34. セブ ボホール エルニド
35. ロスアンゼルス
36. フランス
37. ポルトガル
38. ダナン ホイアン フエ

国内
- 東京
- 東京で楽しむフランス
- 東京で楽しむ韓国
- 東京で楽しむ台湾
- 東京の手みやげ
- 東京おやつさんぽ
- 東京のパン屋さん
- 東京で楽しむ北欧
- 東京のカフェめぐり
- 東京で楽しむハワイ
- nyaruco東京ねこさんぽ
- 東京で楽しむイタリア&スペイン
- 東京で楽しむアジアの国々
- 東京ひとりさんぽ
- 東京パワースポットさんぽ
- 東京で楽しむ英国

arucoのSNSで
女子旅おうえん旬ネタ発信中！

Instagram@arukikata_aruco
X@aruco_arukikata
Facebook@aruco55

arucoのLINEスタンプができました！チェックしてね♪

aruco編集部が、本誌で紹介しきれなかったこぼれネタや女子が気になる最旬情報を、発信しちゃいます！ 新刊や改訂版の発行予定などもチェック☆

STAFF

Producer
日隈理絵 Rie Hinokuma
Editors
井上香菜美、栄さおり、平麻由子
Kanami Inoue, Saori Sakae, Mayuko Taira
Writers
グルービー美子、増渕結花、南清恵、野口奈津、石井かつこ
Miko Grooby, Yuka Masubuchi, Kiyoe Minami, Natsu Noguchi, Katsuko Ishii
Photographers
熊谷晃、宮澤拓、内田恒、高木一郎、田中映里
Akira Kumagai, Taku Miyazawa, Hisashi Uchida, Ichiro Takagi, Eri Tanaka
Designers
上原由莉 Yuri Uehara、竹口由希子 Yukiko Takeguchi
Coordinator
松延むつみ Mutsumi Matsunobu
Illustration
赤江橋洋子 Yoko Akaebashi、TAMMY
Maps
曽根拓（株式会社ジェオ）Hiroshi Sone (Geo)
Illustration map
みよこみよこ Miyokomiyoko
Proofreading
鎌倉オフィス Kamakura Office

Lineup! arucoシリーズ

国内

東京
東京で楽しむフランス
東京で楽しむ韓国
東京で楽しむ台湾
東京の手みやげ
東京おやつさんぽ
東京のパン屋さん
東京で楽しむ北欧
東京のカフェめぐり
東京で楽しむハワイ
nyaruco 東京ねこさんぽ
東京で楽しむイタリア&スペイン
東京で楽しむアジアの国々
東京ひとりさんぽ
東京パワースポットさんぽ
東京で楽しむ英国

海外

ヨーロッパ
1 パリ
6 ロンドン
15 チェコ
16 ベルギー
17 ウィーン／ブダペスト
18 イタリア
20 クロアチア／スロヴェニア
21 スペイン
26 フィンランド／エストニア
28 ドイツ
32 オランダ
36 フランス
37 ポルトガル

アジア
2 ソウル
3 台北
5 インド
7 香港
10 ホーチミン／ダナン／ホイアン
12 バリ島
13 上海
19 スリランカ
22 シンガポール
23 バンコク
27 アンコール・ワット
29 ハノイ
30 台湾
34 セブ／ボホール／エルニド
38 ダナン／ホイアン／フエ

アメリカ／オセアニア
9 ニューヨーク
11 ホノルル
24 グアム
25 オーストラリア
31 カナダ
33 サイパン／テニアン／ロタ
35 ロスアンゼルス

中近東／アフリカ
4 トルコ
8 エジプト
14 モロッコ

地球の歩き方 aruco ⑪ ホノルル 2024～2025

2023年10月17日 初版第1刷発行

著作編集	地球の歩き方編集室
発行人	新井邦弘
編集人	宮田崇
発行所	株式会社地球の歩き方 〒141-8425 東京都品川区西五反田2-11-8
発売元	株式会社Gakken 〒141-8416 東京都品川区西五反田2-11-8
印刷製本	株式会社ダイヤモンド・グラフィック社

※本書は2023年3～8月の取材データに基づいています。発行後に料金、営業時間、定休日などが変更になる場合がありますのでご了承ください。

更新・訂正情報 URL https://www.arukikata.co.jp/travel-support/

本書の内容について、ご意見・ご感想はこちらまで

〒141-8425 東京都品川区西五反田2-11-8
株式会社地球の歩き方
地球の歩き方サービスデスク「arucoホノルル」投稿係
URL https://www.arukikata.co.jp/guidebook/toukou.html

地球の歩き方ホームページ（海外・国内旅行の総合情報）
URL https://www.arukikata.co.jp/

ガイドブック『地球の歩き方』公式サイト
URL https://www.arukikata.co.jp/guidebook/

この本に関する各種お問い合わせ先

・本の内容については、下記サイトのお問い合わせフォームよりお願いします。
URL https://www.arukikata.co.jp/guidebook/contact.html
・広告については、下記サイトのお問い合わせフォームよりお願いします。
URL https://www.arukikata.co.jp/ad_contact/
・在庫については Tel ▶ 03-6431-1250（販売部）
・不良品（乱丁、落丁）については Tel ▶ 0570-000577
学研業務センター 〒354-0045 埼玉県入間郡三芳町上富279-1
・上記以外のお問い合わせは Tel ▶ 0570-056-710（学研グループ総合案内）

感想教えてくださーい♪

読者プレゼント

ウェブアンケートにお答えいただいた方のなかから抽選ですてきな賞品をプレゼントします！ 詳しくは下記の二次元コードまたはウェブサイトをチェック☆

応募の締め切り
2024年10月31日

URL https://arukikata.jp/jcauam

※本書は株式会社ダイヤモンド・ビッグ社より2011年に初版発行したもの（2018年10月に改訂第6版）の最新・改訂版です。

学研グループの書籍・雑誌についての新刊情報・詳細情報は、下記をご覧ください。
学研出版サイト URL https://hon.gakken.jp/